"西电科技专著出版基金"资助项目

数字货币的理论与实践

申尊焕　杨蓬勃　编著

西安电子科技大学出版社

内 容 简 介

在经济全球化和网络化的背景下，金融科技的不断创新使数字货币及其底层技术——区块链进入人们的视野，并引起了社会各界的广泛关注。作为科技创新的成果和经济发展的润滑剂，数字货币正在步入经济活动中，它不仅改变着人们的思维方式和生活方式，对金融体系和经济发展也会产生深远影响。基于理论来源于实践又服务于实践的理念，本书梳理了数字货币的相关理论，分析了数字货币的发展实践和监管，并对数字货币的发展前景进行了展望。全书共分为三部分 14 章内容：第一部分为数字货币的相关理论，包括 6 章内容；第二部分为数字货币的发展实践，包括 5 章内容；第三部分为数字货币的监管及发展趋势，包括 3 章内容。

本书适合高等院校经济类、金融类和管理类专业的学生使用，也可作为金融科技、金融研究和金融监管机构工作人员的参考资料。

图书在版编目(CIP)数据

数字货币的理论与实践 / 申尊焕,杨蓬勃编著. —西安：西安电子科技大学出版社，2022.11
ISBN 978 - 7 - 5606 - 6649 - 5

Ⅰ. ①数⋯ Ⅱ. ①申⋯ ②杨⋯ Ⅲ. ①数字货币—研究 Ⅳ. ① F713.361.3

中国版本图书馆 CIP 数据核字(2022)第 175553 号

策　　划　李惠萍
责任编辑　李惠萍
出版发行　西安电子科技大学出版社(西安市太白南路 2 号)
电　　话　(029)88202421　88201467　　　邮　编　710071
网　　址　www.xduph.com　　　　　　电子邮箱　xdupfxb001@163.com
经　　销　新华书店
印刷单位　陕西日报社
版　　次　2022 年 11 月第 1 版　2022 年 11 月第 1 次印刷
开　　本　787 毫米×960 毫米　1/16　印张　18
字　　数　333 千字
印　　数　1～1000 千字
定　　价　44.00 元
ISBN 978 - 7 - 5606 - 6649 - 5 / F
XDUP 6951001 - 1
＊＊＊如有印装问题可调换＊＊＊

前　　言

　　21世纪是一个创新驱动的时代，是一个网络应用的时代。互联网不仅实现了人们在虚拟空间互联互通的愿望，而且正在改变着人们的思维方式、生产方式和生活方式。在互联网背景下，"新经济""网络经济""平台经济""互联网金融"等众多新词汇已经进入了人们的视野。

　　互联网为人们提供了广阔的表达创新观点、实现创新理念的虚拟空间。网络游戏产业的快速发展催生了游戏币，作为金融科技创新成果的数字货币也应运而生。作为初期私人或非法定数字货币形态的虚拟货币起源于民间的创新活动，其发展导致的投机活动为经济发展带来了风险，从而使监管措施由最初的观察转变为严格监管。2013年10月2日，美国联邦调查局宣布逮捕"丝绸之路"（Silk Road）网站负责人，执法部门关闭了该网站并查封了包括比特币在内的资产。该网站允许用户使用比特币进行匿名交易，由于其使用了加密技术，因而使追踪变得非常困难。2017年9月4日，中国人民银行等七部委发布《关于防范代币发行融资风险的公告》，指出国内通过发行代币形式（包括首次代币发行（ICO））进行融资的活动大量涌现，投机炒作盛行，涉嫌从事非法金融活动，严重扰乱了经济金融秩序，并要求自本公告发布之日起，任何所谓的代币融资交易平台不得从事法定货币与代币、虚拟货币相互之间的兑换业务，不得买卖或作为中央对手方买卖代币或虚拟货币。在此之后，包括"挖矿"在内的虚拟货币的相关活动被禁止。

　　随着虚拟货币的底层技术——区块链技术的优势逐渐被人们所认识，货币当局开始研究和尝试国家承认的类似的虚拟货币，即法定数字货币，从而扩展了数字货币的类型。虽然各国对数字货币持不同态度，但不应有意回避或束之高阁。从起源上看，数字货币产生于民间的科技实践，按照理论来自实践又服务于实践的正常逻辑，对数字货币的现状进行分析、梳理并研究其相关理论，对于金融理论研究和金融政策制定都有重要的理论价值和现实意义。不仅如此，对数字货币的分析或许会使我们得到一些有益的启示。例如，作为在数字货币和区块链领域从事公开交易的技术性公司，Crypto company 在其网站首页上写道：未来不仅被信任驱动，更会被事实驱动（The future will be powered by truth, not only trust）。这向我们传递了一种信息，即在未来网络环境下，在货币领域，信任固然重要，但事实更为重要。

目前，随着数字人民币试点的推进，法定数字货币正在逐渐被人们所认识，因此人们有必要了解其起源，分析其现状和影响，并展望其未来发展趋势。本书就是为了满足这样的需求而编写的。

本书分为三部分，分别为数字货币的相关理论、数字货币的发展实践、数字货币的监管及发展趋势，共 14 章。其中，第一部分包含 6 章内容，从互联网背景出发，考察了货币的发展演变过程及其本质，明确了数字货币的内涵及货币的分类，分析了数字货币的运行机制和交易概况，并简述了数字货币的技术基础——区块链。第二部分包括 5 章内容，对比特币、林登币等流通市值较大的非法定数字货币的起源、特征及交易现状进行了分析，研究了法定数字货币的相关理论进展，并详述了法定数字货币在各国的发展实践。第三部分包含 3 章内容，首先探讨了数字货币对国际货币体系、国家金融体系的影响；其次，梳理了各国对数字货币的监管，探讨了数字货币的全球治理机制及路径；最后，在明确数字货币未来发展可能需要的环境支持和理论支持的基础上，探析了数字货币的未来发展趋势，并展望了数字人民币的发展前景。

本书为西安电子科技大学基本科研业务费资助项目（项目编号：QTZX22011）。

本书尝试对数字货币的相关理论和实践进行分析，希望起到抛砖引玉的效果，以丰富传统货币理论，明确其监管现状，探讨其未来发展趋势，为深入研究金融科技创新理论和制定监管政策提供参考。

作　者

2022 年 7 月

目 录

1

3

第一部分 数字货币的相关理论

信息技术的不断创新促进了互联网技术的广泛应用，催生了网络虚拟空间的经济活动，"互联网""区块链""虚拟货币""数字货币"等新概念不断涌现，并对理论研究者、普通民众以及监管机构产生了广泛的影响。为了全面理解互联网环境下由民间创新发展而来的数字货币，有必要从历史和理论角度探讨其研究背景、概念、类型和本质，并研究其运行机制和交易机制。

本部分将尝试对网络虚拟货币的相关问题进行研究探讨，包括以下六章内容：

第1章　互联网与互联网金融

在人类历史发展过程中，技术进步一直起着关键的推动作用。人类在经历了以蒸汽技术应用为代表的第一次工业革命、以电力技术应用为代表的第二次工业革命后，迎来了以计算机及信息技术为代表的第三次工业革命。第三次工业革命的典型表现就是互联网、互联网经济以及互联网金融。为了充分理解数字货币，我们有必要了解这一历史背景。

1.1　互联网时代的开启

人类文明在技术的不断创新中获得发展。18 世纪中叶以来，人类经历了三次工业革命。以蒸汽技术应用为代表的第一次工业革命（1760—1840 年），标志着由农耕文明向工业文明的过渡；以电力技术应用为代表的第二次工业革命（1860—1950 年），促进了钢铁、铁路、化工、汽车等重工业的兴起和交通的迅速发展；而二战后以计算机及信息技术应用为代表的第三次工业革命（1950 年至今），使全球信息和资源交流变得更为迅速，促进了全球化进程，人类迎来了互联网时代。

与其他新生事物一样，互联网行业的发展也经历了曲折的发展历程。具体而言，它经过了早期计算机网络的形成，2001 年泡沫破灭的低谷，2002—2010年的电商崛起和博客、网络视频、网络游戏、社交媒体、微博等的出现，以及2013 年以后的互联网金融快速发展几个阶段。

从互联网的起源看，1968 年，美国国防部高级研究计划局组建了一个计算机网，名为 ARPANet（Advanced Research Projects Agency Network，又称阿帕网、ARPA），其目的是在美苏冷战时期，当军事指挥中心遭受破坏时，能借用企业的系统进行指挥。1987 年 9 月 14 日，我国成功发送了中国第一封电子邮件，以英德两种文字书写，内容为"越过长城，走向世界"，这标志着中国与国际计算机网络已经成功连接。万维网的发明者蒂姆·伯纳斯·李爵士于1989 年正式提出万维网的设想。1990 年 12 月 25 日，日内瓦的实验室开发出了世界上第一个网页浏览器，从此开启了互联网时代。

随着网络技术的发展，互联网从圣坛上走下来进入普通民众的视野，引起了社会各界的广泛关注，人们开始探讨其如何改变人们的生活方式、企业的生产方式和政府的行为模式等。

1.2　互联网及其应用

互联网，即广域网、局域网及单机按照一定的通信协议组成的国际计算机网络。互联网始于美国的 ARPA(阿帕网)。当时美国将西南部的 UCLA(加利福尼亚大学洛杉矶分校)、Stanford Research Institute(斯坦福研究院)、UCSB(加利福尼亚大学)和 University of Utah(犹他大学)的四台主要计算机连接起来,形成了 ARPA,由于当时没有家庭和办公计算机,因此其最初的使用对象为计算机专家、工程师和科学家。随着技术的进步,互联网在 20 世纪 70 年代迅速发展起来。1991 年,第一个连接互联网的接口在明尼苏达大学(University of Minnesota)被开发出来;1992 年 7 月,为客户提供在线网络服务的国际商业公司 Dephi 开始了电子邮件服务,1992 年 11 月该公司开展了全方位的网络服务。随着计算机的普及和互联网应用技术的不断开发,互联网在通信(如即时通信、电邮、微信、QQ)、社交(如 Facebook、微博、博客、论坛)、在线销售(如网购、售票)、云端化服务(网盘、计算等)、资源的共享化(如电子市场、门户资源、论坛资源、媒体、游戏等)、服务对象化(如互联网电视直播媒体、数据以及维护服务、物联网等)等方面都得到了广泛应用。

近年来,我国互联网在用户规模和基础资源方面得到了快速发展,并在多方面得到了广泛应用。根据 2021 年 8 月中国互联网络信息中心(CNNIC)发布的第 48 次《中国互联网络发展状况统计报告》(以下简称《报告》)的信息,截至 2021 年 6 月,我国网民规模达 10.11 亿人,较 2020 年 12 月增长 2175 万人,互联网普及率达 71.6%。其中,我国农村网民规模为 2.97 亿人,农村地区互联网普及率为 59.2%,较 2020 年 12 月提升 3.3 个百分点。与此同时,《报告》显示,我国 IPv6 地址数量达 62 023 块/32,较 2020 年底增长 7.6%;移动电话基站总数达 948 万个,较 2020 年 12 月净增 17 万个。在日常生活方面,互联网也得到了实际应用。《报告》同时表明,我国网上外卖用户规模达 4.69 亿人,较 2020 年 12 月增长 4976 万人;我国在线办公用户规模达 3.81 亿人,较 2020 年 12 月增长 3506 万人,网民使用率为 37.7%;在线办公细分应用持续发展,在线视频/电话会议、在线文档协作编辑的使用率均为 23.8%;在线医疗用户规模达 2.39 亿人,较 2020 年 12 月增长 2453 万人,占网民整体的 23.7%。由此可见,在我国,互联网已得到广泛应用,我国已经形成了全球最为庞大的数字经济社会。

互联网改变了人们的生活方式,使网上办公、在线医疗、电子商务、网络支付等进入了人们的日常生活中,从而催生了以电子商务、互联网金融

(ITFIN)、即时通信、搜索引擎和网络游戏为代表的互联网经济。然而，不可忽视的问题是，虽然互联网技术得到了广泛应用，但相关研究相对滞后，理论落后于实践的局面仍然存在，因此从理论上研究互联网环境下的经济现象和问题显得尤为重要。

1.3　互联网经济的特殊性

互联网以互联互通为基础，实现不同地区、不同职业、不同行业人们的广泛交流与沟通，这种沟通不仅体现为语言上的沟通，更体现为以语言为基础的信息沟通与思想交流，从而有利于促进经济社会信息流、物流、资金流和货物流的快速流动。从互联网经济角度看，信息交流的便利性和快速性不仅降低了交易成本，而且提高了经济社会的交易效率。

与传统经济相比，互联网经济有较多特征。

一、赢者通吃

在互联网时代，"分享经济""平台经济"等概念已经成为研究领域的热点问题。分享经济(Sharing Economy)是个人、组织或者企业通过社会化平台分享闲置实物资源或认知盈余，以低于专业组织者的边际成本提供服务并获得收入的经济现象，其本质是以租代买，资源的所有权与使用权发生了分离。平台经济(Platform Economics)则是一种基于数字技术，由数据驱动、平台支撑、网络协同的经济活动单元所构成的新经济系统，是基于数字平台的各种经济关系的总称。从本质上讲，平台经济是一种虚拟的交易场所，平台本身不生产产品，但可以以信息中介的身份促成双方或多方供求之间的交易，提高交易效率，并收取一定的费用而获得收益。

现实生活中存在着多种应用场景，出行场景、社交场景、融资场景等方面的服务平台不断出现。例如，美团打车是网约车服务平台，优酷则是用户上传内容的在线视频平台，这些平台将服务提供者、服务需求者和监管部门连接起来，构成了庞大的经济运行体系，形成"平台经济"。平台企业竞争激烈的重要原因是"赢者通吃"，这也是互联网经济的重要特征。为了实现行业垄断，网络平台之间通常进行激烈的市场竞争，从而出现了 2012—2015 年中国市场上两大网约车平台对司机和客户大量补贴的竞赛。但这种竞赛需要付出高昂的成本，不具有可持续性。

二、网络平台是综合的网络生态系统

与传统企业不同，网络平台虽由发起者设立，但它是参与者共同创造的平台。网络平台的经济活动需要不同需求者的参与，从而创造平台价值。正如马丁·肯尼等人于 2016 年 4 月 28 日在"经济学人"中文网上的表述：

"每一个平台都依赖于用户参与生产：Google 将用户的搜索行为
转换为具有丰富价值的商品，Facebook 运用用户的在线社交搜集大
量可出售的数据，而 Uber 则看准用户交通需求充分利用私人汽车。"

网络平台的生态系统涉及投资者（企业主）、平台参与者（客户）和政府三方
面。但是，网络平台可能建立自己的系统，从而成为一个相对独立的王国，这
是监管部门需要注意的问题。事实上，马丁·肯尼等人于 2016 年 4 月 28 日在
"经济学人"中文网上对此有所表述：

"平台企业家越来越坚信，如果他们能够获得先发优势，那么他
们便可以在现实中制订新的行为规则，从而修改现有法律，比如 Uber
的程序员已经在重塑社会行为。政府规制本可以影响新技术的使用
方式及其可能带来的后果，但在平台经济中，政府决策的效力却受到
软件代码的约束。代码所拥有的巨大权力引发人们思考：谁来编写代
码，而代码中又隐藏着谁的价值取向？再者，尽管公共政策非常重
要，但公司策略也已经具有深远影响。对公司而言，员工是其所承担
的'成本'还是值得开发并提升的'资产'？这些'资产'属于公司吗？
谁又应当承担维护与升级的成本？"

三、网络平台主导网络平台生态系统的价值分配方式

在平台经济中，网络平台处于价值分配的主导地位，而平台的员工、软件
开发商和参与者处于被动地位。显然，这种平台模式与传统的生产模式有很大
不同。从经营形式看，网络平台是中介机构，通过为不同需求者沟通信息而获
得盈利；与此不同，传统生产企业是依靠生产和销售实体产品而获得收入的。
从物理形态看，网络平台经营的是信息，是一种无形产品，隶属于虚拟经济范
畴；而传统生产企业经营的是实体产品，隶属于实体经济的范畴。从交易成本
看，网络平台依靠信息传递快速的优势，能够大量降低交易成本，但传统生产
企业由于信息沟通不便，因此交易成本较高。正是由于这些明显的区别，基于
互联网的平台经济得以迅速发展，为实体经济中的不同经济主体架设了快速交
易的通道，从而极大地提高了交易效率。

1.4　互联网环境下的新经济

在互联网环境下，不仅有"互联网经济"的说法，也有"新经济"的表述。为
全面理解互联网在经济活动中的作用，我们有必要认识新经济。

"新经济"最早是由美国《商业周刊》在 1996 年 12 月提出的。1996 年，美
国的《商业周刊》把美国在 20 世纪 90 年代经济长达十年的持续增长称为"新经
济的胜利"，从而出现了新经济的概念。

新经济的"新"主要体现为以下几个方面：第一，它是不同于传统经济（即工业经济）的一种新型经济或知识经济。美国的新经济表现出以高新技术为依托、以知识为核心生产要素的知识经济特征，社会财富直接与人类最宝贵的知识挂钩，主要体现为信息技术革命对经济的巨大贡献，而典型的信息技术的例子就是互联网。第二，新经济的特征是以经济全球化为背景，以知识经济为基础，以信息技术为主导。第三，新经济的实质是信息化与全球化，核心是高科技创新及由此带动的一系列其他领域的创新。由此可以认为，新经济是互联网经济的高级版，或者说，互联网经济是网络信息技术在新经济框架下的初级表现形式。

新经济的概念出现以后，在学术界、政府以及相应的社会实践中迅速发展，并且对传统社会提出了挑战。

一、新经济的学术研究

在学术界的许多研究中，周子衡（2017）对旧经济（即传统经济）与新经济的比较分析具有代表性。他认为，旧经济以生产为核心，新经济以交易为中心；旧经济以企业为中心，新经济以个人为中心；旧经济是所谓的柜台经济，新经济是所谓的平台经济。依此观点，在我国社会实践中出现的电子商务平台、游戏平台等都属于新经济的范畴。由于这些平台必须以互联网技术为基础，因此，新经济在本质上体现的是以互联网为依托的互联网经济。周子衡（2017）同时认为，网络经济标志着一种"任何交易主体之间可以在任何时间、任何地点交易任何商品或服务，并以任何种类的货币交易"的市场体系正趋于实现。这意味着在新经济环境中会出现多种形式的货币，如以 QQ 币为代表的网络游戏币以及以比特币为代表的网络虚拟数字货币。

二、新经济的政策支持和实践

面对新经济的发展潮流，无论是政策层面还是实践层面，我国的新经济都呈现出快速发展的局面。在政策层面上，2016 年，李克强总理将"加快发展新经济"写入《政府工作报告》；在实践层面上，在"互联网＋"政策的指引下，我国的经济发展呈现出了百花齐放的格局，不仅出现了众筹、网络借贷、网络银行、网络保险等新兴业务，而且出现了网约车、共享单车、共享汽车、共享公交等多种新经济形式。

三、新经济对传统社会提出了新的挑战

新经济在理论和实践方面的发展不仅在微观层面上改变了人们的生活方式、企业的经营方式以及政府的监管模式，而且从宏观上为对传统经济社会提出了巨大的挑战。

（1）去中心化是对中心化的挑战。集权与中心化是传统社会活动运行的基础，然而，在互联网环境下，个体的自由度不断扩大，降低了个体对权力、中心的依赖程度，促进了去中心化的形成。去中心化是一种现象或结构，其存在于拥有众多节点的系统中，其节点与节点之间的影响会通过网络而形成非线性因果关系，这种开放式、扁平化、平等性的系统现象或结构称为去中心化。周子衡（2017）的分析表明，网络生活天然地趋向于个人，这是其去中心化特征的必然指向。信息技术的发展和互联网的广泛使用降低了信息的不对称程度，随之而来的是集权范围的缩小和分权范围的扩大。例如，家庭可以通过风能和太阳能减少对电网的依赖，无集中派遣的自主出租车服务不断出现，将闲置设备租借给其他人而不需要中心化的中介机构，微信的广泛使用降低了人们对电信部门的依赖，移动支付使商业银行面临"脱媒化"的竞争，在线分享和在线服务免除了通过中介的费用成本和时间成本等，这种"合作经济""分享经济"或"去中介化经济"是网络时代的典型特征，不仅对传统经济运行方式提出了挑战，而且对国家的宏观经济监管提出了挑战。

（2）消费的便利化对生产的快速性提出了更高要求。在传统经济学框架中，生产、分配、交换和消费构成社会再生产的四个环节，且生产决定分配、交换和消费。由于供求双方的信息的不对称性严重，交易链条长，因而限制了供求的衔接，使供给在供求关系中处于主导地位。然而，在互联网环境下，供求关系和社会再生产中各环节的关系发生了变化。首先，从供求关系看，在互联网环境下，信息的不对称性大大降低了，电商平台能够快速向交易各方传递信息，实现产需直接交易，从而提高了交易效率。互联网传递信息的便利性和快速性使消费变得简单和快速，从而对生产环节提出了更高要求，这时需求在供求关系中占主导地位，呈现出需求引导消费的特征。其次，从社会再生产四个环节的关系看，呈现出交换引导生产、分配和消费的局面；从社会再生产四个环节的协调性看，传统经济环境下的社会再生产四个环节的协调性受到了影响，体现为交换环节实现了互联网化，但在其他环节，特别是生产环节，互联网化还没有实现，从而可能导致生产满足不了交换的问题。因此，为协调社会再生产的各环节，有必要加强生产环节的互联网化，而要达到这一目的，就需要企业之间的兼并重组，这可能是未来新经济的发展趋势。

（3）线上活动对线下活动的替代导致部分传统行业衰退或消失，增加了人员的就业风险。如前所述，在互联网环境下，供求信息的沟通更为便捷和快速，线上活动对线下活动的替代已经是一种趋势，从而使传统的、以线下活动为主的信息中介机构的经营活动日益困难，行业（如商业、银行业等）面临着衰退甚至消失的风险，在职员工的失业风险增加；与此同时，新生劳动力在传统行业中的就业机会减少，从而使政府面临解决传统行业人员就业和新劳动力就业的双重压力。

由此可见，面对互联网环境下的新经济，我们必须认识到，新经济在创新新行业(如网约车)的同时，也给社会各界提出了严峻挑战。由于金融是经济运行的基础，是经济运行的持续推动力，因此，新经济对金融行业的影响可能更加严峻，如网络虚拟数字货币可能会挑战国家法定货币的主导权，因此，有必要进一步探讨互联网环境下的金融活动，即互联网金融。

1.5　互联网金融的产生及发展

在互联网时代，信息技术在经济领域中的一个重要应用就是早期的网络金融以及目前的互联网金融。网络金融是借助计算机网络进行的全球范围的各种金融活动的总称，是虚拟的存在形态和网络化的运行方式，包括网络银行、网络证券、网络保险、电子货币、网上支付与结算等(岳意定 等，2010)。虽然从概念上看网络金融的表现形式较多，但从社会实践角度看，网络金融主要体现为网络银行、网络证券和网络保险，在本质上，网络金融只是传统金融业务的互联网化。

网络信息技术和新观念的出现进一步扩展了网络金融的表现形式，从而出现了互联网金融。随着谢平等(2012)对互联网金融的开创性研究，网络金融逐步被互联网金融所替代。从时间上看，主流观点认为，2013 年是互联网金融的元年。其后，基于互联网技术的 P2P 网络借贷、众筹等多种金融业务不断出现，使互联网金融得到了蓬勃发展，并得到了监管部门的重视和支持。2015 年7 月 18 日，中国央行等 10 部委发布了《关于促进互联网金融健康发展的指导意见》(以下简称《指导意见》)，并指出："互联网金融是传统金融机构与互联网企业利用互联网技术和信息通信技术实现资金融通、支付、投资和信息中介服务的新型金融业务模式。"《指导意见》明确了互联网金融属于金融，确立了"一行三会"在金融领域的监管权力，其中，央行负责互联网支付业务的监督管理，银监会负责包括个体网络借贷和网络小额贷款在内的网络借贷以及互联网信托和互联网消费金融的监督管理，证监会负责股权众筹融资和互联网基金销售的监督管理，保监会负责互联网保险的监督管理，从而形成了完整的监管体系。

互联网金融包括互联网基金、网络借贷、众筹等众多金融新业务。P2P 网络借贷具有代表性。一般而言，P2P 网络借贷的具体业务包括消费金融、现金贷、汽车金融、房地产金融，其涉及面广，服务内容广泛，经历了快速发展、问题平台不断增多以及严格控制的不同阶段。自从 2007 年 6 月我国第一家 P2P网络借贷平台"拍拍贷"在上海成立以来，网络借贷发展迅速。网贷之家的统计表明，2019 年 3 月，我国的 P2P 平台数量累计达 6631 家，行业累计成交达

8.83 万亿元,然而,转业、跑路、延期兑付、提现困难、经侦介入的平台达 5616 家,占累计上线数量的 84.69%,这表明在互联网金融快速发展的同时,金融风险在不断加大。

为防范网络借贷风险的扩大,2019 年 9 月 2 日,互联网金融风险专项整治工作领导小组、网络信贷风险专项整治工作领导小组联合发布了《关于加强 P2P 网贷领域征信体系建设的通知》;2019 年 11 月,互联网金融风险专项整治工作领导小组办公室和网络借贷风险专项整治工作领导小组办公室联合印发的《关于网络信贷信息中介机构转型为小额贷款公司试点的指导意见》(整治办函〔2019〕83 号)指出,P2P 平台可以转型为小贷公司或助贷公司。在监管政策下,网络借贷市场得到了净化。根据 2020 年 1 月 1 日网贷之家发布的《P2P 网贷行业 2019 年 12 月月报》,截至 2019 年 12 月底,P2P 网贷行业正常运营平台数量下降至 343 家,行业累计成交量为 8.99 万亿元。为进一步规范网络借贷行为,我国于 2020 年 7 月 17 日发布了中国银行保险监督管理委员会令(2020 年第 9 号)《商业银行互联网贷款管理暂行办法》,这表明以民间主导的网络借贷时代已经结束。

由此可见,互联网金融的发展伴随着金融风险的加大,而针对不断出现的互联网环境下的金融创新,监管部门不断面临着新的挑战,监管措施的制定、出台和实施将会是一个动态的不断调整的过程。同时,为促进互联网金融的发展,理论研究则是一个不可缺少的环节。

1.6　互联网金融的网络区域性

本章前述内容从宏观和实践角度分析互联网环境下的平台经济、互联网金融。从学术角度看,我们有必要进一步分析互联网金融的特征,而互联网金融的网络区域性则是核心议题。

1.6.1　互联网金融的文献评述

20 世纪 90 年代以来,为促进金融发展和经济增长,许多国家都不约而同地发展互联网金融,以提高资源配置效率,增加分散风险的投资机会,提高金融发展水平以及经济效率。目前,对互联网金融的研究主要体现在互联网金融的内涵、作用、互联网金融的风险及其对现有金融体系的冲击三大方面。

一、互联网金融的内涵

关于互联网金融内涵的研究较多,可归纳为两方面的涵义:一方面,它是指通过互联网进行的传统金融业务;另一方面,它是指互联网企业利用现代信息科技,在基于互联网的经济行为中融入金融要素后所产生的金融服务。与此同时，基于货币金融理论，有学者分析了互联网金融的特征和功能，认为互联网金融不仅提供了更为快捷的支付服务，而且提供了重要的网络金融平台功能。因此，互联网金融也将成为解决我国中小企业融资问题的重要途径。

二、互联网金融的作用

互联网金融的作用主要体现为互联网金融的宏观影响。随着互联网金融的发展，研究认为互联网金融在经济增长中的作用逐渐明显。在现有文献中，互联网金融的宏观影响可以分为两方面。一方面，互联网金融对促进经济发展有重要作用，这主要体现在国内和国际两个层次。从在国内的作用看，研究认为互联网金融能够有效提高经济运行效率，能够提高资源匹配的效率；互联网金融平台能够便于信息共享、形成外溢效应和正外部性，并增加套利机会；互联网金融的技术性能够提高劳动生产率、部门生产率和综合生产率，并提高金融包容性（Financial Inclusiveness），从而促进经济增长；互联网金融服务通过无网点服务，有利于扩展服务对象，降低经济成本。另一方面，由于互联网金融新增客户的边际成本极低，交易群体扩张迅速，可以有效开发中下层收入群体，实现"长尾效应"。从互联网金融的国际作用看，互联网金融开放会优化一国金融结构和金融市场的功能。

三、互联网金融的风险及冲击

互联网金融对经济发展有促进作用，但它导致的风险也不容忽视。在这方面，大量文献研究了互联网的风险问题，可以归纳为两类不同的观点。第一种观点认为互联网金融可以减少风险，这主要表现为两方面原因。首先，由于信息传播速度快，互联网金融的信用风险在信息传导中被分散化。其次，因为风险得到了分散，市场风险以系统性风险为主，证券的个体风险能被充分分散，信用风险造成的极端损失不易出现。第二种观点认为，互联网金融会放大风险，主要表现如下：

（1）互联网金融的跨界性使得其风险度量变得更为困难；

（2）虚拟账户的产生使网络金融脱离了传统金融流动性监管的体系，甚至有可能摆脱真实货币的约束，从而增大潜在风险；

（3）互联网金融超越了地域和时间的限制，使得风险扩散的速度更快；

（4）在支付领域，消费者面临着交易欺诈、资金被盗、信息隐私流失的风险；

（5）在融资领域，P2P、众筹快速扩张，在提高社会资金运用效率的同时也积累着信用风险；

（6）在互联网金融理财领域，流动性风险的放大效应也已出现。

由于互联网金融面临众多风险，因此，对于互联网金融是否会导致银行危机的研究，文献有两种不同的观点。第一种观点认为，互联网金融功能并未超越金融体系的范畴，金融功能比金融机构更为稳定，不会彻底颠覆金融体系。与此相反，第二种观点认为，互联网金融通过增加金融机构道德风险、信息科技风险、风险传染和流动性风险放大系统性金融风险。需要注意的是，这方面的研究结果虽然不确定，但互联网金融对传统金融的冲击不会避免。如研究表明，在金融通道端，互联网的低成本和便捷性将成为互联网金融对传统金融冲击最猛烈的领域。

从以上文献可以看出，现有文献只是从宏观上研究了互联网金融的界定、形式及影响，但没有考虑到互联网金融的网络区域性特点。事实上，互联网金融的区域性是区别传统金融与互联网金融的重要标志。如在实体经济中，法定货币在一定范围内的任何交易中都会发挥作用，但在互联网金融中，网络虚拟货币的使用只限定在整体网络中的一个部分，本节称为网络区域。这种使用范围的不同使我们有必要研究互联网金融的网络区域性。与此同时，现有文献也缺乏对互联网金融的框架分析，即在互联网金融领域或互联网金融市场中，其业务结构、组织结构以及市场结构是什么？这些都是本节要研究的问题。

1.6.2　互联网金融的网络区域性

互联网金融是基于网络的金融活动。与实体经济中的金融活动不同，互联网金融有其特殊性。

一、互联网金融是基于"网络信用"的网络服务

从货币的发展历史看，不同的货币形式基于不同的信用基础。在信用货币作为价值符号的经济体系中，法定货币是基于国家信用在经济活动中发挥作用。随着经济规模的扩大，在金融体系中，为了满足交易的需要，出现了基于银行信用的银行券；在商业领域，为了吸引客户，企业进行商品赊销，从而出现了基于商业信用的信用货币，如借条等。在网络经济时代，货币形态逐步发展，为了方便一定网络中客户的交易需要，出现了网络货币，如信用卡、充值卡、公交卡等。由于这些货币都是基于网络平台的安全性，因此，本文称其为"网络信用"。国家信用、银行信用、商业信用以及网络信用有其共同点和不同点。从其共性方面看，国家信用是基于国家的产生，银行信用是基于银行的存在，商业信用是基于商业交易的开展，网络信用则是基于网络平台的存在性，而所有这些存在性都是基于其安全性。因此，从这个角度看，国家信用、银行信用、商业信用和网络信用都是以其安全性为基础。然而，需要注意的是，它们也有不同的特点。国家信用是基于国家政权的存在性及其强制性而发挥作用，而银行信用、商业信用和网络信用是在国家法律环境下基于其自身的存在性而发挥作用，这种作用的发挥没有强制性，而更多体现为参与主体存在的客观性。因此，为保证经济活动的正常进行，就要求国家依靠法律的强制手段保

证银行信用、商业信用和网络信用作用的正常发挥。

二、商业银行在互联网金融中的基础性作用

互联网金融的表现形式较多，如网络支付、网络证券、网络保险等，但当其发生交易行为时，就需要对交易款项进行结算。由于网络交易活动不是现金交易，而是通过转账支付完成的，而转账支付的基础则是网络交易各方在商业银行所开设的账户。因此，无论互联网金融采取何种方式，其资金账户都要依托商业银行，商业银行是互联金融的基础。商业银行可以凭借其掌握的大量互联网金融活动的交易信息，通过进行数据挖掘和市场细分，从而提高自身的市场竞争力。

三、互联网金融的网络区域性市场

互联网金融是以网络平台为基础，因此，从网络平台供应者的角度看，其提供的服务只限于参与此网络的客户。从网络平台使用者或金融服务的需求者角度看，要想使用网络平台，就必须首先在相应的网络平台注册，然后才能得到相应的金融服务，如网络支付、网络信贷、网络理财等。因此，金融服务的供需双方均以网络平台为基础，形成了供求关系，并形成虚拟性网络市场。与传统市场或实体经济中的市场不同，这种网络市场不是完全开放、无边界的基于互联网的整体市场，而只是在相关网络平台运行、有一定使用者的市场，本节称其为"互联网金融的网络区域性市场"，这种特征可称为"互联网金融市场的网络区域性"。

四、互联网金融的网络区域性表现形式

随着互联网应用的普及和经济活动的创新，互联网金融的区域性具有众多表现形式。

1. 电子货币的区域性

目前的电子货币可分为现金模拟型电子货币和纯粹虚拟型电子货币。现金模拟型电子货币包括 e 现金 Digicash、Netcash 和 Modex 三种。e 现金 Digicash 是由荷兰的企业开发并于 1994 年 10 月开始提供服务的电子货币，它以真正的数字化货币结算买卖双方之间的交易，并要求客户在 Digicash 银行存有数字化现金，从网上选择要购买的商品，而且商店也收数字化现金，因此，它只限于一定的网络区域内使用。Netcash 和 Modex 是可记录的匿名电子现金支付系统，同样存在网络区域性特点。与现金模拟型电子货币不同，虚拟型电子货币只是在一定网络范围发挥交易媒介功能，如在 QQ 网络系统中出现的 QQ 币，只是限于在 QQ 网络系统中使用的交易媒体，与此类似的还有在百度网络平台中下载资料时需要的"财富值"。虽然这些电子货币具有价值尺度、流通手段、储藏手段和支付手段的职能，但这些职能的发挥只限于一定的网络区域，如果超出了这一区域，则这些电子货币无法发挥其功能。

2. 网络支付的区域性

网络支付是互联网金融的重要分支，网络支付也有区域性的特点和要求，主要表现为网络支付只限定在一定的网络区域内部。客户要通过淘宝网购买商品，就需要在其网络支付平台——支付宝上注册账户，与银行卡绑定后存入现金，这种流程表明要完成支付活动，就必须通过特定的网络，而如果不使用这一特定网络，则无法完成支付和交易活动。

3. 金融网络服务的区域性

金融属于服务行业，互联网金融也就具有服务的特征。在互联网金融活动中，如提供或接受投资信息服务、保险服务、P2P 的信贷服务，都要在一定的网络区域内进行。虽然不同的网络平台可能提供相同的金融服务项目，但如果客户对特定的金融服务如网络保险服务有需求，就要首先参与这一网络。从这点看，金融网络服务也具有区域性特点。

五、互联网金融网络区域性市场的参与者

要开展互联网金融活动，在互联网金融网络区域性市场就有相应的参与主体。从宏观的角度看，互联网金融的参与者包括网络平台提供者和平台使用者两个主体。

1. 互联网金融的网络平台提供者

网络活动的进行必须以网络平台的存在为基础，需要有网络平台的提供者。互联网金融的网络平台可分为金融机构主导的网络平台和非金融机构主导的网络平台。金融机构主导的网络平台较多，包括商业银行自己建立的网络银行平台、保险公司自己建立的网络保险平台以及证券公司建立的网络投资平台等。非金融性机构主导的网络平台包括电子商务企业建立的商品交易平台以及为支持电子商务活动的网络支付平台。金融机构在金融业务方面具有声誉优势和资金优势，而非金融机构则在网络技术等方面具有优势。因此，为吸引更多的客户，金融机构和非金融机构之间存在竞争关系。值得注意的是，由于非金融机构能够依靠其网络技术的优势建立自己的网络支付平台，从而会对金融机构特别是对商业银行的经营活动造成影响。

2. 互联网金融网络平台的使用者

由于网络平台的提供者不同，所以客户对互联网金融的需求也有所不同。由金融机构主导的网络平台的使用者为金融服务的需求者，包括资金需求者、保险服务需求者、证券投资需求者以及信息服务需求者；而以非金融机构为主导的网络平台的使用者多数为商品供给者，以及以网络支付为背景的资金需求者或信用贷款需求者。

互联网金融活动中网络平台的提供者和网络平台使用者这两种主体的划

分表明了网络时代经济发展的新趋势，即在网络经济环境中，金融资本与产业资本之间融合的程度进一步加深，这种融合会对网络市场结构和经济运行产生重要影响。

1.6.3　互联网金融的网络区域性市场的边界

互联网金融是基于网络平台的金融服务供需双方建立的网络区域性市场，这种网络区域性金融市场存在边界。从理论上看，如果所有消费者或网络金融服务需求者都加入单一的网络平台，则整个实体经济中的实体市场就是互联网金融网络区域市场的边界。然而，在网络领域中，传统的金融机构为了保护其传统的经营业务，就会建立自己的互联网金融平台，如目前商业银行建立的网络银行平台。与此同时，在互联网背景下，一些拥有网络技术优势的电子商务企业或网络企业为充分发挥互联网的信息传递迅速、成本低等优势，也会提供相应的网络支付、网络信贷等金融活动，从而不仅形成了金融机构与金融机构之间的竞争，也形成了金融机构与非金融机构、非金融机构与非金融机构之间为争夺客户所开展的市场竞争，而所有这些竞争都是以构建独立的网络平台为基础。因此，对于互联网金融服务的网络平台而言，它有自身的边界。

互联网金融网络区域性市场的边界取决于网络平台的影响力和信用程度。

一、网络平台的影响力

网络平台是网络市场形成的基础。网络平台的影响力越大，则参与某个网络上进行注册的客户数量越多，区域性网络市场的规模越大，互联网金融区域的边界也越大。在网络环境下，网络平台的影响力首先取决于其建立时间。网络平台建立越早，则作为新兴事物的网络平台的影响力越大，从而显示其"先发优势"，如淘宝网的影响力就明显强于其他同类网络购物平台的影响力。其次，网络平台的影响力受到初始客户规模的影响。在线下或实体经济中，商业银行拥有相对稳定的客户，如果其同时建立自己的网络平台，则其一部分初始客户会成为其网络客户。更为重要的是，凭借其强大的营销能力和坚实的信用基础，商业银行的网络客户会呈现逐步增多的趋势，并强化其网络平台的影响力。

二、网络信用程度

由于网络市场存在虚拟性，所以网络平台的信用程度对于客户尤为重要。如果网络平台的信用程度越高，则客户的安全感越强，基于交易成本低、交易迅速等优势，客户更容易接受网络金融服务，并更容易成为互联网金融平台的注册客户。从而可以看出，网络平台的信用水平越高，经过注册的客户对网络平台的忠诚度也越高，而这种忠诚度也会通过大众传播等方式加以扩大，促使客户数量的进一步增加，从而产生"乘数效应"。从这个意义上看，网络信用程度是互联网金融网络区域边界的决定性因素。

1.6.4　互联网金融的网络区域性市场的结构分析

互联网金融市场是由供求双方基于一定的网络交易平台所构成的经济关系。与实体市场不同，互联网金融市场不是根据地理位置来划分，而主要是根据网络平台来划分，如工商银行开发的网络银行平台所形成的市场、平安保险公司建立的网络保险平台所形成的市场、淘宝网电子交易平台所形成的市场等。如前所述，互联网金融网络平台可分为金融机构主导和非金融机构主导的网络平台，与此对应，互联网金融网络区域性市场也包括相应的两个市场。

一、非金融机构主导的互联网金融网络平台市场及其市场结构分析

非金融机构主导的网络平台市场主要是以有网络背景的企业为主所建立的网络平台市场，如第三方支付市场。根据 iResearch 艾瑞咨询统计数据显示，2013 年中国第三方互联网支付市场交易规模达 53729.8 亿，同比增长46.8%，从而显示出第三方支付市场的良好发展前景。

在非金融机构主导的网络市场中，主要代表为以淘宝网电子交易平台所形成的支付宝网络区域性市场和以腾讯为代表的财付通网络平台所形成的网络区域性市场。根据 iResearch 艾瑞咨询统计数据，2009 年第三季度的第三方支付市场中，支付宝的市场份额为 49.6%，财付通为 20.2%，上海银联电子支付为 7.7%，广州银联网络支付为 6.7%。由此可见，在我国互联网金融网络区域性市场中，非金融机构主导的网络平台居于主导地位，表明在互联网金融市场中，产业资本比金融资本具有更明显的优势。与此同时，上述数据也显示，我国的互联网金融市场是一个双寡头垄断市场，而且双寡头的活动预示着它们有更大的战略，主要表现为分别以淘宝网的支付宝和腾讯网的财付通为支付平台，不断向交通运输行业的网络支付市场渗透。2013 年出现了"快的打车"和"滴滴打车"的激烈竞争，它们通过对客户和出租车司机的大量补贴来争夺市场份额。在网络经济时代，这种竞争战略具有长远影响，主要原因是网络经济存在着"领先"优势。在网络市场中，早期进入市场的企业能够吸引到大量的客户，并且由于存在转换成本和客户的依赖情绪，先到者较容易保持原有客户，传统理论中因技术先进所导致的"后发优势"现象已经不复存在。从长期看，依靠这种"领先"优势，互联网金融市场的这种双寡头市场结构在相当长的时期内不易改变。这种判断无论是对于新兴的互联网企业还是对于传统的金融机构都提出了挑战。

二、金融机构主导的互联网金融网络平台市场及其市场结构分析

如果从金融机构主导的网络平台看，传统的商业银行、保险公司和证券公司的互联网金融业务处于相对平衡的状态，主要原因是这些金融机构相对缺乏网络技术优势，因而其市场结构和实体经济中的市场结构没有本质区别，仍然呈现为近似于完全竞争的市场结构。据艾瑞市场咨询网《2005 年中国网上银行用户研究报告》表明，工行的"金融@家"品牌知名度在网络银行中最高，为53.8%，其次是工行的"金融 e 通道"，其知名度为 51.8%，招行的"一网通"品牌知名度为 51.1%，建行的"e 路通"品牌知名度为 30.4%。如果与非金融机构主导的网络平台市场进行比较，我们可以发现，在金融机构主导的网络平台市场中，互联网金融机构之间的竞争相对较弱。根据中国投资咨询网（www.com.cn）《2014－2018 年中国网上银行市场投资分析及前景预测报告》可知，2012 年全年中国网上银行交易规模达 995.8 万亿元，同比增长 26.7%。其中，工商银行、建设银行、农业银行分别以 38.2%、14.9%、13.3%的市场交易规模份额，暂居市场前三。

总体上看，基于互联网金融快速发展的现实，以上内容理论分析了互联网金融市场的网络区域性内涵、表现方式及其市场边界，并在此基础上将互联网金融市场分为金融机构主导和非金融机构主导的互联网金融网络区域性市场，并探讨了其边界和市场结构问题。这些研究表明，由于互联网金融活动都要基于各参与方在商业银行的资产账户，因此，商业银行在互联网金融的发展中处于基础性地位。分析同时表明，互联网金融的网络区域性市场边界受到网络平台的影响力和网络平台信用度的影响，以非金融机构主导的互联网金融网络区域性市场呈现出双寡头垄断的市场结构，而金融机构主导的互联网金融网络区域性市场呈现为近似完全竞争的市场结构，而且这种区域性市场结构将在未来保持相对稳定的状态。这些研究不仅对于现存的互联网金融类企业和潜在的市场进入者都有参考意义，而且对于互联网金融的发展和行业监管也有重要的实际价值。

本 章 小 结

网络信息技术的发展促进了互联网在经济领域中的广泛应用，而其典型代表是平台经济和互联网金融的快速发展。因此，为研究互联网环境下的网络虚拟数字货币，就有必要明确互联网、互联网的特征及挑战，互联网金融的起源、发展及其网络区域性，这是研究数字货币的前提和基础。在下一章中，我们将进一步探讨互联网环境下的货币，以进一步理解货币的本质。

本 章 思 考 题

1. 什么是互联网经济和平台经济？互联网经济有什么特征？
2. 什么是新经济？新经济与传统经济有什么联系和区别？
3. 简述传统金融与互联网金融的联系与区别。
4. 互联网金融的网络区域性的理论意义有哪些？
5. 网络平台市场与传统市场有何不同？

第2章 货币的发展演变及其本质

在经济社会中，货币不仅在人们的生活中充当重要的交易媒介，而且也被人们认为是财富的象征，从古至今，消费者、企业人员、政府官员和学者不断探讨货币，使其成为重要的议题。在互联网时代，出现了网络虚拟货币这种新的货币形式，引发了技术精英、学者、投资者或投机者以及监管等人员的关注。为了更好地理解互联网时代的经济社会，我们有必要从货币的起源开始理解货币的本质。

2.1 货币的起源

货币是经济社会运行的润滑剂，是经济运行不可缺少的驱动力。然而，人们即使认识手中的货币，也并不意味着理解货币。事实上，对于货币的理解有多种方法，可以从历史、制度、经济等角度进行分析，但从根源上看，从历史的角度分析是较好的方法。

从发展历史上看，货币出现的时间较早。第一次有记录的货币体系出现在公元前3000年的美索不达米亚，当时的巴比伦人使用银和大麦作为普遍的交换媒介和价值单位，因为汉谟拉比法典规定了一套债务支付规则，要求债务通过银或大麦进行结算(维格纳 等，2015)。

关于货币的起源，理论研究较多，但不可否认的是，探讨货币起源时有必要回答的问题是：经济活动为什么需要货币，或者说，货币能解决人们的哪些困难？

从社会发展历程看，人类活动大概经过了从自给自足的自然经济向商品经济的演变过程。在人类生活的早期，由于生产力水平低，产出数量少，因此人们生产的目的是满足自身需要。但是在某些时期，人类也会出现有少量剩余物品的情况。为了满足自身对不同物质的需求，人们有交换剩余物品的动机，但这种交易面临四个实际困难：一是与谁(Who)交换，二是在何地(Where)交换，三是在何时(When)交换，四是交换比率(What)如何确定。如果说交换比率由双方在具体交易时根据双方意愿就能确定，那么，在居住地分散、交通不便和信息不通的环境下，前三个问题就无法解决。人们在实践中发现，如果将特定物质作为交易媒介，就可以方便地解决这些问题。由此可以看出，货币的基本功能应是作为交易媒介而发挥作用，且货币的起源是自发的行为，而不是来自某种权威。

在人类的经济实践活动中，产生了众多交易中介，即货币或钱。根据肖远企（2020）的研究，在我国的历史文献中，《说文解字》曾提及"自秦废贝行钱"，可见早期贝类曾被广泛作为货币载体。关于"钱"，我国文献显示，它源自古代的一种金属农耕用具，在经济活动中产生了可交换等价物的功能，进而成了货币的远祖之一；在西方文献中，"钱"的词源往往与古代钱币名称有关。一般认为公元前 6 世纪前后小亚细亚的狮币、古希腊的猫头鹰币和中国的青铜币是货币的鼻祖。

以上的分析表明货币起源于原始的物物交换，这体现了主流学术观点。该观点认为，货币的产生解决了交易的难题，从而减少了交易的成本，促进了经济结构的演变和经济范围的扩大，并且这种理论传统产生于门格尔（Menger，1892），历经现代的琼斯（Jones，1976）、清泷与赖特（Kiyotaki et al.，1989，1993）的传承，并由博兰与杨小凯（Borland et al.，1992）得以进一步发展。

与上述主流观点不同，文献中认为货币起源于信用（Orrell et al.，2016）。公元前 3500 年两河流域的苏美尔人将债务刻在泥板上，而这块带有债务凭证的泥板可以用作支付手段进行流通转让，债权人可将持有的泥板转让给他人用于换取蜂蜜或面包，这被认为是原始的货币体系（Orrell et al.，2016）。

虽然关于货币起源的观点不同，但它们之间存在着内在的联系。按照货币起源于物物交换的观点，货币起着交易媒介作用，这需要具有两个前提：第一，交易双方需要相信它；第二，其他第三方也要相信它。关于第一点，交易双方都相信货币这个中介有价值：对于买方来说，用货币就能购买到交易对方的物品，当然要确信货币中介的这种作用；对于卖方而言，他（或她）要确信，用自己的物品交换后所取得的货币中介有同样的价值，否则，他（或她）不会轻易出售自己的物品。关于第二点，对于以前交易的卖方来说，他（或她）要确信所得到的货币中介能够得到其他第三方的信任，这样才能用货币购买或交换得到其他物品。由此可见，关于货币起源于信用的观点，是货币起源于物物交换观点的深化和升级，它们具有相同的本质，即经济主体之间的相互信任。

一个不可忽视的问题是，货币产生以后，应如何管理？从历史上看，货币资产管理体系的建立可以追溯到佛罗伦萨文艺复兴时期的美第奇家族，他们设计了如何通过中介把储蓄者的过剩资金转移给借款人以赚取一定利润的体系。实际上，美第奇家族创造了高能量的货币创造体系——钱本身不是一个实物货币，而是一个用于组织的系统，扩大和共享社会的债务和支付（维格纳和卡西，2015）。

如上所述，货币起源于经济主体的自发行为，而不是来自某种权威。从经济主体的相互信任关系看，货币产生以后经过了个体信用—政府信用—银行信用的发展路径；从货币形态看，它经历了商品货币、信用货币、电子货币和网络货币几个阶段。

2.2　商品货币

商品货币是以实物形态的商品充当等价物的货币。在简单价值形式、扩大的价值形式和一般价值形式中的商品都可以认为是实物货币。由于实物货币首先是商品，具有价值和使用价值，因此，实物货币具有货币材料的多样性、货币单位的多样性、货币交换的有限性以及货币标准的广泛性等特点。在实物货币形态下，商品交换不是一种经常发生的经济行为，作为等价物的商品也在不断更换，但商品交换缺乏固定的标准。等价交换虽然在表面上能够实现，但实质上无法保证交易物品的等价性。

作为商品货币的高级阶段，金属货币能够克服实物货币的不足。在交易实践中，实物货币虽然有利于交换的完成，但由于实物不易运输和保存，且随着使用时间的延长，实物也存在着数量不足、质量参差不齐等问题。冶炼技术的发展促进了金属货币的产生。顾名思义，金属货币是指将金属商品作为等价物的货币。金属货币经历了从低档金属向贵金属转变的过程，如基于金属铁或铜的货币向基于金属银或金的过渡。

金属货币虽然也属于实物货币，但在生产力普遍低下的时代，与主要以满足生活基本需要的商品货币相比，金属货币在保存性方面具有天然的优势，其特点包括：货币材料的单一性、货币单位的稳定性、货币标准的准确性等。作为等价物货币的标准化程度越高，就越有利于交换的快速完成，金属货币就具有这种特点。金属货币能够进行分割，使其成为较小的货币单位，并使不同数量的商品交换通过一定量的货币交换得以顺利实现，从而使其在衡量商品价值时呈现出准确性。

需要注意的是，商品货币的信用基础是商品信用，即因为商品有价值和使用价值，所以能够保证它成为人们愿意让渡或愿意接受的有用物品，其关键是没有参加交易的第三方愿意未来接受这一物品。由此可见，与货币起源于信用的观点相比，商品货币的信用基础是商品信用的观点更加具体和深入。

2.3　信用货币

信用货币，一般认为是使用货币符号等信用工具作为货币的表现形式。货币符号是代表贵金属货币流通的贵金属重（数）量的价值符号。欧洲早期的银行对存款客户开出的银行券和我国早期钱庄票号发出的银票，就是典型的货币符号。

信用货币的基础是信用。如前所述，从货币起源来看，物物交换的基础是经济主体之间的相互信任，即信用。对于经济活动中的主体，如个人、团体或机构(如国家或金融机构)，信用有不同类型。在社会经济运行过程中，从信任的对象看，信用可分为对个人的信任(即个人信用)、对银行的信任(即银行信用)以及对国家的信任(即国家信用)。

一、个人信用、银行信用与国家信用

(1)从个人信用角度来看，早期的物物交换或以贝壳等为货币媒介的交换都体现了个人与个人之间的信任关系。在现代经济环境下，个人之间的商品赊销、民间借贷关系体现的也是个人信用，而基于个人信用的借条、承诺等也发挥着交易媒介的作用。

(2)从银行信用角度来看，商业银行依靠其良好的信誉而运营。基于对银行的信任，经济主体有意愿将剩余货币存储在银行，银行也会基于自身的信誉而成功发行银行券，这实质上体现的是银行信用。相应地，基于银行信用的银行券在经济活动中发挥着交易媒介(即货币)的作用。从实践上看，在文艺复兴时期的意大利，有一种由私营银行开发和使用以拓展国际贸易业务的货币形式ECU。基于各商家共同商定的汇率，ECU 使贸易产生的商业票据可以在不同的国家银行间流通，从而促进了国际贸易的发展。

(3)从国家信用角度来看，国家不仅能够依靠其组织体系，通过强制力发挥监管职能，而且有稳定的税收来源。因此，基于对国家的信任，个人、企业等经济主体不仅愿意持有国家发行的法定货币，而且愿意以购买国库券的形式将货币借给国家，这实质上体现的是国家信用。与此同时，基于国家信用的法定货币在经济体系中就能发挥交易媒介的作用。纵观历史可以发现，在国家出现后的大部分历史时期，货币发行是由国家掌握的。为了体现国家的权威，货币当局在法定货币上盖章，以提醒公民货币与权力之间的紧密关系。例如，在美国，历史上联邦和各州的商业银行发行不同的货币来相互竞争，最终美元占据了主导地位，在经历了 19 世纪末、20 世纪初严重的金融恐慌之后，1913 年成立了美联储。目前，现钞美元上面有乔治·华盛顿的头像以及联邦储备银行和美国财政部的封印，这是美国政府权力和信誉的体现。

需要强调的是，国家信用的建立以国家的强制力为保证。在历史上，货币发展过程中的铸造货币或信用货币(如纸币)都体现了这一特征。例如，美丽迪亚王国(the kingdom of Lydia，现位于土耳其西部)的斯德特尔(Staters)就是一种金银混合的货币，它被认为是史上第一种铸造货币(维格纳 等，2015)。这种货币上面的狮子头是其国王所使用的徽章，这隐含了其政府的特权。国家

的铸造货币存在的一个问题是其金属含量在交易过程中会磨损，从而产生公民对政府的信任危机，因而出现了纸币。我国在 1023 年就发行了法定纸币。

虽然这些形态货币的发行都是由政府控制的，但也有特殊情况。在文艺复兴时代的意大利，出于开拓国际业务的需要，由商人银行开发和使用的 ECU 货币使贸易产生的票据能够在不同国家的不同银行间进行流通，从而形成了对君主权威的挑战。在英国，对国家权威的挑战通过皇家宪章（英国央行于 1694 年制定）得以解决：作为私有银行的英国央行当时借给皇家 120 万英镑，然后皇家以这笔债权为支持发行票据，从而有效地把这笔贷款对外进行了再贷款，英国央行实际上被授予了印钞许可证，表明印制的钞票本质上仍然以国家主权信用作为支持。

在个人信用、银行信用和国家信用中，最重要的是国家信用，因为以国家信用为基础的信用货币是国家整体经济运行的基础。从国家信用层面看，很多学者的文献中对信用货币进行了大量研究。例如，贾丽平（2013）的分析认为，1971 年布雷顿森林体系解体后，货币从贵金属货币进化到没有商品作为发行保证的信用货币，货币的分散性替代了单一性，呈现出多元主权货币的特征。信用货币不具有内在价值，各国信用货币的信用来自中央银行体系和国家法律的强制力。

二、兑现与不兑现的信用货币

信用货币的基础可以是个人信用、银行信用或国家信用，从而使信用货币呈现出不同的形式。从是否兑现的角度看，信用货币经历了兑现的信用货币阶段和不兑现的信用货币阶段。兑现的信用货币是指货币符号的持有者可以随时到发行机构按照票面标明的符号兑现成贵金属，贵金属货币与标明贵金属的货币符号在流通中的作用完全相同。早期欧洲银行发行的银行券就是兑换信用货币，即银行对存入贵金属货币的客户开具标明相同数量、单位贵金属的银行券，客户持有该银行券可以通过购买商品实现转让，或者可以开出银行必须无条件地将此银行券兑换成相同数量贵金属货币的支付票据。与贵金属货币相比，银行券不仅携带方便，而且有开出银行的保证，因此，银行券的出现提高了市场的交换效率。与西方的情况类似，中国清代钱庄和票号对客户存入的白银开出银票，银票在流通中发挥着与同等数量白银相同的作用。由此可见，兑现信用货币在流通中代表了同等数量的贵金属货币，它们在流通中有相同的作用。

与此相反，不兑现信用货币是持有货币符号者可以随时在市场上购买相应价值的商品，但不能要求发行机构兑现相同价值的贵金属货币，而只能在市场上转让。不兑现信用货币有狭义和广义之分。狭义的不兑现信用货币是国家凭借其强制力发行的流通货币，它有规范的格式和面值；广义的不兑现信用货币包括由商业银行开出的可代替贵金属货币流通的信用票据，它无严格规范的格式，在指定时间内有效。目前，各国使用的法定货币其实就是不兑现的信用货币。

三、信用货币的特点

信用货币具有如下特点：

（1）货币材料纸质化。在不兑现信用货币时期，流通中的货币完全是由政府统一发行并强制流通的纸质货币，这种纸质货币在由政府控制的范围内充当一般等价物，而贵金属货币完全退出流通领域，主要在国际贸易中发挥作用。

（2）货币单位主观化。货币单位名称的确定完全取决于垄断货币发行者（即政府）的意愿。例如，中国古代货币单位先后使用过铢、串、两等，而目前使用的是元，中国香港特别行政区的货币单位是港币，英国的货币单位是英镑，德国的货币单位是马克，美国的货币单位是美元等。

（3）货币数量权力化。货币符号流通的数量完全由垄断货币发行权的政府决定，用于在流通中发挥交易媒介的作用。由于银行货币创造功能的存在，央行发行的货币符号数量与在市场中发挥交易功能所需要的金属货币数量往往不一致，从而造成货币符号与金属货币的比例失稳，并对经济活动产生影响。

（4）货币流通区域化。一般而言，政府发行的货币符号只限于在其法律保护的区域内流通，从而使货币成为政府主权的重要组成部分。当然，如果货币符号代表的价值稳定，就可能在其他区域中流通，从而在更大范围内充当流通的等价物。

需要说明的是，基于国家信用的货币出现以后，要思考的一个关键问题是：国家如何为纸币建立信用？关于这一点，可以用英国的例子加以说明。英格兰银行在 1694 年成立时就发行了纸币，但纸币的信用并未立即建立，而是凭借强大的国家经济实力、中央银行承担了货币稳定的职责以及政府强制的法律共同为英镑树立了信用。首先，19 世纪末，英国的黄金储量虽然不足以兑付其发行的纸币，但其国家整体经济实力依然使其货币信用得以维持。其次，中央银行承担了金融稳定的职责，也为英镑信用的树立产生了积极作用。例如，肖远企（2020）的研究指出，沃尔特·白芝浩在其 1873 年出版的《伦巴第街：货币市场记述》一书中提出的"最后贷款人"机制，被认为是中央银行承担金融稳定职责的起源。最后，政府强制力也为纸币信用的建立做出了贡献。研究发现，为继续推广纸币，政府多次下令中止纸币与硬币自由兑换，最长的一次中止历时 24 年（Rothbard，2008）。由此可见，无论是经济因素、体制因素或者政府的强制力因素，信用货币最终都必须以建立信用、维持信用为根本的、长期的政策目标。

2.4 电子货币

在经济社会中，随着电子技术的发展，出现了电子货币。我国最早以"电子货币"为标题的研究可能是曾子敬的《香港银行的电子货币》(1986)。他认为电子货币是一项最先进的电脑计算系统。根据其理解，电子货币实质上是货币的电子化，其优点是简化操作流程，方便客户使用其银行存款，提高效率。

关于电子货币的内涵，学者及研究机构对其有不同的理解，但总体支持电子货币是货币电子化的观点。例如，刘勤和钱淑萍(1991)认为，电子货币和纸币一样是一种货币符号，是一种以电信号形式出现的银行存款。与此概念相比，巴塞尔委员会(1998)细化了对电子货币的认识，认为电子货币是通过销售终端、电子设备在公开网络(如 Internet)上执行支付功能的储值和预支付机制。其中，储值是指保存在物理介质(如智能卡、多功能信用卡等)中可用来支付的价值。这种介质也被称为电子钱包，当其储存的价值被使用后，可以通过特定设备向其储存价值。预支付机制则是指存在于特定软件或网络中的一组可以传输并可用于支付的电子数据，也称为数字现金或代币(Token)，通常由一组二进制数据和数字签名组成，可以直接在网络上使用。与此同时，我国货币当局也支持电子货币是数字化或电子化现金的观点。例如，中国人民银行2009 年起草的《电子货币发行与清算办法(征求意见稿)》第三条规定："本办法所称电子货币是指存储在客户拥有的电子介质上、作为支付手段使用的预付价值。根据存储介质的不同，电子货币分为卡基电子货币和网基电子货币。卡基电子货币指存储在芯片中的电子货币，网基电子货币是指存储在网络中的电子货币。"这与巴塞尔委员会的定义基本一致。不难看出，电子货币是以国家信用的法定货币为基础，以电子信息形式存在的货币，在实践中等同于法定货币。

关于电子货币的类型，印文和裴平(2016)认为中国的电子货币分为以下五类：

(1) 以借记卡为载体的代表实际货币的电子货币，以及第三方支付账户中沉淀的代表实际货币的电子货币，统称为借记卡型电子货币。

(2) 以信用卡和准信用卡为载体的代表实际货币的电子货币，统称为贷记卡型电子货币。

(3) 以预付卡为载体的代表实际货币的电子货币，如公交卡、校园卡和购物卡等实物卡中存储的代表实际货币的电子货币，统称为预付卡型电子货币。

(4) 以预付卡为载体的由实际货币转换而来的电子货币，以及网络账户中存储的由实际货币转换而来的电子货币(如以人民币购买的 QQ 币)，统称为类预付卡型电子货币。

（5）与实际货币无关的虚拟电子货币，如网络游戏中通过完成任务赚得的虚拟金币，统称为虚拟货币。

既然电子货币就是法定货币的电子化，那么在实践中就会出现电子货币替代法定货币的现象。从其替代率来看，印文和裴平（2016）的分析表明，电子货币替代纸币所产生的累积货币供给创造规模从 1995 年的 4817.83 亿元持续增加到 2015 年的 145 502.62 亿元，几乎增加了 30 倍；电子货币替代纸币所产生的累积货币供给创造规模占广义货币供给的比例从 1995 年的 7.93％提高到 2015 年的 17.92％，2015 年后该比率略微下降，基本维持在 10％左右。由此可见，电子货币对促进我国经济发展起着重要作用。

与实物货币和信用货币相比，电子货币具有如下特征：

（1）形态无纸化。电子货币存储在特定的信息介质中，使用时它会以信息的形式表现出来，而且这种信息只有通过特定的设备才能认读，没有外在的实物表现。

（2）流通网络化。由于电子货币没有实物表现，因此，它不能像商品货币、金属货币或纸币那样通过直接交换发挥媒介作用，商品交换引起的货币流通必须借助网络才能完成。因此，电子货币对网络有很强的依赖性。

（3）风险多样性。电子货币是基于网络工具发挥交易媒介作用的非实物货币，因而，它不仅面临着传统货币所面临的流动性风险、利率风险、汇率风险等，而且也存在着网络系统风险、技术选择风险、信息安全风险等。Friedman（2000）的分析认为，电子货币会改变货币乘数，增加中央银行运用传统信用创造理论控制货币供给的难度。这表明电子货币的使用会使经济主体面临多种类型的风险，防范这些风险则是经济主体和货币当局面临的重要任务。

2.5　数　字　货　币

在网络经济环境下，货币的概念得到了扩展，电子货币从金融领域扩展到了非金融领域，从而出现了数字货币。关于数字货币的概念，在第三章中将进行专门分析，在此只将其看成货币的一种表现形式。

从其发展过程来看，数字货币经历了有中心化和无中心化两个阶段。在初期，随着信息技术的快速发展，基于互联网的网络游戏、电子商务等新型商业形式不断出现，网络虚拟空间的交易规模不断扩大，从而导致了新型交易媒介（如网络游戏币）的产生。作为一种非正式的支付工具，游戏币开始只表现为一种网络访问的积分形式。在网络效应下，对网络的浏览人数成为支持其存在和发展的重要基础。为了激励网民访问网站，一些网站采取了适当策略，如注册账号的网民的积分随着访问量的增加而增加，当积分累积到一定数量时，就可以用积分兑换网站提供的奖品，如 IP 电话卡、上网卡等。随着网络游戏市场规模的不断扩大，网络玩家对于虚拟装备、网络软件中的功能性插件这些增值服务的需求不断增加，一些网站开始提供一种价值低、交易频率高的称为"卡点"的游戏币，如 Q 币、百度币、新浪 U 币等。这些游戏币的特点是由相应的网站发行并在网络平台流通。

在自由主义思潮下，由于中心化的游戏币缺乏自由基础，因而促进了学者对去中心化一类货币的研究，而信息技术发展中的区块链技术为这种设想提供了契机。事实上，从历史上看，早在比特币出现之前，一些经济学家就提出了脱离现实货币体系的构想。例如，诺贝尔经济学奖获得者弗里德曼（1956）就曾提出"货币数量化理论"。他设想用一个自动化系统取代中央银行，以稳定的速度增加货币供应量，从而消除通货膨胀。20 世纪初，哈耶克在其《货币的非国家化》中第一次完整论述了一种非主权货币的构想："政府不应该控制货币发行，而应该允许私人自由竞争产生货币。"在 1944 年的布雷顿森林会议上，凯恩斯也曾提议发行一种超越国家主权的世界货币，以适应战后国际经济和贸易的发展。

随着信息技术的不断发展，越来越多的学者尝试对去中心化货币进行开发和研究。在这一过程中，Chaum(1982)在其论文中采用了密码学技术构造了一个具有匿名性、不可追踪性等特性的货币系统(e-cash)；1997 年 Adam 用工作量证明(POW)发明了 HashCash(Back，2002)；1998 年，Szabo 利用 POW 将问题和解答用加密算法串联在一起公开发布，发明了 BitGold，并构建了一个产权认证系统；Dai 提出了匿名、分布式电子现金系统 B-money(Kraus，2017)；2008 年 11 月 1 日，一个自称中本聪(Nakamoto)的人在 P2P foundation 网站上发布了比特币白皮书《比特币：一种点对点的电子现金系统》，他在该书中陈述了对电子货币的新设想——比特币，比特币就此面世，2009 年 1 月 3 日，比特币创世区块诞生。自此以后，出现了众多的网络空间中的"货币"：2011 年，莱特币(LTC)面世；2012 年，Copping(PPC)发布；2013 年，便士币(NMC)出现；2014 年 7 月，第一枚数字稳定币泰达币(USDT)出现。其后，IBM 和 Stronghold 合作推出了与美元挂钩的 Stronghold USD，美国摩根大通开发了与美元挂钩的 JPMCoin；2018 年 9 月，纽约金融服务局(NYDFS)批准了两种基于以太坊 ERC20 技术架构的 GeminiDollar 与 Paxos Standard 数字美元稳定币(刘东民 等，2019)。不仅学者对数字货币进行了理论研究，而且也出现了一些现实实践活动。根据王谦和戢增艳(2015)的研究，2015 年，比特币兑换成现金已经可以在西班牙一万台额外的银行自动取款机上实现，比特币公司 Coinplug 和韩国领先的 ATM 生产商 Nautilus Hyosung 之间新确立的合作伙伴关系也将使韩国的比特币爱好者可以使用信用卡在自动取款机上购买数字货币。

非金融领域的数字化货币的丰富实践促进了世界众多相关金融机构的研究。2015 年 11 月,国际清算银行以"数字货币"为关键词发布了题目为《数字货币》的报告;国际货币基金组织在 2019 年 7 月也以"数字货币"为关键词发布了研究报告《数字货币的兴起》,从而使网络货币、数字货币、虚拟货币等新名词成为大家普遍关心的问题,并促进了相关理论研究的发展。关于这些概念的关系,本书将在第 3 章中进行专门讨论。

目前,数字货币的研究主要关注其对虚拟空间的影响以及相关的虚拟财产问题。

(1) 关于数字货币的影响,典型文献应是卡斯特罗瓦(Edward Castronova)的研究"Virtual Worlds:A-first hand account of market and society on the cyberian frontier(2001)"和"On virtual economies"(2002)。他把网络游戏虚拟世界看作与地球村真实社会相对等的世界,并用经济学方法考察其经济系统,他的论文成为研究网络虚拟世界的经典文献。他研究了网络游戏虚拟世界中的汇率、货币总量、GDP、工资等问题。其有趣的发现是:在虚拟世界中,玩家所创造的人均 GDP 与俄罗斯和保加利亚的人均 GDP 相当;对于消费者而言,网络游戏的效用函数是倒 U 形,人们愿意花钱在网络游戏中购买"约束"。

(2) 关于虚拟财产,约瑟华·费尔费德(Foshua Fairfield)2005 年在其论文"Virtual Property"中进行了研究,并将虚拟财产定义为一种新的不同于知识产权的财产权利。米契尔·米含(Michael Meehan)2006 年对于虚拟财产进行了理论化研究,指出因为虚拟财产是在虚拟网络游戏环境下才有的一种功能,因此只有在相关的网络游戏环境下,虚拟财产才有其价值;当运营商决定不再经营一款游戏时,原来游戏中虚拟财产的主人不能要求运营商补偿,这就涉及虚拟财产的归属问题。关于这一点,国内唐彦的《虚拟财产应否列入盗窃罪的犯罪对象中》认为,无论 QQ 账号还是网络装备,在形式上虽然表现为以数字方式存储于服务提供商的服务器上,看似是"无形的",但账号或装备的所有人对于此虚拟财产却拥有实际的支配权。魏东娟在《虚拟财产保护的法律保护》中也有类似的表述。基于上述观点,本章认为,虚拟财产有初始产权和最终产权的二重性:初始产权直接归属于网络玩家,即虚拟财产的实际拥有者;而虚拟财产的最终产权属于网络服务提供商,表现为当其不再经营网站或相应服务时,这些虚拟财产将消失。

虽然数字货币的实践和理论正在快速发展,但其对一些基本问题缺乏探讨,本书将会在第 3 章进行分析。

2.6　货　币　本　质

　　货币在经济中的作用不断扩大，推进了货币理论的发展。从发展历史看，影响较大的货币理论包括凯恩斯主义和新古典主义、自由主义学派的观点。凯恩斯货币理论的核心是货币需求理论，他认为人们持有货币有四个动机：准备购买而持币的"所得动机"、企业营收之间经营活动的"营业动机"、预防意外的"预防动机"和因货币价格变动形成的"投机动机"。其主要结论是货币本身有无价值无关紧要，尤其是纸币本身没有任何价值，货币的价值就是它的购买力，而购买力由物价指数衡量，影响购买力的因素是多重的，例如，工资、利息、储蓄等基本因素都影响价格（沙钱 等，2014）。

　　与上述观点不同，经济自由主义的代表人物哈耶克主张应剔除货币对经济运行的影响并保持中立，他提出了货币非国家化的主张。哈耶克认为，货币的主要功能是起交换媒介的作用，人类经济史上无数事实证明，一个国家可以接受多种货币的存在，只要具有通用性，人们普遍接受其作为交换手段，就可以成为货币（沙钱 等，2014）。与此同时，新古典综合派的代表人物萨缪尔森主张货币是可以作为普遍接受的交换媒介或支付手段的任何东西，由此可见，这是对货币内涵的共识，而这种共识应成为网络数字虚拟货币（第 3 章）的理论基础。

　　对货币理论的研究，必然涉及对货币本质的认识。几个世纪以来，关于货币本质的讨论主要有两种观点：一派认为金钱只是一种商品，一个已经存在的东西，有自己的内在价值；另一派是"记号主义者"，他们超过货币本身，专注于研究货币体现的个人与社会之间的信用和信任关系（维格纳 等，2015）。我们认为这两种观点既有差异又有共同点。其区别在于出发点不同，第一种观点从微观上强调了货币的商品特性，而第二种观点从宏观上强调了货币在社会中的信用特征；而其共同点是货币是人们愿意信任和接受的东西，即都强调了货币的交易媒介功能。

　　为更好理解货币的本质，我们认为应从以下多角度理解：

　　（1）货币是人们愿意信任和接受的东西，因而有多种货币形态。货币可以是有形的，如早期的贝壳、铜币、金银币以及目前的纸币和硬币，也可以是无形的，如电子货币或网络货币。例如，费利克斯·马丁（Felix Martin）在其著作（Money：An Unauthorized Biography）中描述了密克罗尼西亚联邦的雅浦岛（Yap）的一个独特的货币体系，它由被称为"飞"的货币构成，它是直径为 12 英尺（注：1 英尺＝0.3048 米）、开采于 300 英里（注：1 英里＝1.609 344 千米）以外的石轮。交易时，考虑到搬运不便，它经常留在前东家手中。整个雅浦岛

(Yap)上的人已经达成共识，即只要完成一个交易，这些巨型财富符号将从一个人手中转给另一个人，"飞"是人们对债务的清算和结算手段。虽然"飞"在经过巴贝尔索普海时沉入大海，但仍是货币交易单位。

（2）国家出现后的法定货币是国家主权的象征。这体现为对法定货币的理解：第一，它是政府对货币拥有者的债务承诺，即政府是债务人，而政府承认借了货币拥有者一定数量的商品。因为政府不是一个生产单位，它自身没有商品。如果你有一台多余电脑，政府告诉你把电脑给它，而作为交换条件，政府会给你一个由政府印制且担保的标明为 100 单位的"货币"，并承诺如果你想要回电脑，就可以用这 100 单位的"货币"来交换。第二，对于这种交易，无论你是否愿意，你都必须接受，因为政府依靠其强制力使你接受。第三，政府具有偿还债务的能力，因为政府能够从经济运行的各环节中以税或费等形式获取收入。第四，货币持有者拥有对整个社会或市场的要求权，即只要你愿意，就能够从社会或市场中获取你想要的等价物品。

（3）信任或信用是货币的基石。正如在货币起源一节中的分析，货币之所以成为货币，就在于它有广泛的信任基础，这反映了学者的普遍观点，如维格纳（Vigna）和卡西（Casey）（2015）在《加密货币》中分析加密货币时就指出，"任何货币，无论是计算机程序发行的加密货币还是传统的由政府发行的法定货币，要想有效，最重要的是取得使用它的社区的信任……信任是任何货币系统的核心"。

本 章 小 结

从发展历史看，货币经历了实物形态的商品货币、信用货币、电子货币和数字货币的发展阶段。实物货币，指货币以实物商品的形式出现，应称为商品货币，因为货币是以商品形式出现的，它本身有价值和使用价值，否则，无法成为货币。例如，古希腊时的牛和羊、非洲和印度的象牙、美洲土著人和墨西哥人的可可豆，此外还包括金属货币如金银，我国的刀币、布币、铲币、环钱等都是货币的具体形态。信用货币包括体现个人信用的借条、承诺等，体现国家信用的法定货币如美元、人民币等以及体现银行信用的银行券、银行票据等。电子货币指电子化的法定货币，如只是支付指令的传送而不牵涉到货币本身流转的基于银行卡的电子货币。数字货币则是以互联网和信息技术为基础的金融科技发展的产物。虽然货币发展经过了不同时期，但从本质上看，货币是人们愿意信任和接受的东西，其核心是信用。

虽然货币有实物货币、信用货币、电子货币和数字货币的形态，但本书后续内容只关注数字货币。

本 章 思 考 题

1. 根据你的理解，试给出货币的定义。
2. 货币有价值吗？
3. 货币在社会经济活动中有什么作用？
4. 从货币的发展历史看，货币有什么共同特征？
5. 数字货币的基础是什么？

第 3 章　数字货币概述

随着网络技术的发展和互联网的广泛应用，网络传播的即时性、低成本特点被充分发挥，从而出现了网络货币、数字货币、虚拟货币等众多概念。本章将在明晰这些概念的基础上对数字货币进行分类，并探讨其特征。

3.1　概 念 辨 析

在第二章货币的发展演变中，我们介绍了商品货币、信用货币、电子货币和数字货币，除此之外，目前还出现了"网络货币""虚拟货币"等名词。为了方便理解，有必要对它们的概念进行辨析。

3.1.1　网络货币

网络货币，按照字面理解，就是在互联网环境下，网络空间中的货币。由于网络货币与互联网的应用紧密相关，因而，网络货币可以从以下两个角度理解。

一、从互联网金融的网络区域性方面理解

在分析互联网金融特征的过程中，申尊焕和龙建成（2014）认为，作为一个信息沟通中介，网络平台具有网络区域性，即注册客户会在这个平台上进行相应的经济活动，其表现为网络的区域性特点。需要注意的是，网络平台是微观概念，而不是宏观概念，即现实社会有许多相互独立的网络平台。从整个社会的角度看，不同的网络平台构成了社会整体的网络系统，它相当于现实社会中的行业。从这个意义上看，网络货币就是基于特定网络平台的货币。

二、从网络货币与电子货币的关系方面理解

为进一步理解网络货币，有必要分析它与电子货币的关系。目前，有两种不同观点。第一种观点认为，网络货币就是电子货币（李翀，2003），网络货币是电子货币的一个分支（杨旭，2007）。与此相反，第二种观点认为，网络虚拟货币与电子货币完全不同，它不是由国家货币发行机关发行，不具备法偿货币资格，而仅仅是由各网络商家发行为网络消费者服务的产物，只能在网上流通且不能下线（蔡则祥，2008）。相比较而言，第二种观点获得了更多人的支持，如王谦和戢增艳（2015）认为，网络货币是网络运营商等非金融机构或者个人通过计算机技术和通信技术创造，以电子信息的形式存在，是通过网络实现流通和支付功能的交易媒介，其价值取决于人们的信任程度；而印文和裴平（2016）把与实际货币无关的虚拟电子货币（如网络游戏中通过完成任务赚得的虚拟金币）统称为虚拟货币。

我们认为，网络货币与电子货币既有不同点，也有共同点。一方面，网络货币与电子货币都是以电子信息的形式存在，这是它们的共性；但另一方面，它们的流通基础不同。电子货币流通功能的发挥是基于国家信用，它是以法定货币为依托的电子化非实物货币，能够同法定货币一样发挥货币的功能，且它没有脱离现有的法定货币体系，可认为是法定货币的电子化形式，与法定货币有 1∶1 的比率关系。与此不同，网络货币的出现有脱离现有法定货币体系的动机，它在网络区域中发挥流通功能的基础是人们对网络的信任，可称为网络信用。虽然在实践中存在网络货币与法定货币的比例关系，这只是出于发行网络货币的需要，但这并不意味着网络货币在起源上是以法定货币为基础的。

基于以上分析，我们可以认为网络货币有广义与狭义之分。从广义上讲，基于王谦和戢增艳（2015）、印文和裴平（2016）等文献的观点，网络货币是网络虚拟空间中以网络空间中经济主体的信用为基础的电子信息，既包括在实体空间中使用的储值类预付卡、借记卡、乘车卡，也包括在网络虚拟空间中的游戏币以及基于区块链技术的加密货币，如比特币。从狭义上看，网络货币只是指基于区块链技术的加密货币如比特币。

根据广义上的定义，网络货币有如下特征：

（1）网络货币是由网络运营商创造的货币。由于网络运营商拥有管理网络的权利，因而网络货币只能由其创造，而不能由其他个人或机构创造。

（2）网络货币具有网络区域性，即网络货币只在特定的网络空间上发挥交易媒介的作用，而无法在其他网络空间或平台上发挥交易媒介作用，除非不同网络空间或平台上的网络货币具有或建立了某种兑换关系。

（3）网络空间或平台只有一种"法定货币"，这与一个主权国家只有一种法定货币的现状相同。为了保证其权威性或在局部网络区域的法定性，通常需要加密等技术的支持，从这个意义上讲，它就是加密的、数字化的货币。

（4）网络货币是基于网络空间上不同经济主体相互信任即网络信用的货币。只要网络空间上的经济主体主观上愿意接受并且在客观上获得技术支持，就可在网络空间上发挥其交易媒介功能。

（5）网络货币虽然在使用时的交易成本较低，但其隐含的网络风险较大。基于网络信息传递的及时性和便捷性，网络货币的使用具有交易成本低的特点，但也面临着网络攻击、网络瘫痪、网络诈骗等风险。

3.1.2　虚拟货币

在互联网环境下，不仅有"网络货币"的概念，也有"虚拟货币"这一词汇。然而，与网络货币强调其"网络性"不同，虚拟货币更强调其"虚拟性"。

一、虚拟货币的定义

对于虚拟货币，可以从字面、历史发展过程以及国际机构的角度理解。

从字面上看，"虚拟"可以从两方面理解：一是它以电子形态出现，与实体形态的货币相对立；二是它应用于网络虚拟空间，而不是现实世界的真实空间。因此，从这个意义上讲，虚拟货币就是网络货币。

从历史发展过程来看，根据互联网的应用现状，虚拟货币可分为两个发展阶段。在互联网广泛应用以前，虚拟货币的概念已经以两种方式存在：一是马克思政治经济学中的"虚拟货币"，它是指没有金融资产和 GDP 保证的信用货币（张春嘉，2008）；二是指为了保持一国汇率稳定所构造的一种加权货币组合（或称为一篮子货币），常见于国际经济领域和宏观调控领域（戎翰，2006）。进入 21 世纪以来，特别是近年来，随着互联网的广泛应用，在网络虚拟世界中出现了 Q 币、比特币等虚拟货币。

从国际机构的角度看，自从社会实践中出现"虚拟货币"的概念以来，国际社会对其进行了广泛讨论。例如，反洗钱金融行动特别工作组（FATF）在其2014 年的报告中将虚拟货币定义为一种价值的数字表示，它具备部分货币职能，但不是法定货币；相对地，直接基于法定货币计价的数字货币被称为电子货币。欧洲银行业管理局（EBA）将"虚拟货币"定义为"价值的数字化表示，既非央行或公共当局发行，也不与法币挂钩，但由于被自然人或法人接受，可作为支付手段，也可以电子形式转移、存储或交易"。类似地，欧洲中央银行（European Central Bank）2012 年将"虚拟货币"定义为一种不受（货币当局）管制的、通常被制造者发行与控制，并在特定虚拟社区中被接受与使用的数字货币，并在 2015 年 2 月发布的《虚拟货币项目——进一步研究》报告中仍然沿用"虚拟货币"的称谓。与此同时，英格兰银行认为，与传统主权货币不同，虚拟货币不是一种求偿权，它应被看作一种商品，与黄金这类实物商品的区别在于，虚拟货币是一种无形资产或电子化商品，其价值依赖于使用者对其代表的价值形成共识（王信 等，2016）。

综合以上观点，本节认为，虚拟货币是在互联网环境下，网络运营商在其网络平台上通过计算机技术和通信技术创造，能够被虚拟网络空间接受，能够发挥交易媒介，并且可作为支付手段或进行电子形式转移、存储或交易的电子信息。

二、虚拟货币的分类

虚拟货币可以按照其兑换性、是否有发行中心等标准进行划分。

1. 按照与法定货币的兑换能力划分

国际货币基金组织(IMF)、国际清算银行(BIS)认为与各国货币的兑换能力可作为虚拟货币的一个分类标准,可分为封闭型、半封闭型和开放型(王信等,2016)。在现实中,只在网络虚拟空间发挥交易媒介作用的封闭型虚拟货币(如比特币、莱特币等)较多,半封闭型货币(如真实货币兑换虚拟货币而不能反向交易的单向流通货币,如 Q 币)相对较少,而在各国严格监管下,能以某一汇率将虚拟货币买入或者卖出,既能购买虚拟商品,也能购买现实世界的商品和服务的开放型虚拟货币基本是不存在的。但不可否认的是,随着各国开展对法定虚拟货币的研究和实际应用,完全开放型虚拟货币有可能在未来国内经济和国际经济活动中出现。

2. 按照能否与法定货币自由兑换划分

按照是否与法定货币存在自由兑换关系,可将虚拟货币分为三类:第一类是与法定货币不存在自由兑换关系,其只能在网络社区中获得和使用,如网络游戏币;第二类是与法定货币不存在自由兑换关系,但可以通过法定货币获取,用于购买商品或服务,如腾讯 Q 币等;第三类是与法定货币之间可以在一定条件下兑换,并可以用于购买商品或服务,如比特币等(张正鑫 等,2016)。需要明确的是,由于以比特币为代表的虚拟货币对国家主权形成了挑战,因而虚拟货币与法定货币的兑换在理论上不具有可操作性。但如果货币当局自身开发创造法定的虚拟货币,则其与法定货币的自由兑换将能够实现。

3. 按照是否有发行中心划分

如果认为网络货币也是虚拟货币,则虚拟货币也可以按照是否有发行中心划分。例如,祁明和肖林(2014)以是否有发行中心为标准,将网络货币分为两类:一类是以腾讯 Q 币等游戏币为代表的有发行中心的网络区域内的类法定虚拟货币;另一类是以比特币为代表的去中心化的虚拟货币。王谦和戢增艳(2015)也将网络货币分为有发行中心和无发行中心两类,并进一步将有发行机构的虚拟货币分为网络游戏公司发行的网络游戏币和其他非金融机构(如腾讯Q 币、百度币等)两类。

4. 基于多种标准的划分

面对众多类型的虚拟货币,孙宝文等(2012)进行了较多深入的研究,如按发行过程中的价值交换方式划分为法币换取型货币(如林登币)、网络活动卷入型货币(如人大经济论坛币)、混合型货币(如天天易购网积分);如按照支付方向分为单向支付货币(如 Q 币)、双向支付货币(如人大经济论坛币、林登币);

如按照支付范围分为全局性支付工具(如法币、电子货币)和局部性支付工具(包括法币换取型如 Q 币,网络活动卷入型如魔兽币);如按照综合实用分为单向自由兑换型货币(如 Flooz)、双向币自由兑换型货币(如林登币)、法币预付充值型货币(如 Q 币)、法币购买型游戏币(如征途币)、折扣积分(如盛大积分)、促销积分(如天天易购网积分)、非法币购买型游戏币(如魔兽币)、公益激励型货币(如人大经济论坛币)。

基于以上分析,我们将虚拟货币分为广义和狭义两种类型。广义上的虚拟货币包括基于或不基于区块链技术的虚拟货币,而狭义类型虚拟货币只是指基于区块链技术的虚拟货币,具体分类如表 3-1 所示。

表 3-1　虚拟货币的类型

概念类型		发行特点	发行机构	初次获得方式	发行基础	品　种
类型	狭义	有发行中心	中央银行	正在探索	国家信用	正在探索
		无发行中心	无发行机构	用计算机挖掘	网络信用	比特币、莱特币等
	广义	有发行中心	网络游戏公司	用法定货币购买	网络信用	各种网络游戏币,如天堂的"天堂币"、魔兽世界的"金币"等
		无发行中心	其他非金融机构	用法定货币购买或使用网络服务赢取	网络信用	腾讯 Q 币、百度币;中文利网积分

根据表 3-1 的分类,狭义类型的虚拟货币是基于区块链的加密数字货币,可分为无发行中心的数字货币(如比特币)和有发行中心的法定数字货币。其中,中央银行正在探索的虚拟货币(即广泛意义上的数字货币)(Central Bank Digital Currency,CBDC)是由中央银行采用区块链技术发行并作为法币的一种新的货币形式。它属于本位货币,具有普遍接受性和无限法偿性,同样具有价值尺度、流通手段、支付手段和价值储藏等基本货币功能,且发行量灵活可控。央行数字货币分为两类:一类用于零售业务,面向公众发行,用于日常支付活动;另一类用于批发业务,主要为在中央银行开设准备金账户的金融机构提供结算服务(CPMI,2018)。从中国的情况来看,中央银行成立了数字货币研究所。2016 年 1 月 20 日,中国人民银行在北京举行了数字货币研讨会,来自人民银行、花旗银行和德勤公司的数字货币研究专家分别就数字货币发行的总体框架、货币演进中的国家数字货币、国家发行的加密电子货币等专题进行了研讨和交流,这表明政府正在积极地推进相关研究。

由此可以看出,虚拟货币强调其"虚拟"性,而这种虚拟性的具体表现是它在网络空间中发挥交易媒介的作用。网络空间是虚拟的,因此,虚拟货币与网络货币本质上有相同的含义,只不过网络货币强调其"网络"性而已。考察文献也可以发现,一些研究学者将它们结合起来,但其实质是相同的。如孙宝文等在其《网络虚拟货币》(2012)中就将网络虚拟货币定义为由互联网发行,以互联网电子信息为载体,持有者能够在网上选择购买(或换取)物品的,或在网络虚拟社区作为交易媒介的且不同于法币货币名称与单位的有价虚拟物品。这不仅强调了"网络"性,也强调了"虚拟"性。

基于以上认识,本书认为,虚拟货币、网络货币以及网络虚拟货币有相同的含义。

3.1.3 数字货币

"数字货币"是本书的核心概念,虽然在第 2 章中对数字货币有所提及,但并没有给出明确的定义,在此需要进行专门分析。

从发展历程来看,相对于"网络货币""虚拟货币""网络虚拟货币"等概念,最新的概念则是数字货币。数字货币(Digital money)这一概念最早来自国外的研究,但其表述不同。国际货币基金组织(International Monetary Fund,IMF)2019 年 7 月发布了一篇研究报告《数字货币的兴起》,对数字货币进行了宽泛的界定。根据该报告,数字货币就是指数字形态的货币,数字货币包含几类:中央银行发行的数字货币、商业银行发行的银行货币、非银行机构发行的电子货币、私人机构发行的加密货币以及投资机构发行的投资货币。与此同时,该报告还提到了更新颖的概念——"i-money"(investment money),其一般由私人投资基金发行,基本原理与电子货币相当。但是与电子货币固定挂钩法币价值的定位不同,i-money 可兑换的法币价值是波动的,其价值一般与黄金、投资组合股票等资产挂钩,由黄金作为支持的 Digital Swiss Gold(DSG)和Novem(一种金融工具)就是 i-money。报告又认为,作为一种支付手段,i-money 已经具备了基本的稳定性,但其转让类似于证券所有权的转让,因此必须受到监管限制。与国际货币基金组织的理解不同,欧洲银行管理局将数字货币定义为价值的数字化,可以进行支付、转移、储存或交易,但是其不同于法定货币(高旸,2019;林慰曾,2018)。

我国对数字货币也有研究,有较多观点,但概括而言,可以从定义、流通功能或其特点上理解。从定义角度来看,一些研究学者认为数字货币是现有货币体系下基于清算方式的改进而出现的现钞之外的"记账货币",而另一些研究学者认为它是指互联网上出现的非货币当局发行的、限于一定范围使用的代用

币或电子货币,还有的观点指出它是利用网络加密技术推出的、在网络上流通
更广的虚拟货币(如比特币)(王永利,2016)。从货币的流通功能看,数字货币
的发行人可以是代表主权的中央银行,也可以是私人部门;其流通媒介则包括
集中的电子支付系统,或是各种加密货币(crypto currency)采用的分布式记账
技术(肖远企,2020)。从其特点上来看,张正鑫和赵岳(2016)认为,以比特币
为代表的数字货币具有去中心化、跨境流通、可控匿名、低交易费用、无隐藏
成本等技术优势。

综合以上观点,我们认为,数字货币是在互联网环境下由货币当局或私人部
门发行的数字化交易媒介或支付工具。对于此概念,可以从三个不同的角度理
解:数字货币的发行机构既可以是货币当局,也可以是私人部门;数字货币既可
以有中心(如中央银行),也可以是去中心化的(如比特币);数字货币既包括法定
货币数字化或电子化的电子货币,也包括由私人部门发行的网络虚拟货币。

基于以上认识,数字货币有广义和狭义之分。广义上的数字货币包括法定
货币电子化的货币(如乘车卡、购物卡等)和广义上的虚拟货币;狭义上的数字
货币就是狭义上的虚拟货币,即基于区块链技术的虚拟货币。从狭义数字货币
的视角来看,它所包含的私人数字货币(如比特币)和法定数字货币的发行有所
不同。张正鑫和赵岳(2016)就认为私营机构发行货币存在一些问题:一是私营
机构发行数字货币更容易引发通货膨胀,需要央行严格的管理遏制;二是私营
机构无法在系统出现流动性短缺时承担最终贷款人的角色;三是私营机构发行
多种货币可能造成社会资源浪费和公众财产流失。与此相反,央行单独发行数
字货币具有开源节流、提高流动性、保护用户隐私以及维护社会秩序稳定等优
势,并可以借鉴以太坊的创始人 Buterin(2015)提出的完全开放、联盟、完全封
闭三种可行系统的设想,发行数字货币也可对应采用三种方案:一是完全开放
系统——将分布式账本开放给所有的互联网用户;二是联盟系统——系统中的
一致性过程由一些提前选定的节点控制,在联盟系统中,公众不直接在央行开
户,而是在央行授权的节点开户;三是完全封闭系统——只有一个中央权威掌
控一致性过程。由此可见,虽然目前私人数字货币发展迅速,但不可否认的
是,未来法定数字货币将形成对私人数字货币的替代,并在经济体系中发挥主
导作用。

3.1.4　网络货币、虚拟货币与数字货币的关系

如前所述,网络货币就是虚拟货币,也可称网络虚拟货币。与此同时,数
字货币是在互联网环境下,由货币当局或私人部门发行的数字化交易媒介或支
付工具。数字货币的发行方既可以是货币当局,也可以是私人部门;数字货币

既可以有中心(如中央银行),也可以是去中心化的(如比特币);数字货币既可以是电子化的法定货币,也可以是私人部门发行的网络虚拟货币。这一观点体现了国际货币基金组织(IMF)报告的理念,即虚拟货币是数字货币(Digital currencies)中的一种,而数字货币包括电子货币(e-money),即以法币表示的电子化支付机制。

金融行动特别工作组(Financial Action Task Force,FATF)2014 年的报告"Virtual Currencies Key Definitions and Potential AML/CFT Risks"认为,虚拟货币是价值的数字表示,可以进行数字化交易并行使货币职能,但是不具有法定货币(简称"法币")地位;数字货币(Digital Currency)是以电子形式存在并可用作货币的资产,而与此相关的加密货币(Crypto Currency)是基于密码学原理的分布式、去中心化、可追溯的虚拟货币。由此可见,虚拟货币强调了其虚拟性和非法定地位(在国家发行法定数字货币前),加密货币强调技术属性,而数字货币体现了其非实物形态。

基于广义数字货币的概念以及以上分析,我们认为,数字货币包括两种基本形态:一是电子货币(e-money);二是虚拟货币(cyber money)。其中,电子货币又包括与法币挂钩的电子货币(如乘车卡等储值卡)以及与黄金、证券组合挂钩的 i-money(如 Digital Swiss Gold 即 DSG 和 Novem),而虚拟货币包括广义和狭义两类,其中狭义上的虚拟货币包括私人发行的数字货币和货币当局发行的法定数字货币。本书的数字货币主要指狭义上的数字货币。

3.2　数字货币的发展简史

数字货币虽然是近年来出现的新名词,但从其发展过程看,仍然有迹可循。从历史上看,数字货币的发展经历了三个阶段。

第一阶段:产生阶段。

2008 年 11 月 1 日,网名为中本聪的用户在网络上发表了比特币白皮书 *Bitcoin: A Peer-to-Peer Electronic Cash System*,并在北京时间 2009 年 1 月 3 日创建了比特币的第一个区块,即创世区块,从而使比特币从理论变成了现实。比特币系统的发明是为了解决传统转账过程中的交易成本高、信息被金融机构集中掌控、个人隐私可能遭受泄露等现实问题。比特币的这种点对点的现金系统因为吸收了密码学、计算机科学等多领域的成果,因而具有去中心化、不可篡改、可追溯等特点,从而能够在一定程度上克服传统银行体系的不足。

第二阶段:模仿阶段。

正是受到比特币的启发,世界各地涌现出一大批自发组成的技术团队对比特币进行模仿，通过修改系统参数、共识机制、加密算法等方式进行创新，从而出现了众多的比特币仿制品，俗称山寨币。从模仿方式看，主要体现为以下三种（谭粤飞 等，2020）：

（1）对加密计算法和发行机制进行修改，如莱特币和狗狗币。莱特币的创始人为曾任职于谷歌的程序员 Charlie Lee（李启威），莱特币于 2011 年 10 月发布运行。与比特币相比，莱特币对比特币进行了改进：一是将出块时间由比特币的 10 分钟改为 2.5 分钟，二是将发行总量由比特币的 2100 万枚提高到 8400 万枚，三是将加密计算法修改为由 Colin Percival 提出的 Scrypt 加密算法。基于同样算法的狗狗币由 Adobe 公司悉尼市场部的职员 Jackson Palmer 和美国波特兰的程序员 Billy Markus 共同创建，于 2013 年 12 月上线。它出块速度更快，只有 1 分钟，且没有发行总量限制。

（2）对共识机制进行改进。其典型代表是点点币（Peercoin），它由 Sunny king 在 2012 年 8 月发布，其采用了基于工作量证明（Proof of Work）和基于权益证明（Proof of Stake）的混合共识机制。

（3）对数字货币的功能进行创新。其典型代表为质数币（Primecoin）和门罗币（Monero）。质数币由一名匿名黑客和点点的创始人 Sunny king 联合创立，2013 年 7 月上线。质数币试图把比特币中浪费能源的计算用于解决数学难题，如寻找最大的质数等。质数币每分钟产生一个区块，没有总量限制。与此不同，创建于 2014 年 4 月的门罗币采用 CryptoNote 协议，使用环签名（Ring Signature）和隐秘地址（Stealth Address）等技术隐藏交易数据，以追求交易的安全和隐私保护。

虽然类似于比特币的数字货币不断出现，但有重大创新的不多，而 2014 年"以太坊"的出现才真正改变了数字货币的发展历史。

第三阶段：数字货币发展的新阶段。

在数字货币的发展历史上，以太坊（Ethereum）的创立具有划时代的意义，这首先体现在其创始人 Vitalik Buterin 的传奇经历上。1994 年，Vitalik 出生于莫斯科，后随父亲来到加拿大，2011 年，他初次接触到比特币，后来创办了《比特币杂志》（*Bitcoin Magazine*），结识了不少比特币的爱好者。2013 年，Vitalik 拜访了大量开发者，通过与他们的交流和讨论，提出比特币需要一种用于开发复杂应用的语言，并构想了一个能够支持这种语言的平台。2014 年 1 月，在美国迈阿密举办的北美比特币大会上，Vitalik 向世界展示了以太坊，随后成立了非营利性组织"以太坊基金会"，并于当年 7 月通过 ICO 募集到了 3.1 万枚比特币。在程序员 Gavin Wood 加入后，于 2015 年上线了以太坊主网。

以太坊(Ethereum)的创立具有划时代的意义的第二个重要原因是，与比特币等数字货币相比，其最大的特点是对比特币的脚本语言进行了改变，将其发展成一套"半图灵完备"的系统。"图灵完备"实质上指其系统可以编程，能够实现任何业务功能，而"半图灵完备"指的是系统所能执行的计算步骤是有限的。因此，以太坊的系统实现了信息技术上的一次重大飞跃，将"智能合约"由理论变为了现实。

基于以太坊的系统发行了自己的数字货币——以太币(ETH)。由于在以太坊上的每一个交易或计算都需要消耗一定数量的以太币，因此，人们将所消耗的以太币称为燃料(Gas)。

以太坊(Ethereum)创立具有划时代的意义的第三个重要原因是，它表明人们可以为后续项目通过 ICO 的形式进行研究资金的募集，并且这种高效、安全的融资方式很快得到了广泛应用。例如，2017 年 5 月，浏览器项目 Brave 在30 秒内成功融资 3500 万美元；2017 年 9 月，即时交流工具 Kik 融资 1 亿美元(谭粤飞 等，2020)。然而，这种融资方式也引起了非法集资、诈骗现象，从而引起了监管层的警惕。2017 年 9 月 4 日，中国人民银行联合网信办、工信部、国家工商总局、银监会、证监会和保监会共同发布了《关于防范代币发行融资风险的公告》，对 ICO 融资进行彻底禁止和清退。

由以上数字货币的发展简史可以看出，数字货币是在互联网环境下技术创新的结果，其目标是克服现有支付体系中信息传递速度低、成本高等不足。但也必须看到，这种技术创新对现有金融体系形成了挑战，对数字货币进行严格监管将是数字货币发展的必然趋势。

3.3　互联网环境下货币的分类

如前所述，在互联网时代，随着计算机和互联网的广泛使用，以"货币"标识的名词不断增加，从出现时间来看，包括商品货币(如贝壳)、金属货币(如黄金等)、信用货币(如人民币、欧元等)、电子货币(如储值卡)、虚拟货币(如比特币)以及更为广泛的数字货币。针对众多货币，有必要对货币进行分类，如表 3-2 所示。

基于对各种货币的认识和理解，以形态为标准，货币包括两类：实物货币(即以实物商品形态表现的货币，如贝壳、黄金、白银等，以及非电子化的纸币等通货)和非实物货币(如借记卡、法定纸币、比特币等)。其中，非实物货币指数字货币，而数字货币又有广义与狭义之分。广义上的数字货币包括两类：一类是电子货币，如与法定货币或其组合挂钩的货币形态；另一类是虚拟货币，包括广义类型和狭义类型两类，其中的狭义类型包括有发行中心的法定数字货币和无发行中心的私人数字货币(如比特币)。

表 3–2 货 币 分 类

一级分类	二级和三级分类		挂钩对象	类型特点	发行机构	初次获得方式	具体表现
实物货币	实物商品货币		与商品实物挂钩	无发行中心	无	物物交易	如贝壳、黄金、白银等
	非电子化的通货		与国家信用挂钩	有发行中心	中央银行	交换	法定纸币、硬币
非实物货币	数字货币(广义)	电子货币	与法定货币挂钩	有发行中心	金融或非金融机构	用法定货币购买	如借记卡、贷记卡、乘车卡等储值卡
			与黄金、证券组合挂钩	有发行中心	基金公司或证券公司	用法定货币购买	待定
		虚拟货币	狭义类型(即狭义数字货币)	与国家信用挂钩	有发行中心	中央银行	正在探索	正在探索
				与网络信用挂钩	无发行中心	无发行机构	用计算机挖掘	比特币、莱特币等
			广义类型	与国家信用挂钩(但不能用法币回购)	有发行中心	网络游戏公司	用法定货币购买	各种网络游戏币,如天堂的天堂币、魔兽世界的金币等
				与国家信用挂钩(但不能用法币回购)	有发行中心	其他非金融机构	用法定货币购买或使用网络服务赢取	腾讯Q币、百度币、中文利网积分

本书的核心是数字货币中的虚拟货币的狭义类型,即基于区块链技术的虚拟货币。从相关概念的发展趋势来看,对于本书中的狭义的虚拟货币(即基于区块链技术的虚拟货币)的更流行的称谓是数字货币,因此,在本书以后的章节中,如无特殊说明,虚拟货币与数字货币有相同含义,都指的是基于区块链技术的虚拟货币。

在货币的发展进程中,除了以上概念之外,也出现了更新的名词——"影子货币"。目前,国内外并没有形成关于其定义的统一定论(范方志,2016)。从历史来看,最早提出影子货币(ghost money)概念的是 White(1984)和约翰·F. 乔恩(2002)。他们认为影子货币是国内或国际记账单位，具备传统货币的全部或部分功能，对传统货币有替代作用，较难接受中央银行的监管，但并没有给出影子货币的具体定义及内涵。我国郝雅红(2014)的研究也未界定其具体内涵。

为明确影子货币，国内范方志(2016)对其进行了深入研究。根据其分析，影子货币是国内或国际记账单位，是具备和行使传统法币的全部或部分功能、对传统法币有替代作用但尚未纳入货币统计口径和监测范围内的货币，包括非银行存款类的电子货币、虚拟货币、影子银行的信用创造和加密货币。影子货币在现实生活中无处不在，其种类繁多且规模庞大，诸如非银行电子货币、大部分虚拟货币、影子银行的信用创造货币、数字加密货币以及一些其他符合特征的非法定货币等都在影子货币之列，它们在其各自的领域对传统法币的价值尺度等功能形成了一定程度的替代。据此，我们将范方志(2016)对影子货币与法定货币的特征进行比较修正，如表 3-3 所示。

表 3-3　影子货币与法定货币的特征比较

比较项目	影子货币			法定货币
	非银行电子货币	虚拟货币		
		网络区域性货币	全球性货币	影子银行的信用创造货币	

比较项目	非银行电子货币	网络区域性货币	全球性货币	影子银行的信用创造货币	法定货币
发行人	非银行的金融机构或非金融机构	非金融机构（如网络公司）	无（去中心化）	商业银行/非银行金融机构	各国中央银行
货币职能	价值尺度、流通手段和支付手段	价值尺度、流通手段和支付手段	价值尺度、流通手段、支付手段、储藏手段和世界货币	价值尺度、流通手段、支付手段、储藏手段和世界货币	价值尺度、流通手段、支付手段、储藏手段和世界货币
信用基础	对发行机构的信任	对发行机构的信任	对制度设计的信任	国家信用	国家信用
流通范围	所有接受该类货币的商家或个人	仅限于网络公司项目或范围	全球流通，受虚拟市场的影响	货币区	货币区
是否纳入货币统计/受到货币的监管	未直接受到货币的监管	未纳入货币统计	未纳入货币统计	多数纳入 M2，但不受存款资金准备金的管理	纳入货币统计
细分类代表	支付宝余额、微信红包	林登币、Q币、论坛币	比特币、莱特币	余额宝等货币市场基金、商业银行理财产品	人民币、欧元

由表 3 - 3 可以看到，在互联网环境下，随着网络货币、虚拟货币、数字货币、影子货币等概念的出现，现有的货币体系已经突破了传统经济理论中的法定货币的概念，由此也产生了众多理论及实践问题，这些都是未来需要研究的课题。

3.4　数字货币的性质分析

信息技术的发展和应用促进了基于互联网的经济活动范围的扩大，并导致基于互联网的新交易媒介的出现。作为网络时代的一个重要特征，数字货币（或虚拟货币，下同）引起了社会普遍的关注。然而，人们对于数字货币的认识呈现出社会实践的超前性和理论研究的滞后性的矛盾。一方面，数字货币快速发展，不仅数量众多，而且部分已经像有价证券一样在进行交易。另一方面，虽然关于虚拟货币的文献较多，研究内容涉及虚拟货币的产生与风险应对（王谦 等，2015）、虚拟货币的运行机制（孙宝文 等，2009；祁明 等，2014）、虚拟货币的监管（蔡则祥，2008；谢灵心 等，2011）、虚拟货币的法律分析（谢永江，2010）等，但对于虚拟货币性质的认识仍然存在争议，主要有两种观点：一种观点认为虚拟货币只是在某一范围内能够充当一般等价物的互联网运营商发布的特殊商品（蔡则祥，2008；Shin，2008）；而另一种观点则认为虚拟货币就是财产（祁明 等，2014）。这表明现有文献对虚拟货币的性质没有明确的认识，因此，本节将分别讨论虚拟货币的货币性质、商品性质和财产性质。

一、虚拟货币的货币性质

在经济理论的发展过程中，自从亚当·斯密创立古典经济学以来，在包括弗里德曼的货币主义和哈耶克新自由主义的"货币非国家化"理论在内的各种货币理论中，对于货币起源和本质分析最为透彻的是马克思。从货币产生的历史看，货币的演化经历了简单的（偶然的）价值形式—扩大的价值形式——般的价值形式—贵金属条块和金属铸币—基于国家信用的法定货币（纸币）—满足赊购销的信用货币（如银行券）—作为支付手段和结算手段的电子货币（岳意定等，2010）。货币在产生以后就具有了价值尺度、流通手段、支付手段、储藏手段和世界货币等功能。

对于虚拟货币来说，现有文献将其分为有发行中心的货币和去发行中心（或无发行中心）的货币两类。从其起源上看，有发行中心虚拟货币的产生原因是为了方便网络客户交易网络增值服务和虚拟产品，虚拟货币的主要功能是交易媒介；而无发行中心的虚拟货币只是网络计算的客观结果，本身并没有使用价值。

虚拟货币的货币性质主要体现在其功能上。从现有研究来看，文献支持虚拟货币具有流通手段的功能。例如，对于有发行中心的虚拟货币，文献认为虚拟货币是由发行商作为发行中心，具备有限的流通手段与支付手段职能（孙宝文 等，2009；谢灵心 等，2011）；对于无发行中心的虚拟货币，祁明和肖林（2014）认为其实质上是发行商发行的充当交易媒介的一种预付机制。与此类似，张礼卿和吴桐（2019）的分析认为，在基于主权信用的法币时代，属于虚拟货币的加密货币储藏手段职能已消失殆尽，价值尺度和流通手段成为货币最基本的职能（张礼卿 等，2019）。但这些讨论并不完全，因此还需要进一步讨论。考虑到法定数字货币尚未进入实践领域，现只讨论网络平台主导的虚拟货币的功能。

（1）价值尺度功能。对于有发行中心的虚拟货币，需考虑到其网络区域性特征（申尊焕 等，2014）。由于它们只能在其发行网络上发挥衡量网络上增值服务和虚拟产品价值的功能，因此，虚拟货币只是网络区域性货币，体现出在应用网络平台上的局限性。对于无发行中心的虚拟货币，由于缺乏法定货币基础，因而，虚拟货币无法发挥或没有价值尺度功能。

（2）流通手段功能。与前面的分析类似，考虑到网络区域性特征，有发行中心的网络货币只能在发行网络上起交易媒介的作用，即只能在特定的网络区域上发挥流通手段功能；对于无发行中心的网络货币，其由于缺少法定货币的支持，因此无法像法定货币一样作为交易媒介而发挥流通功能。

（3）支付手段功能。对于有发行中心的网络货币，与前面所述相似，它们只能在特定的网络区域上发挥支付手段功能；对于无发行中心的网络货币，由于受到人们对其信誉的担心和法律的限制，因此无法发挥支付手段的功能。

（4）储藏手段功能。对于有发行中心的虚拟货币，由于其最初是作为网络区域的交易媒介出现的，因而其自身没有价值，也就没有储藏的价值；对于无发行中心的虚拟货币来说，由于它只是一些电子信息，因而其自身也没有储藏价值。目前社会上对比特币进行投资，人们只看到了其投机价值，即只以获取差价为目的，但这并不意味着它自身有价值。

（5）世界货币功能。对于有发行中心的虚拟货币而言，虽然它可以穿越国界，但无法突破网络的区域性。因而，虚拟货币无法成为广泛应用的世界货币。但是也可能存在例外的情况：对于有发行中心的虚拟货币来说，如果所有的网络能够合并成为一个世界性统一网络，则虚拟货币有可能成为世界货币；对于无发行中心的虚拟货币而言，如果它能够得到大多数经济主体和监督机构的认同，则它也有可能成为世界货币。

由此可见，虚拟货币是基于互联网且能够发挥部分货币功能的虚拟货币。总体来看，虚拟货币的货币属性较弱。

二、虚拟货币的商品性质

从货币的起源来看，无论是基于使用价值的实物货币，还是基于国家信用的纸币或信用货币（如银行券），甚至是作为法定货币符号的电子货币，它们都具有商品的性质，从而具有价值和使用价值。对于实物货币，它们本身就是商品，具有价值和使用价值，如金、银等；对于信用货币，虽然它们本身没有价值和使用价值，但由于它基于个人或机构的信用，因而被赋予了价值和使用价值，从而也具有商品的性质。类似地，对于虚拟货币，也需要讨论其商品性质。

1. 无发行中心的虚拟货币的商品性质

为探讨无发行中心的虚拟货币的商品性质，就需要分析其价值和使用价值，本节以比特币为例进行说明。比特币（BitCoin）是一种 P2P 形式的虚拟货币，它通过特定的算法进行计算而产生，没有特定的货币发行机构，总量有限（王谦 等，2015）。由此可见，比特币实际上是经过一定算法而产生的客观性计算结果，而"比特币"只是它的一个名称而已。从劳动价值理论的角度看，比特币是经过人类劳动的结果，应有价值，但其自身并无使用价值。目前，虽然有大量经济主体投资于比特币，但并不意味着比特币在现实世界中能够发挥像法定货币一样的功能。由此可见，无发行中心的虚拟货币不同于法定货币，它们是基于一些经济主体信任的自身无价值的网络化虚拟商品。

2. 有发行中心的虚拟货币的商品性质

有发行中心的虚拟货币起源于网络平台，因此，要理解其商品性质，就需要对网络平台进行详细考察。对于网络平台而言，其主要作用是发挥信息中介功能。根据网络经济学中的梅特卡夫定律（即一个网络的价值等于加入网络的节点数的平方，理论上网络的价值呈指数趋势增长），网络平台的核心业务是吸引更多的客户在网络平台上开展经济活动。基于这种观点，网络平台发行虚拟货币的目的可以描述为，通过提高网络客户网内交易的方便性，以扩大网络客户规模，实现乘数效应（体现为网络客户越多，则广告受众越多，广告效果越好，从而网络平台的广告收益就会越大）。以下从虚拟货币的需求和供给两方面考察有发行中心的网络货币的商品性质。

1）虚拟货币的供给

网络平台通过一定的劳动付出设计出一种虚拟货币，然后，通过奖励和主动提供两种方式形成虚拟货币的供给。一方面，对于理性的网络运营商而言，为了吸引更多网络客户，就要不断地丰富网络平台的服务内容，而更新内容的一个方式是对网络客户的贡献进行奖励。例如，如果网络客户以某种形式为网络平台做了贡献（如向网络发送了一条信息），从而使网络平台的内容更为丰富，网络平台就会根据其价值大小奖励客户一定数量的虚拟货币。另一方面，为满足网络客户对网络货币的需求,网络运营商也会通过主动(如网络游戏币)的方式出售虚拟货币,从而形成虚拟货币的供给。

2)虚拟货币的需求

如果网络平台能够提供更多的网络内容和服务,则由此产生的对虚拟货币的需求就会更大。那么,网络客户对虚拟货币的需求动机是什么?这可从人类的需要的层次来考虑。作为群聚类高等级动物,人类具有通过相互竞争以获取在团体中的优势地位的本性,而网络平台中的积分、等级等则成为体现这种在团体中优势的最好道具。以网络游戏币为例,虚拟货币的使用价值就体现为它象征着参与主体的优势大小,拥有的虚拟货币较多,则能得到更多的积分、较高的竞赛等级,从而使游戏参与者拥有较多的优势。由此可见,虚拟货币的使用价值体现为它能通过网络交易和支付衡量使参与主体获取在团体中优势地位的能力。

由以上分析可见,根据劳动价值理论,有发行中心的虚拟货币的价值体现为它是网络运营商劳动的产物,而虚拟货币的使用价值体现为其交换价值,即它具有在网络区域性市场中交换网络虚拟产品和增值服务的功能。因此,有发行中心的虚拟货币是能够满足人们社交需求、需要严格监管的特殊商品。

综上所述,虚拟货币是由人类主观设计(有发行中心)或基于主观设计的计算(无发行中心)的一种货币形式,它自身是劳动的成果,具有价值,而其使用价值是人们赋予的。因此,虚拟货币具有商品性质。进一步地,结合部分虚拟货币已经能够进行交易的现实,可以看到虚拟货币不仅是商品,而且具有有价证券的性质,表现为人们将其作为投机品,其收益来源于人们对网络货币未来的升值预期。

三、虚拟货币的财产性质

如前所述,虚拟货币具有商品性质。研究也表明,虚拟货币不等同于法定货币,只是在某一范围能够充当一般等价物的互联网运营商发布的特殊商品(蔡则祥,2008;Shin,2008)。进一步来看,对于有发行中心的虚拟货币而言,祁明和肖林(2014)认为其实质上是发行商发行的充当交易媒介的一种预付机制,虚拟货币持有人与发行商之间是一种债权关系,这实际上将虚拟货币更进一步认同于有价证券。由于虚拟货币是一种"商品",因而对于其持有人来说就是"财产"。

目前,虚拟货币的"财产说"得到了监管部门的认可,即认为它是"财产",而非"货币"。我国在2013年11月五部委的联合发文《中国人民银行、工业与信息化部、中国银行业监督管理委员会、中国证券监督管理委员会、中国保险监督管理委员会关于防范比特币风险的通知》中认为,比特币不是货币,是一种虚拟商品。2018 年 11 月中国人民银行发布的《中国金融稳定报告(2018)》中也将以比特币、以太币为代表的加密资产单独列出,并指出,加密资产是一种民间金融资产,其价值主要基于密码学和分布式记账技术。在中国数字货币的实践中,有两起相关的案件值得重视。2003 年 12 月 18 日,北京市朝阳区人民法院经审理认为,玩家玩游戏时获得游戏时间和装备的游戏卡均要用货币购买,所以这些虚拟的"武器装备"是有价值的无形财产。但与此不同,2006 年 1 月,首例 QQ 号被盗案在深圳南山法院宣判,认定 QQ 号并非刑法意义上的财物,公诉机关指控中的 QQ 号码不属于刑法意义上的财产保护对象。由此可见,在法律层面,对于数字货币的财产性质有不同意见,但总体上看,主流是承认数字货币的财产性质。在其他国家也有类似的观点。例如,2014 年 3 月,继美国国内税收署 25 日宣称认定比特币等虚拟货币为"财产"而非"货币"后,拟对虚拟货币交易征税。挪威税务局局长霍尔特表示,比特币不属于正常定义的货币,但将按照 25%的企业税率征收资本利得税,日本内阁提交的监管方案把虚拟货币定性为商品而非货币,并将对其交易征税。

由此可见,与实物财产(如汽车)和金融资产(股票、货币等)不同,网络货币是一种基于互联网的非物质化的虚拟财产,具有财产的性质。

综上所述,虚拟货币具有部分货币性质、商品性质和财产性质。虚拟货币的货币性质表现为能在网络虚拟空间中发挥部分法定货币的功能,但它需要严格监管;虚拟货币的商品性质表现为它能够像实物商品一样被交易;虚拟货币的财产性质表现为它是其拥有者和网络平台的财产,因此,对其进行征税就是合理的选择。但需要注意的是,由于虚拟货币(如比特币)在二级市场上价格的巨大波动使其"价值尺度"功能大大弱化,因此,虚拟货币的"货币"属性弱化,而其"商品"和"财产"属性则表现得更为明显。这些结论对正确理解、应用和监管虚拟货币有重要理论意义和现实意义。

本 章 小 结

在分析货币的发展演变过程后,本章关注数字货币的主题。首先,在概念上辨析了网络货币、虚拟货币和数字货币;其次,探讨了数字货币的类型,并对互联网环境下的货币体系进行了分类,从而使我们对法定货币、实物货币、电子货币、网络货币和数字货币的关系有更深入的理解;第三,从数字货币的货币性质、商品性和财产性三个方面分析了其本质。本章的分析有利于进一步明确数字货币,从而为下一章研究数字货币的运行机制奠定基础。

本 章 思 考 题

1. 什么是电子货币、虚拟货币和数字货币？它们有什么联系和区别？
2. 现行经济环境下的法定货币与数字货币有何不同？
3. 你认为数字货币有价值和使用价值吗？试分析。
4. 试分析数字货币的发展前景。

第 4 章　数字货币的运行体系

第 3 章对数字货币的相关概念进行了辨析，明确了电子货币、虚拟货币和数字货币的关系，并在此基础上从宏观角度对货币进行了分类，从而对货币体系框架有了更为全面的认识。在此基础上，本章将探讨广义数字货币的供给机制、运行体系以及交易机制。为方便起见，后续分析中的虚拟货币与数字货币有相同含义。

4.1　数字货币的供给机制

供给是经济学中的基本概念，经常与需求相联系，合称为市场供求或供求关系。对于数字货币来说，由于有发行中心的虚拟货币的发行是网络运营商（也就是虚拟货币发行商，以下统称为网络运营商）依据客户需求等因素而发行的，而无发行中心的虚拟货币的发行实际上是通过计算机的挖掘而产生的供给。因此，数字货币的发行实际上指虚拟货币的原始供给。相比而言，用数字货币的"供给"的表述比"发行"更为恰当。

数字货币的供给涉及时间、数量、渠道、价格这几个方面的问题。

一、数字货币的供给时间

对于有发行中心的虚拟货币来说，由于发行中心有控制网络系统的权力，因此，虚拟货币的供给取决于网络运营商的主观意愿和市场需求。从网络运营商的动机来看，数字货币是为了方便网络客户在网络虚拟空间购买网络平台提供的各类服务。因此，对于网络平台来说，为了满足网络客户需求，网络公司就有动机发行虚拟货币。以腾讯公司为例，它以 QQ 通信软件为核心，开发了众多收费和免费的产品。网络客户要得到网络提供的服务，就可以通过用法币购买其发行的 Q 币进行支付。因此，从逻辑上看，其 Q 币的供给时间应在其推出服务产品之前。

对于无发行中心的虚拟货币来说，其供给是由事先设定的计算机系统控制的，因此，其供给时间是相对固定的，不以人们的意志为转移。

二、数字货币的供给数量

不同类型的虚拟货币其供给数量不同。对于无发行中心的虚拟货币来说，其供给数量是事先由系统决定的，在此无须讨论。对于有发行中心的虚拟货币来说，虚拟货币的供给数量取决于其主观意愿和市场需求。由于虚拟货币是网络平台发行的虚拟交易媒介，其设计完成后几乎没有变动成本，因此，虚拟货币的发行数量能够根据网络客户需求随时进行调整，即不存在发行数量的技术障碍，理论上可以无限量发行。但不可忽视的事实是，由于较多的虚拟货币容易产生通货膨胀，引起虚拟货币贬值，因此，网络运营商在理论上不会根据其主观意愿发行，而主要根据市场需求调整其供给量。一般而言，市场对网络服务的需求量越大，越需要更多虚拟货币的支持，因此，网络运营商提供更多、更好的服务产品是其供给虚拟货币的关键因素。

三、数字货币的供给渠道

虚拟货币的供给需要相应的渠道。对于有发行中心的虚拟货币来说，可分为直接渠道和间接渠道两类。以腾讯公司为例，直接销售渠道就是网络平台直接将腾讯 Q 币销售给网络客户，间接销售渠道是指网络运营商通过其虚拟货币的代理商发行。对于无发行中心的虚拟货币而言，其供给渠道是通过对"矿工"的奖励而实现虚拟货币的原始供给，并通过网络系统以外的第三方交易平台实现现有虚拟货币的供给。其中，虚拟货币的原始供给会增加虚拟货币的现实总量，但通过第三方平台交易的供给不会改变虚拟货币的现实总量。

四、数字货币的供给价格

与供给渠道类似，虚拟货币的供给价格因其类型不同而有所不同。对于有发行中心的虚拟货币来说，网络运营商基本上会按照与法定货币的一定"汇率"确定其供给价格，可以称为"官方价格"。这种价格与虚拟货币脱离网络平台后形成的市场价格不同，前者一般不变，但后者取决于市场供求的变动。对于无发行中心的虚拟货币，由于它是一种奖励，因而发行时无价格；但网络货币供给后就会在需求作用下形成交易市场，从而有市场价格或交易价格。

4.2 数字货币供给的理论基础

4.2.1 有发行中心的数字货币供给的理论探析

数字货币（即虚拟货币）可以理解为网络运营商在其网络平台上发行的交易媒介。如前所述，对于网络平台而言，由于它主要发挥信息中介的职能，因此根据网络经济学中的梅特卡夫定律（即一个网络的价值等于加入网络的节点数的平方），表现为一个网络每增加 n 个用户，这个网络的价值就会增加 $n(n-1)$。从理论上看，网络平台的价值会随着网络用户数量的增加呈指数增长趋势。正因为如此，网络平台的核心业务是吸引更多的客户到网络平台上开展业务活动。基于这种观点，网络运营商发行网络货币的目的可以描述为：通过提高网络客户使用的便利性，以扩大网络客户规模，实现网络价值的乘数效应（即网络用户规模越大，则吸引的客户越多，促进网络提供更好的服务，取得更好的广告效果，网络平台的收益就更大）。

一、供给方式

为了增加网络客户数量，虚拟货币的供给理论上包括按需供给与定量供给两种方式。

1. 按需供给

按需供给即根据网络平台上客户的需求数量确定供给数量和时间。以平台积分为例，当客户产生对虚拟货币的需求时，就会向网络发送一条信息，以获取网络平台给予的虚拟货币奖励。为了更方便地在网络虚拟空间上从事活动，网络客户就需要更多的虚拟货币。为满足客户对网络货币的需求，网络平台可采取以下几种方式：

（1）网络平台建立内部市场，直接向客户销售（即发行）虚拟货币，从而获得以法定货币计价的收益。由于虚拟货币不是法定货币（货币当局发行的除外），因而存在法律风险。如果法律承认其合法性，就会导致两大问题。第一，网络平台可以在理论上无限制地销售其虚拟货币，从而通过销售网络虚拟货币来获取真正的法定货币。然而，这会产生三方面的问题：一是会导致通货膨胀问题，使现有虚拟货币贬值，从而影响虚拟货币的信用基础；二是无限量销售虚拟货币会使网络平台获取无限利润，并颠覆人们对"劳动创造价值"的传统观念，从而引起社会的不满情绪；三是无限量销售虚拟货币会使网络货币与法定货币处于同一地位，从而挑战国家的货币主权，并严重冲击传统的宏观经济运行体系。第二，由于虚拟货币毕竟只能在网络虚拟空间中发挥作用，是虚拟的，因此理论上网络客户不可能对其有无限需求。因此，从理论上来看，网络平台不可能无限量发行虚拟货币。但从实践来看，目前还缺乏相应的证据支持。

（2）网络平台借助外部市场，通过代理商销售（即发行）虚拟货币。例如，腾讯公司通过代理商在现有市场（如电商平台）销售 Q 币，这表明腾讯公司将其作为一个商品来销售，腾讯 Q 币具有商品性质。但关于其发行或销售的数量，我们并没有查阅到这方面的信息。

2. 定量供给

定量供给即网络平台定量供给虚拟货币。理论上看，网络运营商可以定量供给虚拟货币，但这种方式存在两方面的缺陷：一是定量的虚拟货币供给可能无法满足网络客户的交易需求，在梅特卡夫定律的作用下，可能导致网络客户的大量流失，从而造成网络平台的生存危机；二是在"财产说"的影响下，理性的网络运营商不可能定量发行虚拟货币，因为其发行几乎没有成本，但大量的市场需求会为网络平台提供大量收益。

　　由以上分析可以发现，对于理性的网络运营商而言，会按照按需发行的原则供给虚拟货币。由于几乎没有发行成本，因此按需发行意味着网络运营商可以无成本地发行虚拟货币，从而无成本地获取收益。更为重要的是，只要网络平台存在，就表明它能够发行大量的虚拟货币，而这些虚拟货币在"财产说"存在的背景下成为网络运营商的财产，并最终转入线下与法定货币争夺有限的社会经济品，从而造成社会商品的短缺和法定货币的供给过度。

　　二、发行动机

　　在网络运营商供给虚拟货币时，需要回答的一个问题是：网络客户直接使用法币购买网络服务产品，为什么网络运营商还要发行虚拟货币呢？换句话说，网络运营商发行网络虚拟货币的动机到底是什么？

　　我们认为，网络运营商供给虚拟货币至少有三个动机：

　　（1）虚拟货币只是虚拟产品，只要设计完成就可无限量复制，因此其生产的边际成本为零。如果其法币定价为零，就无法弥补其设计成本；如果不用法币定价，则容易使网络客户认为其只是虚拟产品而没有价值。由此推测，网络运营商供给虚拟货币的动机是在网络货币的价值和法定货币的价值之间建立联系，以"模糊"客户对虚拟货币无价值的感知，这可称为模糊动机。

　　（2）为了提高网络平台的影响力，网络运营商需要设计不同的网络产品来强化其社会形象，建立网络空间王国。网络平台在销售虚拟产品的同时，设计虚拟货币作为交易媒介，从而在网络虚拟空间上构建虚拟产品的市场体系，并通过提高该市场体系中的系列化产品，扩大网络平台的影响，取得更多销售收入，这可称为声誉动机。

　　（3）网络客户通过购买虚拟货币而购买网络平台的虚拟产品，且虚拟货币与法币之间存在理论上不确定的"汇率"关系，因此，网络运营商有机会降低其以法定货币计价的营业额和利润，以减少营业税和所得税的支出，这可称为减税动机。

　　正是出于这三个动机，网络运营商设计并发行了虚拟货币，以体现网络虚拟经济与实体经济的不同。

4.2.2　无发行中心的数字货币供给的理论分析

　　对于无发行中心的虚拟货币来说，其发源于区块链技术和网络系统规则，且其数量固定，因此，其供给需要人们在遵循相应规则的条件下自行通过计算机挖掘来实现，这与有发行中心的虚拟货币的供给（即销售）完全不同。关于区块链的技术基础，将在本书的第6章中专门介绍。

　　既然无发行中心的虚拟货币需要自主通过计算机挖掘得到，因此需要回答的问题是：为什么个人、机构等有愿意挖掘？从成本收益的观点看，虚拟货币的挖掘是否有现实意义？关于第一个问题，根据经济学理论，经济个体都是理性经济人，即寻求自身利益最大化的经济主体，因此，有理由认为，经济主体挖掘虚拟货币的主要动机是取得经济收益，但收益来自何方？从实践来看，其收益来自虚拟货币的交易价格。例如，自从比特币出现以后，人们将其作为投资品进行交易，其价格从最初的不到 1 美分上涨到 2020 年 7 月 24 日的 9570 美元，并在 2020 年 12 月上涨到 40 000 美元，2021 年的高峰为 60 000 美元。由此可以认为，正是因为虚拟货币公开交易市场的存在和不断上涨的交易价格，驱动人们挖掘比特币等虚拟货币。

第二个问题涉及虚拟货币交易价格与挖掘成本的比较，包括挖掘设备（即计算机）的成本以及电费成本。首先，考察计算机的购买成本。由于虚拟货币交易活跃，因而使虚拟货币的挖掘者大量出现，并催生了用于生产挖掘虚拟货币计算机的设备（即矿机）。比特币矿工最早通过 Intel 或美国超威半导体公司（Advanced Micro Devices Inc.，AMD）的 CPU 产品来挖掘比特币（这称为挖矿，而挖掘的人称为矿工，与传统意义上的概念完全不同），但由于挖矿对计算机设备高度依赖，且随着挖矿人数与设备性能的不断提升，挖矿难度也不断增加，导致使用 CPU 挖矿的收益迅速降低，从而促进了挖矿设备速度和质量的不断更新。2012 年，矿工逐渐采用 GPU（显卡挖矿）或 FPGA 等挖矿设备；2013 年，矿工进一步由 GPU 转向 FPGA 和 ASIC 的矿机。国内首次推出 FPGA 的是研究生"南瓜张"，他的第一代 FPGA 矿机俗称南瓜一代；而 ASIC（Application Specific Integrated Circuits，专用集成电路）是指应特定用户要求或特定电子系统的需要而设计、制造的集成电路，它是专门为 Hash 运算设计的。随着技术的不断改进，虚拟货币挖矿机的价格从由低档的不到 1000 元人民币上涨到高端的 20 万元不等。这些矿机设备的固定成本必须支出。其次，挖矿过程中还会产生变动成本，主要体现为人工费用和电费。假设电费为 0.5 元/千瓦，矿机每小时用电 1.35 千瓦，那么 24 小时电费成本为 $0.5 \times 1.35 \times 24 = 16.2$ 元。从收益方面来看，据网络上的测算，采用挖矿设备（算力为 13.5 T/s 的蚂蚁 S9）无间断运行 24 小时的理论收益为 0.000 74 枚比特币，按照 2020 年 7 月 24 日 1 枚比特币 9570 美元计算，如果 1 美元兑换 7 元人民币，则换算成人民币约等于 49.5 元。因此可见，由挖矿设备机器产生的一天的净收益为 33.3 元人民币。因此可见，虚拟货币的发行或挖掘的数量取决于挖矿设备的计算能力及其数量。

通过以上对有发行中心和无发行中心的数字货币供给的理论分析可以看出，虚拟货币的供给有其内在规律，这些规律与现行法定货币的发行有着显著的区别。以上只是对虚拟货币的供给进行了简单分析，对虚拟货币供给的进一步分析是一个长期的任务。

4.3　数字货币的运行机制

　　运行机制是引导和制约决策并与人、财、物相关的各项活动的基本准则及相应制度，是决定行为的内外因素及相互关系的总称，如市场运行机制、竞争运行机制、企业运行机制。对于数字货币来说，要理解其如何在经济体系中发挥作用，就有必要明确其运行机制。本节借鉴祁明和肖林（2014）的分析，说明虚拟货币的运行机制。

　　经济学理论表明，法定货币的运行机制包括发行、流通、回收环节（程东全 等，2011），祁明和肖林（2014）据此认为有发行中心的虚拟货币的运行机制也包括发行、交易和回收环节。例如，腾讯Q币的运行机制包括有发行中心的虚拟货币的运行机制（见图4-1）以及无发行中心的虚拟货币的运行机制（见图4-2）两种类型。

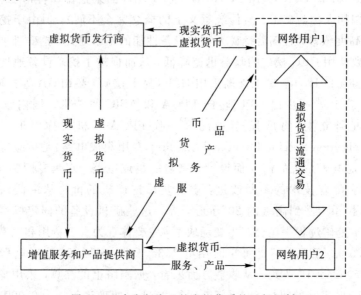

图4-1　有发行中心的虚拟货币的运行机制

　　图4-1表明，对于有发行中心的虚拟货币而言，其在运行过程中涉及虚拟货币发行商、增值服务和产品提供商以及网络用户。其中，虚拟货币发行商有时就是增值服务和产品提供商。由于虚拟货币由网络运营商发行，因此，为以后分析方便，我们将其统一视为虚拟货币发行商或网络运营商。

　　由图4-2可以看到，与有发行中心的虚拟货币不同，在无发行中心的虚拟货币的运行过程中，涉及通过计算机挖矿的"矿工"以及使用虚拟货币的网络用户两类角色。其基本关系是：虚拟货币由"矿工"挖出，形成虚拟货币的供给，然后在不同网络用户之间进行流通。虽然在图4-2中涉及"商户"角色，但实质上他们都是虚拟货币的需求者，是网络空间或网络平台中的网络用户或网络客户。因此，我们认为在无发行中心的虚拟货币的运行机制中，只有虚拟货币的提供者(即矿工)和其需求者(即网络用户)两类。

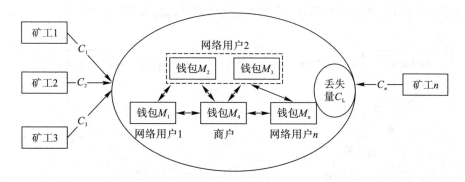

图 4 - 2　无发行中心的虚拟货币的运行机制

4.4　数字货币的交易机制

虚拟货币出现后就进入流通领域，从而涉及交易机制。交易机制指市场有机体内部各参与方在交换活动中所建立的相互制约和相互影响的内在关系。以下分别对有发行中心和无发行中心的虚拟货币的交易机制进行讨论。

一、有发行中心的虚拟货币的交易机制

对于有发行中心的虚拟货币来说，由图 4 - 1 可以看出，虚拟货币的交易主要体现为网络用户之间的交易以及用户与虚拟货币发行商之间的交易。其中，网络运营商或虚拟货币发行商是这种交易的核心，如图 4 - 3 所示。

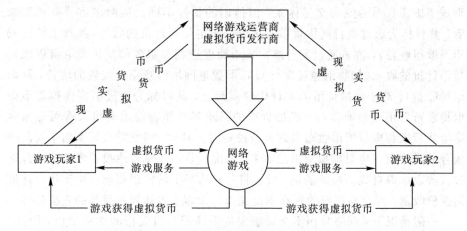

图 4 - 3　有发行中心虚拟货币的流通环节

由于虚拟货币的非法定货币性质，其存在交易风险，因此，有时需要第三方对交易进行担保。例如，祁明和肖林(2014)以网络游戏平台中的游戏币为例，增加了虚拟货币的第三方交易平台以起到担保作用，以便游戏玩家(即网络客户)通过该平台将虚拟货币出售给其他游戏玩家，如图 4-4 所示。

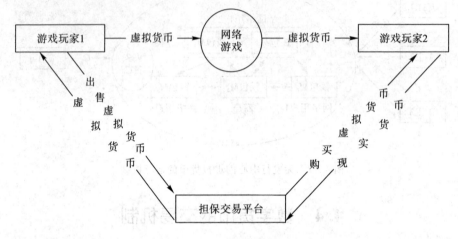

图 4-4　第三方平台担保交易体系

在图 4-4 中，担保交易平台就为不同玩家提供交易担保，发挥虚拟货币与法定货币兑换的中介作用，其目的是通过提供担保从而获取服务费用，也可称为银子商，从而形成了用户与用户之间、用户与银子商之间，将游戏币兑换为现实货币的交易体系。

事实上，有发行中心虚拟货币的交易方不仅包括网络运营商、网络用户玩家(即网络客户)、提供担保功能的银子商，而且包括虚拟货币的发行代理商；如果进一步从供求关系看，还包括虚拟货币玩家(即收藏者)。这些参与者共同形成了虚拟货币的庞大交易体系，但他们的目标不同。从网络运营商角度来看，其目标为通过发行网络货币而获取以法定货币计价的收益(如腾讯销售 Q 币而取得收益)，或者通过发行虚拟货币而促进相关服务的销售而取得以法定货币计价的收入(如腾讯通过发行 Q 币而促进网络游戏用户规模的增长，从而取得收益)；对于虚拟货币的发行代理商而言，其目标为通过销售虚拟货币而取得发行费用或差价收入。虚拟货币的需求者按照其需求动机来看可分为网络游戏玩家和虚拟货币收藏爱好者或投资者。其中，网络游戏玩家出于对网络服务的需要而产生对虚拟货币的需求，而虚拟货币收藏者或投资者的目的是通过收藏以取得自我精神的满足，或者将其在市场上转售以获取以法定货币计价的投资收益，而交易市场的存在则是虚拟货币需求者达到其目标的先决条件。

一般情况下，网络公司不会以法定货币换回自身发行的虚拟货币，因此，从流向上看，虚拟货币会由发行者流转给代理商或需求者，再由代理商流转给需求者，最后由一个需求者流转给另一个需求者。这种流通路径可呈现如下两种模式：

模式 1(发行商间接销售)：发行者——→代理商——→需求者⟷需求者。

模式 2(发行商直接销售)：发行者——→需求者⟷需求者。

由于虚拟货币最终要到其需求者手中，因此，发行者和代理商对虚拟货币的定价主要受市场需求强度的影响，从这一点可以看出，虚拟货币的价格最终由虚拟货币的需求者决定，即由虚拟货币市场的供求关系决定。

二、无发行中心虚拟货币的交易机制

对于无发行中心虚拟货币，祁明和肖林(2014)以比特币为例提出了交易平台型交易体系、以比特币 ATM 机为典型代表的类银行交易体系和支付清算系统型交易体系。其中，第一种的交易平台型比特币交易体系指的是比特币交易双方通过第三方交易平台实现比特币的交易，比特币交易平台本身并不实际拥有大量比特币。想要卖出比特币的用户将自己的比特币转移到交易平台指定的比特币钱包以获得现实货币，而买入比特币的用户使用现实货币将相应的比特币从交易平台充入自己的比特币钱包，现实货币与比特币的兑换比率取决于交易市场的自发调节。第二种的以比特币 ATM 机为代表的类银行交易体系指的是用户在比特币 ATM 机上存入现金，ATM 机将现金转换成比特币后存入比特币钱包，比特币 ATM 机类似于银行的 ATM 机，用户在银行的 ATM 机上可以提取自己银行账户上的现金，也可以存入现金到银行的账户上。第三种的支付清算系统型交易体系指借助瑞波币(Ripply，XRP)实现法定货币与虚拟货币的兑换。XRP 是 Ripply 体系下按照一定加密算法发行的虚拟货币，以 Ripply 机制下的 XRP 和网关系统为媒介，用户可以实现全球范围内多种货币(美元，欧元，日元，甚至比特币等)之间的兑换与汇款转账。关于瑞波币 XRP 我们会在第二部分中专门进行讨论。

4.5　数字货币的回收机制

根据本书的分析，虚拟货币分为有发行中心和无发行中心两类，我们也按照此种分类讨论其回收机制。

一、无发行中心虚拟货币的回收机制

对于无发行中心的虚拟货币，自从其出现以后就为不同经济主体拥有，就是一种自然存在。由于无发行中心，因此，也就不存在回收机制问题。从存在状态来看，无发行中心的虚拟货币或者被作为交易对象不断被交易，或者以电子信息的状态存在于电子介质中，或者随着相关电子信息的消失而消失。

二、有发行中心虚拟货币的回收机制

对于有发行中心的虚拟货币，理论上讲，有两种回收机制：

（1）网络用户通过向网络运营商购买网络虚拟产品，发行商完成对网络虚拟货币的回收。这是网络游戏玩家经常用到的方式。

（2）网络用户将虚拟货币直接回售给网络运营商。但从实践上看，网络运营商基本上不支持用法定货币收回网络用户手中的虚拟货币。其原因可分析如下：如果网络用户能够以这种方式完成虚拟货币与法定货币的兑换，则存在的问题是，网络客户可能以低于发行价格的价格取得虚拟货币（如在网络上可以以折扣价取得 Q 币），但又以等于或高于购买价格的价格将其回售给网络运营商即虚拟货币发行商，从而使虚拟货币发行商产生亏损。此时，虚拟货币发行商面临的决策是以发行价回收虚拟货币以维护网络货币的市场声誉，还是以损害虚拟货币和网络运营商的信用为代价拒绝以发行价回收虚拟货币？对于理性的网络运营商而言，最好的方式是不用法定货币回收已经发行的虚拟货币。

由此可见，无论是有发行中心，还是无发行中心的虚拟货币，在其产生以后就会脱离其发行者或生产者，从而处于游离状态，并处于网络虚拟空间中。在虚拟货币的原始供给与需求同时存在的现实情况下，就会形成以虚拟货币为交易对象的市场，这将是下一章要讨论的主题。

本 章 小 结

数字货币（即虚拟货币）自从出现以后，如何运行就成为一个重要问题。本章对数字货币的运行机制进行了介绍，分别探讨了数字货币的发行机制、运行机制、流通机制和回收机制。在数字货币运行机制中，交易是一个重要问题，也应在本章列出，但由于数字货币的交易涉及对于数字货币价值的分析、交易平台以及交易现状等较多问题，因此，将其在第五章中进行专门分析。

本 章 思 考 题

1. 数字货币的原始供给是如何决定的？
2. 简述数字货币的运行机制。
3. 简述数字货币的流通机制。
4. 数字货币有必要回收吗？
5. 结合以上各章内容，讨论数字货币的价值。

第 5 章　数字货币的交易分析

自从有了数字货币的原始供给以后，数字货币就在经济社会中处于游离状态，并形成以其为投机或投资对象的交易市场。然而，与现实世界中有价值和使用价值的一般商品不同，数字货币有其特殊性，有必要回答如下问题：为什么数字货币能够交易？数字货币如何交易？数字货币在何处交易？交易现状如何？这是本章的主要内容。

5.1　数字资产与数字货币

如前所述，数字货币是财产，具有财产性质，从而引出的议题是数字资产。事实上，在现实生活中，网络虚拟世界中包括数字货币的电子符号有实际价值（如虚拟游戏世界中"稀有"的游戏装备）。例如，在 2005 年的一宗交易中，Jon Jacobs 抵押了他的房子，买了一个价值 100 000 美元的虚拟度假胜地（virtual resort），2011 年，这个虚拟度假胜地的估值已经达到了一百万美元（Simon Hill，2017），这表明有必要研究这类资产。

互联网改变了传统信息拥有者、传播者、使用者的利益格局，当个人拥有或控制的数据资源参与到经济活动中时，数据便成为一种重要的数字知识资产（郑阳 等，2018）。数据资产具有数量大、传递便捷、互动性强、成本递减、容易仿制、不易确权等特点（任锦鸾 等，2019），而数字资产最初的形式是比特币（李敏，2020）。因此，可以认为数字资产是数字货币这种虚拟资产的扩展形式。

关于数字资产目前还没有统一的名称，相关的模糊概念包括虚拟资产、加密资产等。2018 年 10 月，反洗钱金融行动特别工作组（Financial Action Task Force on Money Laundering，FATF）更新了其"建议和术语"（Recommendations and Glossary），将虚拟资产（Virtual Asset）定义为价值的数字表示，可以进行数字化交易或转让，被用于支付或投资目的，但不包括数字化的法币、证券及其他传统金融资产，并指出数字资产（Digital Assets）是一个综合术语，主要指数字金融服务生态系统中的一系列活动，包括数字货币、数字证券、数字商品及上述产品的数字衍生品。金融稳定委员会（Financial Stability Board，FSB）定义了加密资产（Crypto Asset），指主要依靠加密等技术作为其感知价值或固有价值的一种私人资产,不仅包含加密货币,还包含其他数字通证,如证券型通证、资产支持通证和效用型通证(FSB,2018)。与这些定义不同,英国监管局的报告"Financial Conduct Authority:Cryptoassets Taskforce:final report"(October 2018)和"Guidance on Cryptoassets Feedback and Final Guidance to CP 19/3"(July 2019)认为,数字资产是指由加密技术保障的数字化价值表彰或合同权利,其基于分布式账本技术且可以被电子化转移、存储或交易,而国际证监会组织(International Organization of Securities Commissions,IOSCO)也有相关定义。在美国,则有更广泛的定义,如 2014 年联邦统一州法委员会(National conference of commissioners on uniform state laws)出台了《统一受托人访问数字资产法》(Uniform Fiduciary Access to Digital Assets Act,UFADAA),该法总共有 15 个条文调整受托人(个人代表、监护人、代理人、受信托人)对数字资产的访问和管理,其第 2 条第 9 款就指出:"数字资产是指电子化的记录。"

由此可见,对于数字资产、虚拟资产和加密资产有不同的表述,但其基于加密技术、可以交易、能存储的私人资产的本质相同,因此,它们有相同的含义。

关于数字资产的类型,可从微观和宏观两个角度分析。

从微观上来看,皮六一和薛中文(2019)的分析认为,从用途上来分,加密货币具有代表性的有以下几类:

(1)代表着一定的资产或收益流(张建文,2018),也称资产代币(Asset Token),例如自然资产代币、证券代币或其他收益权代币等。

(2)支付代币(Payment Token),本质上是为获得商品、服务而采用的支付方法(姚前,2018),例如比特币。

(3)功能代币(Utility Token),主要用于访问特定的应用程序或服务(傅晓骏 等,2018)。类似的观点认为,数字资产包括支付领域中的数字货币(支付代币)及融资领域中通过 ICO 发行的数字代币(使用代币和证券代币)(李敏,2020)。

从宏观上来看,数字货币包括更多类型。例如,英特尔公司(Intel)在 2013 年 Intel 开发者论坛上公布了 30 类数字资产,包括音乐、电影、游戏、货币、照片等。

数据资产具有数量大、传递便捷、互动性强、成本递减、容易仿制、不易确权等特点(任锦鸾 等,2019)。虽然如此,从目前的世界趋势来看,微观上的数字资产类型是主流认识。根据这种观点,数字资产包括数字货币。

对于数字货币,从数字资产的角度来看,更适合的称谓是"加密资产",因为以比特币为典型代表的数字货币是以集密码学等多学科知识于一体的区块链技术。关于加密资产的运营平台，皮六一和薛中文(2019)的研究具有可操作性。根据他们的分析，按照所服务的市场来分，加密资产交易平台有两种：一是为资产的初始分配(例如一级市场发行)提供便利，类似众筹平台；二是为二级市场交易提供服务，类似传统交易场所。按照运行模式来分，可划分为中心化平台和去中心化平台：前者类似于传统的连续竞价交易场所，内含订单簿、订单匹配机制和各种订单类别等传统交易场所的基本要素，投资者可直接接入平台，平台负责资金和代币的存管，并掌握用户电子钱包的私钥，控制平台所有的交易；后者的去中心化平台则通过开源的区块链技术运行，虽然也采用用户直接接入平台，但交易直接发生在用户之间，平台不掌握用户电子钱包私钥，也无法干预交易，订单通过所有者授权执行的智能化合约(Smart Contract)匹配。由此可见，对于数字资产的具体运营，他们的分析具有重要的现实意义。当然，数字资产是虚拟资产，其面临着交易风险、结算风险等，因而有必要进行严格监管。

结合以上我们可以看到，研究以比特币为代表的数字货币并将其放在数字资产的框架下进行分析，有利于深入理解互联网经济下的科技创新的含义。

5.2　数字货币的交易价值与交易价格分析

本书第 3 章的分析表明，数字货币本质上是以电子信息的形式而存在的虚拟物品，具有货币性质、商品性质和财产性质，这说明数字货币具有价值。在这方面有进一步的文献支持。例如，近期文献表明，关于数字货币的价值问题，虽然 Yermack(2015)的分析认为比特币没有内在价值，因为它不能履行货币的功能，即交换媒介、流通手段、价值尺度和记录单位，但更多的分析表明，以比特币为代表的数字货币具有价值。例如，Iwamura 等(2014)提出比特币的价值应该是其边际生产成本加上信誉价值(value of credibility)和市场泡沫的总和。Hayes(2017)也认为比特币存在一定的价值，他们运用回归分析方法测算了 66 种不同数字货币的价值组成，发现在挖矿网络中的竞争程度、单位挖掘生产率和用于挖掘加密货币的算法难度这三个因素是其主要的价值构成部分。本书前面的章节从货币性质、商品性质和财产性质三个角度分析了数字货币的价值，而本节将从商品交换的角度分析数字货币的交易价值和交易价格。

一、数字货币价值分析的理论基础

从理论上看，分析数字货币价值的理论至少包括马克思的劳动价值论、西方经济学的市场供求理论和网络经济学中的梅特卡夫定律。

众所周知，马克思的劳动价值论在经济学领域占有重要地位。马克思在其《资本论》中提出了价值由劳动创造的命题，指出交换价值表现为一种使用价值与另一种使用价值交换的量的关系或比例，不同商品之所以能够交换，是因为它们有共性，即商品中凝结的无差别的人类劳动，这就是商品的价值。从价值与价格的关系来看，价格是价值的货币表现形式，因此，商品价格的高低实质上受到其内在价值和其价值度量单位的货币价值的影响。

市场供求理论是西方经济学中的核心，它认为市场中的供给者和需求者都受"看不见的手"即价格的影响，而商品的内在价值则是其价格基础。在供给与需求两种力量的共同作用下，市场上形成了以商品价值为基础的均衡价格，并据此完成商品的交易。对于虚拟货币来说，由于其有商品性质，因而，在市场"看不见的手"的作用下也会形成其市场交易价格，这与一般商品相似。

在网络经济环境下，网络在信息传递方面具有方便性、快速性和低成本的明显优势，因而出现了网络经济学中的梅特卡夫定律。如前所述，梅特卡夫定律表明，一个网络的价值等于加入网络的节点数的平方，因此，网络客户数量成为影响网络平台及其相关产品价值的关键因素。对于数字货币来说，其价值和交易价格也受此规律的影响。

二、数字货币的交易价值和交易价格

经济学理论表明，价格是价值的货币表现形式。根据劳动价值理论、市场供求理论和梅特卡夫定律，就可以分析数字货币的交易价值和交易价格。

1. 以劳动价值理论为基础的分析

首先，由劳动价值理论可以看出，对于无发行中心的数字货币，虽然它是通过计算机挖掘出来的，但矿工付出了劳动，因而有内在价值。其次，从其来源来看，虚拟货币的挖掘需要一定的算法和原则，而这些算法和原则的制定需要人类付出劳动，因此，它们也有内在价值。由此可知，虽然数字货币以电子信息的状态存在，具有无形性的特点，在人类活动中没有实用价值，但它仍然是劳动的产物，这既包括矿工的劳动付出，也包括算法、原则等设计的劳动付出。因此，数字货币有自身的价值，并在交易过程中以法定货币为交易媒介进行交易，呈现为交易价格。对于有发行中心的虚拟货币而言，它也是网络运营商设计的劳动的产物，因而也有价值及相应的交易价格。

2. 以供求理论为基础的分析

数字货币是网络空间中的电子信息，人们无法从表面分析其价值，但可根据供求理论进行分析。依据供求理论，数字货币的交易价格由供求双方共同决定。对于无发行中心的数字货币来说，只要网络存在，在一定交易规则下，其交易价格只能由其供求关系决定，而不受其他因素的影响。对于有发行中心的数字货币来说，在发行阶段由发行商决定其价格，当数字货币离开发行商以后，其交易价格则由供求关系决定。

3. 以梅特卡夫定律为基础的分析

依据梅特卡夫定律，数字货币的使用者人数越多，在网络外部性作用下越能吸引更多的应用者，从而提高数字货币的内在价值；反之，数字货币的使用者人数越少，应用它的人数也就越少，从而会降低其内在价值。以数字货币自身价值为基础，就会形成虚拟货币的交易价格。正因为如此，在网络环境下才会出现网络公司之间"竞相烧钱"的现象，其目的在于实现"赢者通吃"的目标。

虽然运用劳动价值理论、供求理论和梅特卡夫定律能够解释数字货币的价值和交易价格，但不可忽视的是，在网络系统规则既定的条件下，数字货币原始供给量的变化也会影响其交易价格。例如，由于挖矿难度的增加，无发行中心的数字货币的价值和价格会随着时间的推进而不断增加，虽然其交易价格可能会上升，但通过挖矿取得的收益可能会降低。以比特币为例，2020 年 5 月，比特币挖矿奖励第三次减半，产量由 12.5 个 BTC 减至 6.25 个 BTC，这表明在同样付出的情况下，"矿工"挖矿的难度和成本会加大，但获取的比特币数量会大大减少。此时，如果比特币的交易价格不变，则"矿工"的收益会减少。进一步看，随着时间的推进，尚未被挖掘的数字货币数量会进一步减少，从而使挖掘的难度不断加大，挖掘成本也不断上升。从成本收益分析的角度来看，可能出现挖矿无收益甚至亏损的情况。

在 3.4 节中虚拟货币本质的分析表明，数字货币同时具有货币性质、商品性质和财产性质。而本节的分析进一步表明，数字货币具有交易价值和交易价格。

5.3　数字货币价格的影响因素

5.3.1　影响数字货币价格的内部因素

数字货币在原始供给后就进入交易市场。从供求关系角度来看，其原始供给对数字货币的价格有影响，从而成为影响数字货币价格的内部因素。一般来说，影响数字货币价格的内部原因可归结为供求因素和技术因素。

一、供求因素

根据经济学原理，商品价格由供求双方决定，对于数字货币这种特殊商品而言也不例外。以比特币为例，其供给数量固定（仅有 2100 万枚），且在比特币达到这个量之前，其增加的供给量不断减少，即增加速度递减，体现为每四年减半，因此，其价格主要取决于需求因素。

根据经济学理论，货币需求产生于交易动机、谨慎动机和投机动机，这也适合于对数字货币需求的分析。由于数字货币无法像法定货币一样方便地作为支付手段和抵押物，因此，数字货币没有谨慎动机的需求。从交易动机产生的需求来看，现阶段许多如比特币一样的数字货币没有合法地位，它们只能在小范围内作为交易媒介发挥货币功能，其交易需求并不会大幅增加，对于交易价格也不会产生重要影响。在数字货币无法在日常生活中发挥交易功能的环境下，数字货币的需求主要是产生于投资动机和投机动机。从投资动机来看，由于比特币价格在 2017 年出现了大幅上涨，引起了对数字货币挖矿设备或研发的大量投资。一方面，数字货币的挖矿需要成本高昂、具有强大计算能力设备的支持，在单一经济主体无力提供足够资金的情况下，投资者以投资入股的形式或委托专业团队挖矿就成为理性的选择。投资者在挖矿的同时也有机会囤积所挖掘的数字货币，以待价格上涨时出售，从而引起数字货币供应量的减少和价格上涨。另一方面，在数字货币价格不断上涨的环境中，投资者也会对数字货币的研发进行投资，体现为研发最新的比特币应用，如建立交易平台、设立网站、设计数字货币钱包以及打造比特币的生态链，以提高数字货币使用的安全性和公认度，从而吸引更多的投资者。从长期来看，由于数字货币的挖掘难度加大和其原始供给量减少，可能会进一步推动其价格的上涨。

相比于交易动机和投资动机，对于数字货币的最大需求可能产生于投机动机。由于数字货币的价格波动很大，能够不受地区、时间的限制，从而增强了其投机性。可以说投机动机是导致数字货币价格大幅波动的主要原因。

总体来说，数字货币的价格同时受到供求双方的影响。对于比特币等数量固定的数字货币而言，其供给曲线可以表示为一条向右上方倾斜缓慢升高的直线，但当所有的比特币被挖完后，供给曲线将变成一条数量恒定的垂线。与此同时，可以把比特币视作普通商品，其需求量与价格呈反向变动关系，从而其需求曲线呈现出向右下方倾斜的状态，如图 5-1 所示。

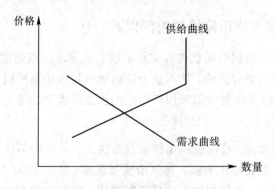

图 5-1　数字货币的供求曲线

需要注意的是，在其他因素不变的情况下，随着对数字货币投机需求的增加，数字货币的需求曲线会不断地向右上方移动，从而使数字货币价格呈现出不断上涨的趋势。但如果各国货币当局对数字货币采取严格监管或打击的政策，则会导致数字货币价格的下跌，此时，外部因素就会起主导作用，而供求规律只起辅助作用甚至没有作用。

二、技术因素

与美元或其他法定货币相比，数字货币有着其特殊的生产和发行机制，因此，决定其原始供给的技术因素对数字货币的价格也有重要的影响作用。一般而言，挖掘设备计算机的计算速度（即哈希率）越高，则在数字货币产出数量和价格既定的条件下，拥有高哈希率计算机的"矿工"挖出数字货币的数量就会越多，挖掘成本会更低，从而愿意出售的数字货币价格也可能会更低，这会对数字货币的价格产生一定影响。由于在一定时期内依靠高技术挖掘设备得到的数字货币数量有限，因此，技术对数字货币价格的影响较小。

5.3.2　影响数字货币价格的外部因素

数字货币在原始供给后就脱离其原有网络，随着社会关注程度的提高，它们会被视为投资品，从而进入交易市场，其价格也就受到原有网络以外因素的影响，这主要体现在以下三个方面。

一、宏观经济环境

价格是价值的货币表现形式，而作为价值尺度手段的法定货币会受到经济发展状况、股票市场、油价等宏观经济环境的影响。例如，Wijk(2013)研究了全球宏观经济对比特币价格的影响，并确定了几种宏观金融指标（包括油价、汇率、证券交易所指数等）。一般认为，乐观的全球经济情况会使投资者的投机需求上涨，从而提高数字货币的价格。与此观点不同，有些观点认为，比特币的价格与宏观经济之间也存在着负相关关系。例如，当股票价格下跌时，投资者有可能会抛售其持有的金融资产，转而投资比特币等数字货币，以达到避险的目的，这有可能会导致比特币等数字货币价格的上涨。

除了经济发展状态和股票市场之外，作为经济发展的重要资源，石油价格也会对数字货币的价格产生影响，因为石油价格的变化通常对世界经济的发展趋势产生影响，并被视为经济衰退和通货膨胀的诱因。例如，Ciaian(2016)的分析表明，石油价格对比特币价格有短期影响。类似地，同样被作为避险工具的黄金也可能对数字货币产生替代作用，从而影响其价格。

二、网络安全

比特币等数字货币的价格可能会受到整个数字货币的系统风险和不确定性的影响。法定货币的价值基础是国家信用。与此不同，数字货币的价值基础是网络信用，而网络是否安全是影响网络信用的重要因素。作为一种数字货币，比特币比传统货币更容易受到网络攻击。例如，曾经是世界上最大的比特币交易所的 MtGox，由于受到网络攻击而于 2014 年 2 月倒闭，导致了 85 万个比特币的损失。出于数字货币的安全考虑，网络安全会降低数字货币对新网络用户的吸引力，并可能影响其价格。

三、监管政策

作为可能会挑战货币当局权威的数字货币自然受到了各国的监管，从而影响数字货币的价格。但总体上看，各国监管政策有所不同。例如，2012 年 10 月，欧洲央行首次表示比特币对央行声誉存在威胁，它成为第一个公开表态的官方机构；2013 年 12 月 3 日，中国人民银行等五家机构联合发布《关于防止比特币风险的通知》。与此不同，有些国家对数字货币采取了积极的态度。例如，2013 年 3 月，美国货币监管委员会正式将比特币纳入了监管范围（李想，2013）；2013 年 7 月，塞浦路斯政府为获取储户的信任，以比特币代替本国货币，在塞浦路斯各大银行 ATM 机旁设置了世界上第一款比特币 ATM 机，提供以现金直接兑换比特币的业务（贾丽平，2013）；2013 年 6 月 27 日，德国议会决定对持有比特币一年以上的投资者予以免税，8 月 20 日，比特币被德国财政部认定为记账单位，成为一种在德国银行业条例下的金融工具，与"私人货币"更接近，可以用作多边结算，意味着比特币在德国已被视为合法货币（严湘君，2013）。这些不同政策的出台对数字货币的价格总体上都产生了影响，其影响程度可能有所不同，但目前缺乏这方面的相应证据，还需要进一步观察研究。

5.4　数字货币交易量的理论分析

数字货币由发行商发行或被挖掘出来以后就为网络用户所有，并发挥部分货币功能。如前所述，在有发行中心的情况下，数字货币的流通环节涉及发行商和网络用户需求者。其中，网络用户需求者包括用于自身在网络上消费（如参加网络游戏）的客户、将其作为投资对象的投资者、投机者和收藏者，从而存在发行商与网络用户之间的交易、网络用户与网络用户之间的交易；在无发行中心的情况下，数字货币的交易只会发生在网络用户与网络用户之间。总体而言，数字货币的交易涉及发行商与网络用户的交易以及网络用户之间的交易。以下对这两大类交易的数量进行分析。

一、网络用户与发行商之间的交易

网络用户与发行商之间的交易只存在于有发行中心的情况下，包括两种具体形式：一是发行商向网络客户销售数字货币，此时数字货币具有商品性质，以满足客户的需求；二是网络用户使用数字货币向发行商购买其提供的服务产品，此时数字货币发挥着交易媒介的功能，而发行商本质上完成了数字货币的回收，当发行商回收以后，数字货币又会通过发行的方式重新回到流通环节中，不断循环，从而使单位数字货币发挥更多数字货币的功能，呈现出乘数效应。假设在一定时期内，单位数字货币的流通速度（即循环次数）为 V_1，发行商初始发行的数字货币数量为 M_0，而其中 M_1 的部分一直被发行商回收，并完全重新发行，则根据费雪方程式，数字货币产生的交易总量为 $Q_1 = M_1 V_1$。

二、网络用户与网络用户之间的交易

网络用户与网络用户之间的交易会同时存在于有发行中心和无发行中心两种情况下。网络用户得到数字货币后，或者用其购买同一网络中其他网络用户所拥有的网络商品或服务，此时数字货币发挥交易媒介的功能，或者作为投资品并演变为储藏货币，等待以法定货币计价的价格上涨后出售。假设在一定时期内，在无发行中心的情况下初始数字货币供给数量为 M_0，或者在有发行中心的情况下发行商发行的数字货币为 M_0，其中有 M_2 的部分发挥交易媒介功能，同时假设单位数字货币在网络用户之间的循环次数为 V_2，则根据费雪方程式，数字货币在网络用户之间进行交易的总量 $Q_2 = M_2 V_2$。在网络空间中，这种网络用户之间的交易是普遍现象。例如，在《第二人生》中，一个网络用户将其虚拟物品销售给另一个用户，得到林登币后又从其他用户手中购买需要的虚拟物品；在《魔兽世界》中，魔兽金币在不同网络用户之间也发挥着同样的交易媒介功能。

如前所述，网络用户得到数字货币后，除了向发行商购买虚拟产品、向其他用户购买虚拟产品外，也可能将其收藏作为投资品以待未来以更高的法定货币价格出售。此时，数字货币不再发挥交易媒介功能，而只是类似于股票的投资品。在现实环境中，数字货币已经成为投资品在数字货币交易平台（如中国香港的 BitMEX）上进行交易，本节后续内容会列出部分交易平台。

假设在一定时期内，在最初的 M_0 单位数字货币中，有 M_3 部分作为投资品，它们不会被回收（有发行中心的情况），也不会以交易媒介的身份在网络用户之间发挥媒介功能，且其在不同网络用户之间的流通速度（即循环、被倒卖或流通）次数为 V_3，根据费雪方程式，这部分数字货币产生的交易总额为 $Q_3 = M_3 V_3$。但需要注意的是，在数字货币的投资过程中往往以法定货币作为交易媒介。由于只使用了法定货币的交易媒介功能，因此，这种交易不会影响法定货币正常功能的发挥。

在实践中，数字货币原始供给后，在一定时期内还会有 M_4 部分被遗忘或永远沉淀，假设其沉淀在网络用户或投资者手中。

基于以上分析可以看出，在一定时期内，这些量之间有如下关系：

数字货币的初始数量结构：

$$M_0 = M_1 + M_2 + M_3 + M_4$$

在流通环节中发挥交易媒介功能的数字货币总量：

$$Q = Q_1 + Q_2 + Q_3 = M_1 V_1 + M_2 V_2 + M_3 V_3$$

由此可见，在流通环节中，一定时期内能够发挥交易媒介功能的数字货币的数量受到初始数量的四个构成部分以及三个流通速度或循环次数的影响。在这些能够发挥交易媒介功能的数字货币数量中，作为投资品的数字货币总量为 $M_3 V_3$。对于有发行中心的数字货币来说，M_3 取决于网络用户的投资意愿以及投机程度，而 V_3 取决于数字货币市场的完善程度以及政府监管力度。对于无发行中心的数字货币来说，从目前情况来看，初始数字货币的大部分或全部被用于投资，交易总量主要受到数字货币用法定货币计价的价格、投资者的热情以及政府监管态度的影响，并且这些交易总量形成了网络货币交易市场的市场供给。

利用以上公式不仅可以度量一定时期内数字货币的交易媒介的功能大小，也可以度量数字货币交易的市场规模、投资情绪以及投机程度。但需要注意的是，从实践上看，主流加密货币（如比特币、以太币等）的数据吞吐量都较低，比特币的 TPS（每秒处理交易笔数）约为 7，以太币的 TPS 约为 25，这使其难以满足流通手段职能（张礼卿 等，2019）。

5.5 数字货币的内部和外部交易市场

由 5.3 节的分析中可知，数字货币的交易包括有发行中心的发行商（或无发行中心时通过挖矿取得数字的货币原始供应者）与网络用户的交易、网络用户之间的交易两大类型。前一类型的交易可称为内部交易，形成内部交易市场；而后一类型的交易可称为外部交易，形成外部交易市场。在内部市场中，其供给者为发行商或通过挖矿取得数字货币的原始供应者，其需求者为网络内部的用户；而在外部市场中，其供给者和需求者为出于投机动机的网络用户。

一、数字货币的内部交易市场

数字货币的内部交易市场是基于区块链技术运行的。以比特币为例，它是类似电子邮件的电子现金，交易双方需要类似电子邮箱的"比特币钱包"和类似电邮地址的"比特币地址"，因此，私钥、公钥和地址是交易基础。其中，私钥属于个人所有，相当于银行存单的密码，并对应着某一地址中的比特币；而公钥是由私钥经过相应算法产生的，需要在链上公开，让收款人验证交易和进行数字签名；地址由公钥经过 Hash 算法及相应运算产生，用来作为交易双方的交易地址，比特币存在于交易地址之中。

根据任锦鸾和蔡霖（2019）的分析，在交易过程中，当节点 A（用户 A）向节点 B(用户 B)发起一笔新的交易时，这笔交易的信息会通过存储在 A 用户钱包中的私钥进行数字签名；当 B 接收到数字签名以后，会通过 A 在链上公开的公钥对数字签名进行验证。如果确定交易是由 A 发出的且是可用的比特币地址，则交易通过 B 验证，否则取消交易。这笔交易被 B 验证通过后，根据比特币合约生成一串 Hash 值，其后会在所有节点之间进行广播。所有节点为了争夺这些交易的记账权会进行一项特定难度的数学运算，也就是通常所说的"挖矿"。第一个算出答案的人即视为"挖矿"成功，获取记账权，此时就可以将这些交易打包形成一个新区块并将之写入区块链，"挖矿"成功的节点可得到一定数量的比特币作为奖励。

由此可见，基于区块链技术就可完成数字货币在不同用户之间的交易，从而形成数字货币交易的内部市场。

二、数字货币的外部交易市场

如前所述，数字货币具有商品性和财产性，因而成为社会的投资品，并形成外部交易市场。与实体经济中的实体商品相同，数字货币的交易需要交易场所，也就是交易平台，其交易机制与证券市场类似，交易双方自由买卖，而交易平台由独立机构运营，并以利润最大化为目标。

自从比特币出现以后，世界各地以其作为投资品的交易市场大量出现，从而激发了投资者的热情。目前，数字货币交易平台较多。以区块网为例，区块网上的数字货币交易平台达 641 家。2020 年 8 月 25 日受到关注数量大于 10 的数字货币交易平台如表 5-1 所示。

表 5-1　数字货币交易平台

序号	交 易 平 台	交易对数量	关注数
1	Binance	177	220
2	火币网	196	395
3	OKEX	187	87
4	Gate	177	34
5	ZB	84	34
6	AEX(www.aex.com)(比特时代海外版)	73	15

序号	交 易 平 台	交易对数量	关注数
7	KUcoin	179	26
8	MXC	115	17
9	BiKi	93	10
10	Bit-Z	84	14
11	HitBTC	138	13
12	BCEX	83	26
13	FCoin	126	15
14	ZG. TOP	40	10

　　除了区块网列出了数字货币交易平台的信息之外，国际上的金融产品交易所也公布了相应信息。例如，作为香港唯一的实物黄金交易所的金银业贸易场于 2019 年 4 月 25 日列出了全球十大数字货币交易平台。

　　(1) 金荣中国金融业有限公司(中国香港)。金荣中国金融业有限公司(以下简称金荣中国)于 2010 年成立，专注为全球投资者提供专业的贵金属网上投资服务。金荣中国目前是香港金银业贸易场 AA 类 84 号行员，主要经营伦敦金、伦敦银、实物黄金等贵金属业务。同时，金荣中国是上海黄金交易所(代理)国际会员，代理上海金、银等贵金属业务。依托香港金银业贸易场百年历史中形成的卓越地位，金荣中国严格遵循其规章制度，审查内部团队成员，保证交易环境的公平、透明。用户可以核查每一笔订单的成交价格、准确时间以及资金走向，从而维护用户利益，保障交易流程的公平公正。

　　(2) Bitfinex(中国香港)。Bitfinex 位于香港，由在英属维尔京群岛注册的公司 iFinex 运营，提供币币交易以及美元与其他货币的交易。Bitfinex 为全球交易量最大的加密货币交易所之一，支持比特币和莱特币的做多做空杠杆交易，交易采用 Maker-Taker 机制，提供世界上最具流动性的挂单簿，以最小的滑点即可轻松兑换数字资产。

(3) 火币网(北京火币天下网络技术有限公司)。火币网作为中国最早成立也是目前中国最大的比特币交易平台之一，是国内排名第一的比特币交易平台，也是全球领先的数字货币交易平台，其致力于为投资者提供专业、安全、诚信的数字货币交易服务。目前火币网总部搬迁至新加坡，火币网旗下的火币全球专业站是全球专业交易创新数字资产交易平台。

火币网的业务包括总部设于新加坡的火币全球站(提供数字资产品类交易及投资服务)、负责韩国业务的火币韩国、负责中国业务的火币中国以及提供数字资产管理服务和用户体验的火币钱包。其中，火币全球站自 2013 年成立以来，累计交易额突破 1 万亿美元，一度成为全球最大数字资产交易平台，占据全球数字资产交易份额的 50%，先后获得了真格基金、红杉资本投资。火币中国转型成为区块链垂直领域的资讯及研究服务平台，其集行业咨询、研究和教育培训等服务于一体，为中国大陆地区用户提供区块链技术研发和应用类资讯信息。火币网的大量交易提高了其国际声誉。国际顶级风投机构红杉资本于 2014 年 4 月对火币进行了 A 轮 1000 万美元的投资；2015 年 8 月，金融期刊《清华金融评论》发表了《当前中国比特币行业现状及政策研究》，这是中国第一份在金融媒体公开发表的比特币政策建议。目前，火币集团已投资 10 余家上下游企业，已完成对新加坡、美国、日本、韩国、泰国、澳大利亚等多个国家合规服务团队的建立，为全球超过 130 个国家的数百万用户提供安全、可信赖的数字资产交易及资产管理服务。

(4) 币安网(中国)。币安网(Binance)是一个区块链数字资产交易平台，它提供比特币、以太币、莱特币、币安币等主流虚拟数字货币交易，致力于为用户打造区块链资产交易平台和数字货币交易平台。

(5) OKEX(中国)。OKEX 是全球著名的数字资产交易平台之一，隶属于 OKEX Technology Company Limited，主要面向全球用户提供比特币、莱特币、以太币等数字资产的现货和衍生品的交易服务。OKEX 采用 GSLB、分布式服务器集群、分布式存储、多机互备的高速内存交易引擎、冷钱包、私钥离线化的热钱包等先进技术，以 Web 端、手机端、PC 端等多终端为客户提供安全、稳定、可信的数字资产交易服务。

(6) BitMEX(中国香港)。公开资料显示，BitMEX 建立于塞舌尔共和国(是坐落在东部非洲印度洋上的一个群岛国家，1976 年 6 月 29 日宣告独立，属英联邦成员)，是最先进的比特币衍生品国际站，对于比特币类产品提供高达 100 倍的杠杆，同时也提供针对其他数字货币产品的高杠杆。BitMEX 自内而外采用最新的多重因素安全机制，其安全性能高，能提供各种合约类型，且所有合约都用比特币购买和支付。

(7) Kraken(美国)。Kraken 是全球最著名的加密货币交易所之一，成立于 2011 年，总部位于旧金山。Kraken 是欧元交易量最大的比特币交易所，也可用加拿大元、美元、英镑和日元进行交易。Kraken 于 2020 年 3 月提出的新服务允许其用户直接在加元、瑞士法郎、欧元、英镑、日元和美元之间进行交易。该交易平台已允许用户在比特币、以太币、瑞波币和莱特币等加密货币与各种法定货币之间进行交易，它一直被独立新闻媒体评为最佳和最安全的比特币交易所。

(8) Bithumb(韩国)。Bithumb 是韩国最大的比特币交易平台，占韩国比特币市场份额的 75.7%，每天交易量超过 13 000 枚比特币，约占全球比特币交易量的 10%。该交易所也是世界上最大的以太坊市场，Bithumb 在韩国的以太坊交易中占比为 44%左右。

(9) Coincheck(日本)。Coincheck 是日本最大的虚拟货币交易所之一，月交易量达到 2.6 亿美元，交易手续费从 0.1%～0.15%不等，用户通过 Maker-taker 制度可以获得返还一定的交易费。该交易所 CEO 及创始人和田晃一良(Koichiro wada)是资深程序员出身，毕业于东京工业大学。2017 年 9 月 13 日，Coincheck 宣布其获批成为受许可的虚拟货币国际站。

(10) Bit-Z(中国)。Bit-Z 创建于 2016 年。Bit-Z 面向全球提供专业的数字货币交易平台以及 OTC(场外交易)服务，是全球著名数字资产交易平台之一。其主要面向全球用户提供数字资产交易 Crypto to Crypto(币币交易)服务。Bit-Z 平台现已开放 4 个交易市场，包括 BTC 市场、DKKT 市场、ETH 市场和 USDT 市场。

在目前政策下，我国禁止比特币等非法定数字货币的交易，相应的平台已经关闭。

5.6　数字货币交易的现状分析

自从 Q 币、比特币等数字货币出现以后，其交易活跃程度不断增加。本节以腾讯 Q 币作为有发行中心的数字货币的代表对数字货币的交易现状进行分析。关于无发行中心的数字货币的交易现状，将在第二部分进行详细分析。

2002 年 5 月，腾讯公司发行 Q 币，这种供 QQ 用户用来支付 QQ 会员服务或者购买虚拟服装、场景、化妆品、游戏道具等虚拟商品的虚拟货币，其官方兑价是 1Q 币＝1 元人民币。其后，盛大公司推出了盛大元宝，用于旗下《传奇世界》等网络游戏中购买虚拟物品等服务的虚拟货币，官方兑价为 1 元宝＝1 元人民币；而新浪 U 币是在新浪网上流通的虚拟货币，可用于购买新浪读书、财经、星座、游戏等产品提供的增值服务；百度币则是百度公司针对个人用户推出的虚拟货币，用于百度玩吧的各款网络游戏充值以及百度空间应用的各款社区类游戏充值，官方兑价为 1 百度币＝1 元人民币。

由此可见，自腾讯推出 Q 币以来，网络中虚拟货币的种类日益繁多。目前，网络世界中有数百种虚拟货币，这些虚拟货币在交易平台上进行交易。大部分企业自己推出的虚拟货币和人民币的兑换比例是 1∶1，通过市场交易就能预测其真正价格。

在我国，淘宝网的虚拟市场和国内虚拟交易规模较大的 5173 网容纳着各种虚拟货币交易。其中，淘宝网每天 Q 币的交易量在 50 万元以上，而 5173 网在 2010 年的全年交易额超过 70 亿元。虽然淘宝网没有对虚拟货币交易情况做过详细统计，不过从其销量来看，销售 Q 币的网店的交易量最高达 2300 万个，而百度币卖得最好的店铺有 15 万个。

交易平台的出现导致虚拟货币的交易价格低于其发行价格。例如，以 1 元人民币发行的 1 单位虚拟货币，其平台上的交易低价格低于其发行价已经成为普遍现象，这说明网络虚拟空间也存在由于超发而产生类似于实体经济中的通货膨胀问题。不仅如此，虚拟货币的发行也造成了经济纠纷。以腾讯 Q 币为例，2006 年 12 月 18 日，东方早报刊登了《Q 币销售侵权案背后：淘宝低价销售侵蚀腾讯收入》一文，反映了腾讯与淘宝之间的纠纷。根据 2014 年网络文章《腾讯封杀淘宝 Q 币代理商 淘宝：希望 Q 币照照阳光》中的相关表述，一般经销商要销售腾讯所有 Q 币的三分之一，其他的部分则由各种 4、5 级代理商或个人销售。在各级代理中，采用了不同的折扣价格。低价销售 Q 币不仅可能影响腾讯 Q 币的销售收入，也可能影响到其相关网络服务的销售。

2019 年，腾讯公司的年报显示，其增值服务收入为 1999.91 亿元，同比增长 13%；金融科技及企业服务收入 1013.55 亿元，同比增长 39%；网络广告业务收入 683.77 亿元，同比增长 18%；其他收入 75.66 亿元。2019 年全年腾讯公司的营业收入为 3772.89 亿元，同比增长 21%，净利润 943.51 亿元，同比增长 22%。其中，增值服务包括游戏和社交网络服务，而社交网络主要是指直播服务和视频流媒体的订阅；金融科技和企业服务是指商业支付和腾讯的云服务内容；广告收入主要包括腾讯在朋友圈和微信小程序中的广告投放和一些媒体广告的收益。从年报来看，无法找到关于 Q 币销售或其相关服务的直接信息，故无法进行分析。

5.7　数字货币交易的衍生工具

目前，人类处于技术变革和世界格局不断变化的环境中，但必须承认的是也存在三个不会变化的事实：一是人们对新生事物的高热情不会变，二是人类创新的脚步不会停止，三是投资者或投机者通过各种方式取得利润的动机不会变。在互联网时代，信息的传递比以前更为快速，而金融创新的步伐也不断加快，数字货币价格的变化也就催生了数字货币的衍生工具。

在世界金融市场中，美元主导了世界经济格局，而金融产品的不断创新也是美国金融业发展的特点。2017 年 12 月 11 日，比特币期货正式在芝加哥期权交易所（CBOE）上线交易，代码为 XBT。而一个星期之后，北京时间 12 月 18 日上午 7 点，全球最大的期货交易所美国芝加哥商业交易所旗下的比特币期货产品也正式上市交易；12 月 19 日，纽交所旗下电子交易所 NYSE Arca 向美国证监会（SEC）提出修改自身规定，希望让两只比特币 ETF-the ProShares Bitcoin ETF 和 the ProShares Short ETF 在该交易所上市交易；2017 年 12 月 20 日，美国在线券商 E Trade Financial Corp 在其网站上宣布，将允许用户交易芝加哥期权交易所的比特币期货合约。

在数字货币衍生工具不断发展的环境下，作为世界上第一个以数字货币为标的物的比特币期货产品 XBT 受到了投资者的追捧，导致了合约价格的较大波动，并引发了多次熔断。芝加哥期权交易所（CBOE）的官网显示，比特币期货于 2018 年 1 月份交割的合约开盘报 15 000 美元，开盘后合约价格出现较大波动，由于波动幅度达到 10％的门槛，CBOE 宣布暂停交易 2 分钟。此后，由于涨幅进一步扩大至 20％，CBOE 再次宣布暂停交易。

由于比特币衍生品是以比特币为标的资产，因此，当比特币的即期价格变化时，在人们预期的作用下会影响到其衍生品的价格。例如，比特币的即期价格在 2017 年 12 月 20 日以后出现下跌，相应地，期货的价格也出现了下降。美国时间 2017 年 12 月 21 日收盘时，美国芝加哥商业交易所（CME）比特币期货 1 月份合约收跌价为 1710 美元，结算价格为 15 330 美元；芝加哥期权交易所（CBOE）比特币期货 XBT1 月份合约收跌价为 1410 美元，结算价格为 15 290 美元；而 2017 年 12 月 23 日的 CME 比特币期货 BTC1 月合约和 CBOE 比特币期货 XBT 的 1 月合约也收跌，显示出比特币衍生品价格的联动性。

本 章 小 结

数字货币出现以后，以其为标的交易活动不断，从而产生了数字货币的交易价格。既然有交易，就有必要讨论数字货币的价值、数字货币的交易媒介功能、实现数字货币的交易平台、数字货币的交易现状、数字货币衍生品的交易等问题。由于数字货币引起各国普遍关注的一个重要原因是其交易价格的快速上涨，因此，数字货币的交易是研究重点，而其核心是数字货币的交易价值和交易价格，关于这一点，在本书的第二部分会对不同数字货币进行专门研究，并将对数字货币财产性的分析扩展到对数字资产的分析。为了理解数字货币，有必要了解数字货币产生的技术基础区块链，这是第 6 章的内容。

本 章 思 考 题

1. 试分析数字货币的价值和使用价值。
2. 简述数字货币的交易市场。
3. 简述数字货币的衍生品。
4. 试谈谈对数字资产的理解。

第6章 数字货币的技术基础
——区块链

数字货币既包括有发行中心的网络游戏币(如腾讯Q币),也包括无发行中心的加密数字货币(如比特币),本章只讨论无发行中心的数字货币。目前,作为以比特币为典型代表的数字货币底层技术的区块链受到社会各界的广泛关注,它是数字货币的技术基础,本章对其进行简要介绍。

6.1 认识区块链

6.1.1 区块链的内涵

数字货币的出现引起了人们对其技术性的研究。从发展历史来看,比特币出现后,人们发现其基础技术具有广泛用途,从而引发了人们对区块链的研究兴趣。事实上,在比特币的白皮书中并没有"区块链"(Blockchain)一词,只是人们后来发现比特币不仅有去中心化、匿名性等技术特征,而且从比特币底层提取出的区块链技术能够应用于数字货币,还能够使用户在无需相互信任与可信中介的场景下实现价值传输。

比特币的初衷是实现一种基于点对点技术的电子现金系统(李芳 等,2019)。在比特币系统中,每一笔交易都会被系统中的所有节点记录,并被告知加入一个"区块"(Block)中。系统每十分钟就会产生一个区块,并给其盖上"时间戳",而每个区块由系统中的所有节点通过竞争方式产生,且第一个产生这个区块的节点就会得到比特币的奖励。这些区块前后相连形成了链式结构,这种结构就是区块链。

关于区块链,可以从账户、技术或学术的角度加以理解。

一、基于账户的区块链

对于区块链可以从账户的角度加以理解。具体来说,它就像一个总账本,网络系统中的每个用户节点都可以参与竞争性记账,即在一定时间内,网络系统会找出记账最快最好的用户,由该用户将这段时间内的数据写到一个区块(账本)中,并复制给系统内的每个用户备份。由于区块通过密码技术加以链接，人们称其为"区块链"（Blockchain）或分布式总账技术（Distributed Ledger Technology）。由于网络系统规定相同时间内数量最多的账本是真账本，其他都是假账本，因此一般不会出现假账本。

二、基于技术视角的区块链

对于区块链也可以从技术的角度理解。区块链应用了密码学、点对点网络、共识机制、分布式系统等众多技术。从密码学技术来看，每个区块所打包的交易都需要用数字签名和公私钥加密，而区块链的匿名性依赖于密码学的两项基础技术：公钥与私钥，它们用来储存和支出比特币。标准的公钥-私钥密码能够让每个人创建一个公钥和相应的私钥。其中，公钥为大家共用，但附在公钥上的信息需要相应的私钥才能打开。同样地，附在私钥上的信息也只能用相应的公钥才能打开。这种机制能够保证交易（信息传递）的匿名性。

进一步看，系统中的每笔交易都会进行哈希运算，而每个区块都会被系统进行运算，其哈希值就是连接后一个区块链的"链条"。从点对点网络方面看，在区块链网络中，每个节点既是客户端，又是服务器，且所有节点处于平等地位，实现对等链接。从其共识机制来看，区块链依靠共识机制激励节点参与区块打包及系统安全维护，每个节点都存储有完整的区块链账本并为系统提供相同的服务。

三、基于学术研究的区块链

国内外文献对区块链都有表述。从国外文献看，区块链被定义为一个供用户共享的数据库，并使其用户在不存在中央数据库或中介的情况下，以公开或匿名的方式进行有价值的资产交易（Glaser，2017；Risius et al.，2017）。

国内文献中对于区块链的表述更为详细，主要强调区块链的特点。例如，易宪容（2019）的分析认为区块链技术是一本由多重技术组合而成的具有去中心化、不可篡改、过程透明、可追踪特征的数字化新型的分布式账本，是一套智能合约体系。李芳等（2019）认为区块链是一种去中心化、无须专门的信任机制的分布式数据账本，它通过密码学方法让网络中的所有节点共同拥有、管理和监督数据，系统的运转不接受任何单一节点的控制，从而具有不可伪造、不可篡改、可追溯等特点；区块链通过技术构造全新的信任体系，具有改变人类社会价值传递方式的潜力，并支持与行业应用的深度融合，引起信息技术、金融、保险等多个领域的广泛关注。邵奇峰等（2019）也支持这一观点，并认为通过集成 P2P 协议、块链结构、共识机制、智能合约等技术，使区块链实现了多方共享的全局性单一账本，解决了多方独立记账所带来的数据不一致性问题，且交易一旦被记录，任何人都无法篡改，从而实现了可信的多方数据共享，避免了人工对账，消除了中介机构，减少了交易的延迟并降低了费用。与此同时，国内文献也比较分析了区块链与数据库管理系统（Database Management

System,DMBS)是一种操纵和管理数据库的大型软件,用于建立、使用和维护数据库,如表6-1所示。

表 6 - 1　区块链与数据库管理系统(DBMS)的对比

	区　块　链	DBMS
应用	可信的企业间数据管理	高效的企业内数据管理
服务端程序	智能合约	存储过程
共识机制	BFT 共识	CFT 共识
中心化	去中心	强中心
网络	节点间互不信任的对等网络	节点间相互信任的主从式网络
访问控制	基于数字签名的身份认证	基于用户与角色的权限管理
交易存储	不可篡改、可追溯的区块链	基于高速写入的预写式日记
数据结构	查询可验证的 Merkle 树	存取高效的 B-树
数据库管理员	无控制全员的管理员	控制全员的管理员

由此可见,区块链可定义为具有去中心化、不可篡改、过程透明、可追溯的自治系统。

为进一步理解区块链,有必要清楚如下问题:

(1) 区块链是否一个系统? 从比特币的产生来看,它是一个系统。例如,比特币的初衷是实现一种基于点对点技术的电子现金系统(李芳等,2019)。区块链既是一个系统,又是由参与者构成的网络系统或网络平台。因此,比特币等无发行中心的数字货币有其运行的网络平台,而有发行中心的数据货币也在其网络系统上存在并运行。由此可以认为,所有数字货币都依靠其网络系统而发挥作用。

(2) 区块链不仅是网络系统,且是一个自由进出的开放系统,那么,该系统的创立动机是什么? 以比特币为例,2008 年,中本聪在互联网上一个讨论信息加密的邮件组中发表了一篇文章,勾画了比特币系统的基本框架;2009 年,他为该系统建立了一个开放源代码项目(open source project),正式宣告了比特币的诞生。就其创立动机来说,一般认为他是为了解决传统银行在转账过程中遇到的交易成本高、个体信息被索取等问题。由此可以认为,实现去中心化、去权威性的民主理念以及对技术研究的爱好是主要动机。

(3) 区块链的共识机制的作用是什么? 区块链系统建立之后,系统依靠共识机制就能处于自由发展状态,而没有中心化的监管者,从而使其成为每个节点可用的一个公共系统,并具有公共产品特征。关于区块链的共识机制,在本章的后半部分要进行专门介绍。

（4）区块链与互联网有何关系？在网络形态上，区块链不同于互联网，后者支持一张网接入全球的节点，前者则形成了多个相互隔绝的平行网络（李芳等，2019）。据此可以认为区块链是互联网的发展和深化，从而使互联网经济过渡到了区块链经济。

6.1.2　区块链的类型

作为一种新技术，区块链有不同的类型。根据区块链的应用场景、节点准入条件及去中心化程度，区块链被分为公有链（public blockchain）、私有链（private blockchain）以及联盟链（consortium blockchain）这 3 大类（Buterin，2015）。其中，私有链由第三方控制其系统的各项权限，节点的加入、数据的读写均有一定的条件限制；公有链具有高度去中心化的特点，节点可自由加入或退出，并拥有读取数据、竞争记账权、实施交易等平等权限，其以比特币、以太坊等为代表（李芳等，2019）。

对于公有链，我们有必要讨论其组织形式和去中心化问题。从组织形式上来看，公有链的组织形式大多不是公司，而是分布式自治组织，不存在传统意义上的资产负债表；基于工作量证明（POW）的公有链区块确认遵循"少数服从多数"原则，一旦一方掌握超过 51% 的算力，便能够成功篡改和伪造链上的数据。在公有链的早期阶段记账节点较少，掌握 51% 的算力相对容易，便有可能发生数据篡改和伪造（徐忠等，2019）。由此可见，公有链是一个自治系统，其自治基础是智能合约（本章后续内容中将专门介绍）。从中心化方面来看，部分公有链有去中心化特征，而联盟链、私有链和部分具有若干超级节点的公有链仍然具有中心化特征（张礼卿等，2019）。在这方面的典型例子就是国家货币当局研究的基于区块链的法定数字货币，这部分将会在第二部分的各国数字货币实践中讨论。

联盟链由多个机构或组织共同管理，各节点通常对应不同的实体机构或组织，通过准入机制加入、退出网络，如 Corda，Hyperledger 等（李芳等，2019）。从产生动机背景来看，由于公有链允许任何节点随意进出，因此不适合众多企业的共同应用。在跨机构的交易场景中，相互协作的多家企业组成联盟，只有联盟成员才可加入区块链及参与交易，此类节点需经许可才能加入的区块链被称为企业级区块链（enterprise blockchain）、联盟链（consortium blockchain）或许可链（permissioned blockchain）。在众多联盟链中，最有影响力的是 Linux 基金会的 Hyperledger Fabric、R3 联盟的 Corda 和 EEA。目前，Linux 基金会的联盟链包括 IBM、Intel、百度等 200 多家成员；R3 联盟包括花旗银行、汇丰银行、德意志银行等 200 多家以金融机构为主的成员；EEA 包括摩根大通、微软、Intel 等 400 多家成员（邵奇峰等，2019）。

在公有链、私有链和联盟链中，为激励更多节点参与记账与运营，公有链就需发行数字货币，因此，本书对数字货币研究中的区块链主要指公有链。

6.2　区块链的共识机制

在日常生活中，当众多主体参与决策时，一个重要的问题是如何让他们形成共同的认识和想法，即共识。形成共识、确认共识、维护共识的方法就是共识机制。

区块链是一个公共的开放系统，意味着有众多主体参与其中。为保证每一笔交易在所有记账节点的一致性和正确性，共识机制特别重要。区块链的共识机制的作用就是要保证在不依靠中心化组织的情况下，依然能够促使众多参与主体完成大规模高效的协作运转。

在区块链网络中，由于应用场景不同，因此所采用的共识算机制也有所差异。目前区块链的共识机制主要有四类：工作量证明机制（Proof of Work，POW）、权益证明机制（Proof of Stake，POS）、委托权益证明（Delegated Proof of Stake，DPOS）机制和验证池共识机制（POOL）。

一、工作量证明机制

顾名思义，工作量证明指对一定量工作的认证或证明。区块链共识算法使用最多的就是 POW 机制。例如，比特币和以太坊使用的就是 POW 共识机制。在比特币的生成过程中，众多参与者争夺记账权力，谁得到记账权力并正确完成记账工作，就能得到系统的比特币奖励，这个过程就是"挖矿"。

工作量证明（POW）机制有三个优点：一是完全去中心化，节点自由进出，避免了建立和维护中心化信用机构的成本；二是不超过全网总算力的 50% 的参与者无法对网络进行攻击，从而能够保证网络的正常运行；三是算力越大，则获得记账权力的概率越大，越有可能获得新的区块奖励。与此同时，工作量证明机制（POW）也有不足，如会造成计算能力和电力能源的浪费，也可能造成计算能力的高度集中而形成垄断，由此造成对网络的攻击。

二、权益证明机制

在区块链系统中，Token（代币）代表区块链系统的权益。权益证明（POS）机制通过持有 Token（代币）的数量和时长以决定获得记账权力的概率。其优点是降低了 POW 机制中的电力能源浪费，加快了运算速度；但由于拥有 Token（代币）更长时长的节点更容易获得记账权，从而形成马太效应，因此会出现权益越来越集中的问题，其公平性经常受到质疑。

三、委托权益证明机制

委托权益证明机制类似于董事会的投票制度，指拥有 Token 的人投票给固定的节点,由其选举若干代理人,由代理人负责验证和记账。例如,Steemit 论坛是一个基于区块链技术并以数字货币为媒介的社交网络平台,其拥有自己发行的代币 Steem Token。该社区的很多业务都由其用户包揽负责维护和运营,比如数据统计、版面修订、激励、版权维护等。每天,区块中新产出代币的 75% 将存入奖励池中,然后奖励给在 Steemit 社区做出上述贡献的人。社区采用委托权益证明机制(DPOS),最新产生的代币 Steem Token 的 10% 会奖励给负责维护区块的见证者(郭笑春 等,2020)。这些见证者是大众在社区中通过投票方式选出来的 21 位代表,主要负责每日区块的运行和产出(Steem,2017)。

由此可见,与 POW 和 POS 的全网都可以参与记账竞争的机制不同,DPOS 的记账节点在一定时间段内是确定的。为了激励更多人参与竞选,系统会生成少量代币作为奖励。其优点是能够大幅度提高区块链的数据处理能力,但同时也会降低去中心化的程度,其公平性比 POS 低。

四、验证池共识机制

验证池共识机制不需 Token(代币)也可以工作,它是指在成熟的分布式一致性算法(Pasox、Raft)的基础上再加上数据进行验证的机制。由于验证处于中心地位,其去中心化的程度较弱,但适合多方参与的商业应用场景。

由此可见,在区块链技术中的每种共识机制各有特点。其中,工作量证明机制(POW)实现了完全去中心化,但其运行效率较低;权益证明机制(POS)虽然提高了运算效率,但却降低了公平性与安全性;委托权益证明机制(DPOS)有强烈的中心化特性,从而降低了公平性;验证池(Pool)共识机制去中心化程度较低,但适合多方参与的商业应用场景。由于这四种共识机制都不能同时满足网络系统运行的安全性、高效率和公平性,因此,在实际应用中应有所选择。

6.3　区块链的智能合约与自治机制

在区块链的运行过程中,智能合约起着重要作用。智能合约的概念最早是在 1994 年由计算机专家、密码学专家尼克·萨博(Nick Szabo)提出。按照萨博的理解,作为一种通过数字方式控制的合约,自动售货机就是最常见和最简单的智能合约。区块链语境下的智能合约是由布特林在建立"以太坊"时提出,目标是实现萨博提出的智能合约并支持分布式的应用。

所谓智能合约,就是一套以数字形式定义的承诺,承诺控制着数字资产并包含了合约当事人的权利与义务,由计算机程序自动执行的协议机制(长铗 等,2016),而区块链是一套智能合约体系(易宪容,2019)。因此,不同当事人之间的所有交易活动及价值转换都依据智能合约并由计算机自动完成，这不仅能够节约传统交易活动的交易费用，也能够降低交易活动中的信用风险。从更广泛的视角来看，智能合约的实质就是用计算机程序编写所形成的信用来代替传统的社会信用及市场信用，而且这种信用的实现能够自动完成，不需要监督，从而形成一种自治系统。

基于区块链技术智能合约的自治组织在实践中不断出现。例如，DAO (Distributed Autonomous Corporation)是发起人为实现去中心化自治组织而进行的积极尝试，其"去中心化"是指由持有 DAO 代币的投资者投票决定 DAO 组织的运营，包括募集资金投向及未来利润分配；"自治"则指通过代码实现的自动化管理，如募集资金投向的项目由"合同订立人"在以太坊区块链上通过智能合约的方式提出计划书，并由代币持有人基于 DAO 组织预先设定的代码进行投票表决(李敏，2020)。由此可见，DAO 是通过一系列的公开规则，在无人干预和管理的情况下自主运行的组织形式，即依靠其自治机制运行。

由此可见，区块链的智能合约是其运行的基础，而其表现则是使区块链成为一个自治组织。这种自治组织对于研究政府组织、社会团体组织或企业组织都有重要的研究价值和现实意义。

6.4 去中心化金融及其清算机制

去中心化的金融(Decentralised Finance，DeFi)是基于智能合约的去中心化网络，其广泛应用于金融领域，特别是资金借贷。与银行类似，在去中心化的金融(DeFi)系统中，用户存入资金并从其他资金需求者那里获得利息，其中，智能合约将贷方与借款人联系起来，执行贷款条款并分配利息，其最大特点是相互陌生的经济主体在不需要相互信任或存在中介的情况下完成资金的借贷，从而实现借贷双方的交易。

与中心化的传统金融相比，去中心化的金融(DeFi)有以下优势：

(1) 相比传统金融借贷，去中心化的金融(DeFi)能为更多的用户提供公平的金融服务。在传统金融体系中，只有符合一定条件的用户才能获得金融机构的资金支持等服务。而去中心化的金融(DeFi)不需要对用户进行任何审查，通过智能合约为借贷双方提供服务，所有用户的地位平等。

(2) 相比传统的跨境支付，去中心化的金融(DeFi)能为用户节约大量的国际汇款费用，提高汇款效率。

(3) 传统金融存在用户隐私泄露和安全性等问题，而去中心化的金融(DeFi)系统的用户可自我管理财产、信息，无须第三方验证就可安全交易，也不存在用户信息泄露的现象。

（4）相比传统金融的复杂流程，去中心化的金融（DeFi）可以为用户提供更为简单便捷的服务。

去中心化的金融（DeFi）的借贷一般涉及四个角色：借款人、存款人、清算者和平台。其中，平台是一个开放式系统，可以保证每个有意愿的人都可以参与借贷活动。与银行借贷不同，为了借到一种数字货币，去中心化的金融（DeFi）中借款人抵押的是另一种数字货币，从而使不同的数字货币构成不同的资金池，例如抵押以态坊（ETH）借出泰达币（USDT），那么 ETH 资金池的数字货币增加，而 USDT 资金池中的数字货币减少。对于不同的数字货币，其抵押率也不尽相同。例如，ETH 的最大抵押率为 75%，即如果有人抵押价值 100 美元的 ETH，最多只能借出价值 75 美元的其他数字货币。由于抵押物存在价值波动的现象，当价值不足时就会触发清算，此时就需要清算者。

清算者的任务是保证去中心化的金融借贷系统稳定运行，类似于传统银行中的不良资产处置公司。当某人的抵押物价值下降到一定程度时，资产便会卖给清算者，由其接管借款者的债务。为了激励清算者参与清算，平台会在出售资产时给予清算者一定的折扣，这就形成了清算者的利润。

去中心化的金融（DeFi）的清算机制有以下四种：

（1）MakerDAO 清算机制。

MakerDAO 清算机制的实施依赖于预定的系统，该系统中最重要的参数是最低抵押率，即抵押资产与债务之比，它决定了系统是否触发清算。例如，对于 ETH 而言，最低抵押率为 150%，即抵押资产价值必须是债务的 150%以上才不会触发清算。如果触发清算，则抵押物会进行资产拍卖。任何人都可以参与清算资产拍卖，资产拍卖之后，归还系统债务，从而减少风险。为了减少清算，Maker 系统设置了罚金，即一旦借款人资产被清算，将被收取 13%的罚金，从而逼迫借款人时刻关注自己的抵押。

（2）Compound 清算机制。

Compound 清算机制与 MakerDao 明显不同，它有以下的特点。

① 抵押率（即借款金额与抵押金额之比）不能超过清算线，清算线由系统设定，例如，ETH 的清算线为 75%，抵押率超过这个数就会被清算。

② Compound 清算机制引入了借款率的概念，它是指借款金额与借款限额之比，目前 ETH 的抵押率为 75%，即抵押价值 100 美元的 ETH，最多只能借出 75 美元；如果有人借了 50 美元，那么借款率就是 50/75＝66.66%；如果有人借了 75 美元，那么借款率就是 100%。由于系统在最大借款率和清算线之间没有任何限制，因此，随着借款金额的增大，被清算的风险也不断增加。

③ Compound 中没有拍卖过程，而是引入了清算者角色，任意一个清算者均可以快速接管债务人的债务。

④ 清算罚金固定为 8%，远远低于 MakerDao，这个罚金便是清算者的利润。

（3）Aave 清算机制。

Aave 清算机制与 Compound 清算机制既有相似之处，也有所不同。它们的相似点体现为，没有拍卖过程，任何人可以以一定的折扣参与清算，单次清算的上限是抵押资产的 50%。它们的区别主要体现为以下两点：首先，根据资产利用率的不同，Aave 清算机制清算罚金的比例在区间 5%～15% 内浮动。例如，ETH 的罚金比例为 5%，在目前协议中是最低的。其次，Aave 在抵押率和清算线之间设置了缓冲阈值。以 ETH 为例，Aave 的清算线为 80%，但用户最大只能借出 75% 的资产，剩余的 5% 是安全缓冲，从而降低了被清算的风险。

6.5　ICO

受到以比特币为代表的数字货币的启发，特别是受到比特币价格上涨的冲击，市场上出现了大量模仿者。为了创立新的数字货币，就需要募集资金，从而出现了一种新型的募集资金方式：人们可以用比较成熟的、公认的数字币当作资金，认购新的数字货币的股权或者数字货币，这就是 ICO。

ICO(Initial Coin Offering)指当基于区块链技术的研究项目需要筹资时，项目团队就会发行其通证(Token)，并将其销售给投资者或投机者，这与传统资本市场中的首次公开募股(Initial Public Offering, IPO)类似。众所周知，在现行金融体系下，为发起设立上市公司，就需通过发行股票(stock)进行筹资活动，筹资完成后经过一定的审批程度，其股票(stock)就能够在股票市场上进行交易，这称为首次公开募股。

由此可见，IPO 和 ICO 的共同之处是：它们都是通过出售自己的权益(ICO 中的通证，或 IPO 中的股票)来筹集资金，且其发售对象都是投资者或投机者。但 IPO 和 ICO 也有区别，主要表现为以下两点：

（1）所得不同。在 ICO 过程中，项目团队销售通证后，所获得的是另一个有市场价值、相对容易兑换为法定货币的通证(如比特币)；而在 IPO 过程中，销售股票后获得的是法定货币。

（2）要求资质不同。与 IPO 不同，ICO 的融资方无须任何资质或牌照，也不受任何政府部门的监管，且参与者也没有任何限制，因此，其投资者或投机者的权益不受现行法律的保护，具有高风险特征。

ICO 的运作机制可表述如下：依靠 ICO 筹集的资金完成所依托的项目后，就需要找到或者建立一个能让以这个项目为基础的"新币"流通的平台，以吸引更多的人到平台投资。如果有新的投资者加入，发起人和 ICO 阶段的认购者就能实现财富的大幅升值；相反，如果没有人到平台投资，则 ICO 失败，发起人和 ICO 阶段的认购者的资金就会遭受损失。

从其发展历史来看，ICO 最早可追溯至 2013 年。早期的 ICO 项目被视作众筹的一种形式，后期才逐步形成 ICO 的概念。2013 年 6 月，万事达币 (MSC) 在 Bitcointalk 论坛上发起了众筹，共众筹 5000 个比特币 (BTC)，被认为是有记载的最早的 ICO 项目。其后，相继出现了类似的 ICO。2013 年 12 月，未来币 (NXT) 成功发起 ICO 募集，共募集 21 个比特币 (BTC)。2013 年末，以太坊创始人 Vitalik Buterin 发布了以太坊初版白皮书；2014 年 7 月，其团队创建了以太坊基金会，在同年的 7 月 24 日开始了创世纪预售，为期 42 天，累计募集 31 531 个比特币 (BTC)，共发行 7200 万以太币。2014 年 7 月，以太坊成功进行了 ICO，共筹集了价格约 1800 万美元的比特币，其融资活动具有高效快速的特点，项目方在以太坊上发布一套 ICO 智能合约，投资者或投机者只需几分钟或更短时间就可在以太坊上完成 ICO 投资。

随着区块链概念的普及，基于区块链的创业项目开始在国内受到关注，国内开始出现专门为 ICO 提供服务的平台，进一步促进了国内 ICO 的发展。根据《2017 上半年国内 ICO 发展情况报告》，截至 2017 年 7 月 18 日，上线并完成 ICO 的项目共 65 个。其中，2017 年以前共上线完成 5 个项目，2017 年 1—4 月份共上线 8 个项目，5 月份上线 9 个项目，6 月份上线 27 个项目，截至 7 月 18 日，7 月份已上线并完成 16 个项目。

高收益率是 ICO 快速发展的重要原因。例如，在网络借贷平台 (P2P) 的发展初期，一些平台的年化收益率高达 20％；类似地，国内很多 ICO 项目也通过高收益率吸引新的投资者，有的项目甚至打出了 200％、2000％的收益率。据统计，2017 年上半年国内 ICO 累计融资规模已达 26.16 亿元人民币。

ICO 的快速发展引起了监管层的重视。2017 年 8 月 28 日，美国证监会发布关于谨防 ICO 骗局的警告：这些声称拥有 ICO 技术的公司，可能存在"拉高出货"和"市场操纵"两种欺诈可能。相应地，2017 年 9 月 4 日，我国监管机构联合发布了《关于防范代币发行融资风险的公告》，对 ICO 融资进行了彻底禁止和清退。2017 年 8 月 30 日，ICO 项目平台 ICOINFO 宣布暂停一切 ICO 业务。据"每日经济新闻"报道，在 ICO 领域带有风向标性质的 ICOCOIN，9 月 2 日暴跌近 36％，其总流通市值在 24 小时内蒸发了约 2440 万美元（约合人民币 1.6 亿元）。

由此可见，在大力提倡创新创业的环境下，由数字货币引起的金融风险和经济风险是投资者、研究者和监管部门都必须重视的问题。

6.6 区块链的实际应用

6.6.1 区块链应用的政策基础

由于区块链具有去中心化、不可篡改、过程透明、可追溯等特征，可以广泛应用于知识产权保护、产品验证、监管等领域，从而得到了许多国家的政策支持。

在我国，政府部门从 2013 年就开始陆续出台数字货币监管政策，促进了社会对区块链的技术逻辑和底层价值的认识。2014 年，央行成立了法定数字货币的专门研究小组，以论证央行发行法定数字货币的可行性；2015 年，央行开始对数字货币领域的一些重点问题（如数字货币发行和业务运行框架、数字货币的关键技术、数字货币发行流通环境、数字货币面临的法律问题等）进行调研；2016 年，工业和信息化部发布《中国区块链技术和应用发展白皮书(2016)》正式介绍了中国区块链技术发展路线蓝图以及未来区块链技术标准化的方向和进程；同年，国务院印发《"十三五"国家信息化规划》，首次将区块链技术列入国家级信息化规划内容；2017 年，国务院办公厅发布的《关于创新管理优化服务培育壮大经济发展新动能加快新旧动能接续转换的意见》提出在人工智能、区块链、能源互联网、大数据应用等交叉融合领域构建若干产业创新中心和创新网络；2019 年，国家互联网信息办公室发布《区块链信息服务管理规定》，为区块链信息服务提供了有效的法律依据；同年，中共中央政治局第十八次集体学习指出，要把区块链作为核心技术自主创新的重要突破口，将区块链技术上升为国家战略。由此可见，我国对于区块链采取支持政策的方向未发生变化，从而促进了区块链产业的发展。

在美国，美国证券交易委员会(SEC)、美国商品期货委员会(CFTC)、美国金融情报机构(FinCEN)以及美国国家税务总局(IRS)等机构对区块链保持着严谨的监管态度。2013 年，美国参议院、国土安全及政府事务委员会召开有关比特币的听证会，首次公开承认了比特币的合法性；2014 年，《纽约金融服务法律法规》开始实施对比特币的监管；2015 年，纽约金融服务部门(NYDFS)发布密码货币公司监管框架 BitLicence；同年，美国商品期货委员会(CFTC)把比特币和其他密码货币定义为合理的大宗商品，从此比特币和其他密码货币受到 CFTC 的监管；2016 年，美国货币监理署(OCC)发布其"责任创新框架"，旨在监管那些正在研究区块链和其他金融技术的创业公司；2017 年，美国国会宣布成立国会区块链决策委员会；2018 年，SEC 发布《关于数字资产证券发行与交易的声明》，并强调 SEC 支持有利于投资者和资本市场发展的技术创新，但必须遵守联邦法律框架，在监管合规的前提下有序进行，同时鼓励区块链新兴技术的创业者聘用法律顾问，必要时可在 SEC 上协查。

在国家政策的支持下，区块链在金融行业的运用受到了重视。2018 年 2 月 14 日，加拿大证券交易所(Canadian Securities Exchange)宣布计划针对数字代币销售，推出基于区块链技术的清算和结算平台。南非储备银行在当地时间 2018 年 2 月 13 日发布的官方声明显示，其已经构建了一个金融科技项目——Khokha，将会使用区块链进行技术探索，希望能够在区块链上进行银行间的清算和结算，继而让南非储备银行和业界其他银行共同评估分布式账本技术的潜在优势和风险。

由此可见，作为一种新兴技术，区块链越来越受到众多国家的政策支持。可以预见，未来区块链技术及其应用可能成为各国经济竞争的焦点。

6.6.2　区块链在数字资产管理中的应用

在互联网时代，数字资产日益受到人们的重视，数字经济是继互联网经济、共享经济后的新的经济形式。数字经济是由著名学者唐·泰普斯科特(Don Tapscott)于 1996 年所著的《数字经济：网络智能时代的前景与风险》中首次提出的概念。1997 年，日本通产省、美国商务部开始使用"数字经济"一词。2016 年，G20 杭州峰会制定的《二十国集团数字经济发展与合作倡议》就指出，数字经济是指以使用数字化的知识和信息作为关键生产要素、以现代信息网络作为重要载体、以信息通信技术的有效使用作为效率提升和经济结构优化重要推动力的一系列经济活动。2017 年，"数字经济"进一步写入了政府工作报告和党的十九大报告。由此可见，数字经济将是未来经济的发展方向。

在数字经济时代，人类面临着现有技术不容易确定侵权、集中管理数字资产会面临占有大量资源等问题，而区块链技术能够解决数字资产管理中的问题(任锦鸾 等，2019)。表 6-2 显示了区块链在处理数字管理中的应用。

表 6-2　区块链在数字管理中的应用

数字资产管理的瓶颈	区块链的特征
数字资产被侵权，现有监管技术不能解决	不可篡改，去中心化管理
集中管理占用大量资源，无法实现共享	分布式存储，全网可查
各内容提供方无法获得应得收益	通过智能合约自动实现
数字资源价值开发激励机制不足	个人奖励激励
个人数字资产拥有者与机构之间存在维权不对等	信息不可篡改，实现版权验证
数字资产交易谈判成本高	区块链信息公开和可追溯
信息不透明	大大降低了交易成本

由此可知，借助于区块链技术的不可篡改、去中心化等特征，人类就能解决数字资产的侵权问题，而区块链的分布式存储可解决集中管理占用大量资源而无法共享等问题。在具体操作上，任锦鸾和蔡霖（2019）提出了数字资产区块链的基本运行机制：通过区块链原生代币激励的方式使用户获得相应的回报；通过对有贡献行为人的奖励促使平台快速发展；通过系统中数字资产的交易行为促进资产的利用和价值开发，激活系统的整体活力。这些对于解决数字资产的管理问题有现实意义。

6.6.3 区块链在中国的具体应用

区块链是近年来的热点，我国也开展了众多实践。从早期来看，2016 年 5 月 31 日，聚焦于区块链在金融方面应用的金融区块链合作联盟（深圳）正式成立，参与方包括微众银行、平安银行、招商网络、恒生电子、腾讯、华为等 31 家企业。从近期来看，区块链的应用更是呈现积极的发展态势。

2020 年 07 月 13 日《中国经济网》的信息表明，2020 年上半年，已有北京、湖南、贵州、海南、江苏、河北等多个省级行政区出台区块链专项发展政策，并制定了短期发展目标。例如，河北省于 2020 年 7 月初发布的《河北省区块链专项行动计划（2020—2022 年）》表示，至 2022 年，河北省区块链相关领域领军企业和龙头企业达 20 家，培育一批区块链应用产品，力争打造出 1 个至 3 个全国知名区块链品牌。又如北京的区块链专项行动计划中明确指出，到 2022 年，要把北京初步建设成为具有影响力的区块链科技创新高地、应用示范高地、产业发展高地、创新人才高地，率先形成区块链赋能经济社会发展的"北京方案"，建立区块链科技创新与产业发展融合互动的新体系。

不仅如此，各地发展区块链的规划方案对产业和相关园区也提出了具体要求。例如，贵州省表示计划打造 2 个至 3 个区块链产业基地，引进培育 100 户以上成长型区块链企业；河北省计划形成 3 个具有区域影响力的区块链产业集聚园区，明确区块链相关领域领军企业和龙头企业要达到 20 家；湖南省表示将推动 3 万家企业"上链"，计划建成 5 个左右区块链产业园。在应用场景方面，江苏省计划建立银行、保险、租赁等行业票据区块链平台，以连接金融单位、客户、投资方和监管方，实现传统票据市场向数字票据市场的跨越式发展；北京市计划促进金融服务"多方互信，降本增效"，推动在供应链金融、资产证券化、跨境支付等领域落地一批应用场景。

基于良好的市场环境和政策支持，我国在区块链方面取得了一定成果。权威知识产权机构 IPRdaily 发布的全球区块链专利报告显示，2019 年上半年，全球区块链企业发明专利排名榜前 100 位中，中国占比 67%，美国占比 16%，其中阿里巴巴以 322 件专利位列第一；2019 年全年，支付宝全球公开专利申请量第三年占据榜首，腾讯和中国平安分列第二、三名（如表 6-3 所示）。

表 6-3　区块链专利拥有量排名

排名	企业简称	国别/地区	2019 年公开的全球区块链发明专利申请数量/件	全球区块链发明专利申请数量/件
1	阿里巴巴（支付宝）	中国	1505	2344
2	腾讯	中国	724	1296
3	中国平安	中国	561	765
4	nChain	安提瓜和巴布达	402	875
5	微众银行	中国	282	396
6	瑞策科技	中国	279	311
7	IBM	美国	240	558
8	Bizmodeline	韩国	236	241
9	元征科技	中国	209	326
10	复杂美	中国	205	343
11	网心科技	中国	170	251
12	百度	中国	154	236
13	Walmart	美国	143	229
14	中国联通	中国	137	281
15	MarsterCard	美国	133	345

表 6-3 显示，中国在区块链技术的研究方面处于前列。不仅如此，最新数据显示，中国从事区块链研究的公司也在不断增多。2021 年 9 月，知识产权研究机构 PRdaily 与 incoPat 创新指数研究中心联合发布《2021 年中国高相关度区块链授权发明专利排行（TOP100）》，其中前三名分别为蚂蚁集团、腾讯科技和复杂美（如表 6-4 所示）。

表 6-4　中国区块链有效发明专利拥有量排名(截至 2021 年 8 月 31 日)

排名	企业简称	中国区块链有效发明专利授权数量/件
1	蚂蚁集团	631
2	腾讯科技	307
3	复杂美	86
4	中国联通	80
5	百度控股	76
6	京东数科	57
7	趣链科技	47
8	瑞策科技	44
9	全链通	42
10	中国平安	39

　　可以预见,以区块链技术为基础的产业竞争不仅会在国家之间展开,而且会在国家内部的不同区域展开。区块链技术及其应用将是各国未来的发展方向。

6.7　区块链经济

　　区块链作为一种新技术,是密码学的产物,也是数字货币设计中解决问题的一种方案。但如果不从技术的角度看,而从新技术经济学或货币经济学的角度来看,区块链就会成为经济学研究的中心对象,从而形成区块链经济。目前,关于区块链经济的研究不多,主要有《区块链:重新思考宏观经济政策与经济理论》(Bheemaiah,2017)、《区块链经济学》(Davidson et al.,2016)、《区块链经济的简单问题》(Gans,2018)等著作。

　　区块链经济(Blockchain Economy)最早由 Davidson 等(2016)在《区块链经济》一文中提出,他们分别从交易成本理论和公共选择理论的角度对区块链的经济学基础进行了深入分析。基于交易成本经济学的逻辑基础,Davidson 等(2016)认为,可以将区块链视为与企业、市场互为替代的治理机制,而将区块链视为一种自发的经济秩序的观点为从公共选择理论视角认识区块链奠定了基础。因此,在区块链经济中需要考虑的问题是:为什么有些交易发生在区块链中而不是在企业或市场中? 人们对在现有企业和行业中运用区块链技术表现出很大兴趣,但问题的重点并不是企业和市场如何接受和使用区块链,而是区块链如何在经济体系中与企业和市场竞争，成为互为替代的治理机制？
(张亮 等，2019)。

与区块链经济相关联的概念是通证经济(Token Economics)。通证经济先
于区块链的发展而出现，它与区块链完全独立，但能够为区块链运行提供重要
依据(张亮 等，2019)。然而，与以区块链为研究对象的区块链经济不同，通证
经济以通证为研究对象。通证(Token)是在消费信贷安排的范围内能够证明消
费者有权从另一方得到某种权益的凭证。从实际功能出发，通证包括支付通
证、应用程序通证和资产通证三类(Savlyev，2018)。因此，通证是可以代表各
种权益的证明，如货币、票据、卡券、股票、债券等都可以用通证来表示，游戏
币、用户积分等数字权益证明也都是通证的原型。从通证经济的运行过程看，
研究认为，在一个通证经济体系中，每一个参与者通过付出自己相应的贡献来
获得通证奖励，并继续以通证的形式为消费的物品或服务支付费用(Hine et
al. ,2018)，这实际上运用了区块链技术中智能合约的共识机制，是对区块链技
术应用的进一步发展。

由此可见，通证与比特币等数字货币具有相同的作用，从而可以将对传统
"通货"的理解向前推进一步(张亮 等，2019)。可以认为，通证经济是区块链
经济的发展和扩展，它比区块链经济有更大的研究范围。通证概念的提出，扩
展了我们对传统股票、债券、票据的认识，传统金融对股票、债券、票据等工
具的研究也将扩展到对数字货币、卡券、游戏币、用户积分等通证的研究，这
可能是未来经济学研究的重要领域。

6.8　区块链应用面临的问题

区块链具有去中心化、匿名、可追溯等优点，但也面临着一些实际问题。
区块链的应用主要面临着三大瓶颈：扩展能力(scalability，即每秒可以处理
的交易数量)、个人隐私及保密程度(privacy & confidentiality)和实用性
(useability)(易宪容 等，2020)。

在技术条件方面，数字货币所依赖的区块链技术并未成熟，存在着"不可
能三角"问题，即去中心化、正确性和成本效率三者无法兼顾。以比特币为例，
目前系统每10分钟产生一个区块，每秒可以处理的交易仅为7笔。与支付宝、
VISA 以及银行同业结算交易速度相比，比特币无法满足大多数应用场景(徐
梦周 等，2020)。

基于区块链的数字货币存在分叉问题。数字货币所采用的去中心化分布
式记账克服了传统集中记账的三大局限，即记录者的自由进入、信息的可移植
以及可回溯性(Abadi & Brunnermeier,2018)，但也存在分叉问题。例如，2017

年中期，由于对增强可扩展性缺乏共识，因而比特币分裂为"比特币"和"比特币现金"两种货币。

关于基于区块链技术的数字货币应用，存在着大量信息，无论是操作过程还是利用其奖励机制，都可能造成信息的不完全、不对称性或泄露等问题，从而产生较大风险。

比特币系统拥有内在的对矿工的奖励机制，其涉及众多信息，也面临信息泄露或受到网络攻击的风险。在比特币被完全挖出之前，这个系统会对成功解决其数学难题的矿工奖励比特币。对于矿工来说，在探矿的过程中，为了提高挖矿成功的概率，不同的矿工会组成矿池（Minging Pools），这相当于集资买彩票，同样面临着巨大的信息风险。例如，2015 年 3 月，两大矿池 AntPool 和 F2Pool 占据了所有挖矿活动的 1/3，从而存在"51%"攻击的风险。当比特币挖出后进行交易时，买卖双方会支付一定的费用给那些能够证明这些交易正当性的矿工，此时也同样存在着因信息泄露等产生的风险。

由此可见，区块链虽然拥有较多优势，但在实际应用中仍然面临信息泄露、网络攻击等信息风险，这方面的技术创新将是长期的课题。

本 章 小 结

数字货币以区块链为基础，因而有必要掌握这些知识，本章对其进行了简要介绍。从内容上看，本章分别从区块链的内涵、类型、特征等不同视角加以分析，对智能合约与自治机制进行了讨论，描述了区块链的政策环境、具体应用等，并对由区块链引申的区块链经济、通证经济以及区块链面临的现实问题进行了分析。

本 章 思 考 题

1. 谈谈你对区块链的理解。
2. 什么是智能合约？它与实体经济中的合同有什么异同？
3. 试分析 ICO 与 IPO 的异同。
4. 与现行企业组织形式不同，基于智能合约的自组织有什么优点？
5. 如何理解区块链经济和通证经济？

第二部分　数字货币的发展实践

自从比特币出现以后,新的数字货币不断出现,并且在交易市场中表现活跃。Wind 数据库的资料显示,截至 2019 年 12 月 4 日,全球私人数字货币市值排名前五的是 Bitcoin(比特币)、Ethereum(以太坊)、XRP(瑞波币)、Tether(泰达币)和 Bitcoin Cash(即比特币现金,与比特币不同配置的新版比特币),且私人数字货币仍以比特币为主;同时,比特币交易量排名前五的法定货币是美元、日元、欧元、韩元和新土耳其里拉。根据 2020 年 8 月 17 日火币全球站的信息,全球已经有 1234 种数字货币,其中,进行交易的有 392 种,流通市值超过 100 亿人民币的有 17 种(见表Ⅱ-0)。

表Ⅱ-0　流通市值超过 100 亿人民币的数字货币(2020.8.17)

序号	符号	币　种	报价/元	报价/美元	流通市值/亿元	发行量
1		比特币(BTC)	81292.77	11841.42	15009.05	2100 万
2		以太坊(ETH)	2928.06	425.59	3284.7	2000 亿
3		瑞波币(XRP)	2.06	0.29897	922.79	1000 亿
4		泰达币(USDT)	6.91	0.987	803.66	34.7 亿
5		ChainLink(LINK)	129.97	18.72	455.08	10 亿
6		比特现金(BCH)	2088.29	303.53	386.05	2100 万
7		莱特币(LTC)	430.83	62.62	283.27	8400 万
8		比特币 SV(BSV)	1507.06	219.0491	278.86	2100 万
9		柚子(EOS)	26.38	3.835	248.48	10 亿

续表

序号	符号	币　种	报价/元	报价/美元	流通市值/亿元	发行量
10		艾达币(ADA)	0.9511	0.138241	246.7	450 亿
11		币安币(BNB)	160.69	23.1456	232.15	2 亿
12		Tezos(XTZ)	29.12	4.1594	215.49	7.6 亿
13		恒星币(XMR)	0.7723	0.0000095	159	1004 亿
14		波场(TRX)	0.1894	0.02728	135.78	1000 亿
15		OK 币(OKB)	41.2	5.918	115.07	10 亿
16		门罗币(XMR)	623.51	89.81	110.21	1701.1 万
17		Cosmos(ATOM)	42.47	6.118	101.01	2.4 亿

注：泰达币网上的美元报价为 6.98 美元，估计有误；按照 1 美元兑换 7 元人民币计算，依据其人民币报价重新修订的美元报价为 0.987 美元。其中，泰达币、Tezos(XTZ)和门罗币的发行量只取了一位小数。

　　由此可见，数字货币的发展迅速，然而，人们对于数字货币的研究相对不足。在本书的第一部分中我们已经看到，在网络虚拟空间中，比特币不仅出现最早，而且是其他数字货币的定价基础。从实践上来看，类似于现行经济体系中的股票和债券，在网络虚拟空间中，比特币等数字货币也有其交易市场、交易机制和交易价格，并成为网络环境下人们的投资或投机对象。需要注意的是，虽然产生于虚拟空间的数字货币本身没有价值，其交易呈现出很强的投机性，但作为一种新的经济现象，有必要对实践中网络虚拟空间上数字货币的交易现状进行分析。基于以上原因，本书的第二部分将重点分析数字货币的实践，主要分析流通市值超过 100 亿人民币的非法定数字货币。与此同时，许多国家开展了法定数字货币的实践，因此，本部分也要对其进行分析。

　　第二部分的内容包括第 7～11 章的内容，具体如下：

第 7 章　比特币

第 8 章　可扩展应用的林登币和以太币

第 9 章　瑞波币

第 10 章　其他非法定数字货币

第 11 章　法定数字货币的理论与实践

第7章 比 特 币

在数字货币的发展史上,比特币的出现具有里程碑意义。它不仅催生了众多的"山寨币",更为重要的是引起了人们对其底层技术区块链的兴趣。本章将对比特币进行较为全面的分析。

7.1 比特币的产生及影响

关于比特币(Bitcoin)的起源,普遍观点认为,在 2008 年 11 月 1 日密码学讨论组上出现了中本聪的《比特币:一种点对点的电子现金系统》研究报告(沙钱 等,2014),这标志着比特币的产生。比特币符号如图 7-1 所示。

图 7-1　比特币符号

从比特币交易价格的历史演变过程来看,自从 2009 年 10 月第一个比特币汇率(1 美元兑换 1309.03 枚比特币)发布以来,其价格快速上涨,不仅催生了比特股(BTS)、比特币钻石(BCD)、比特币黄金(BTG)等数字货币,而且形成了以比特币为核心的相关产业,如比特币网站、服务型公司以及比特币社区等。例如,2007 年,程序员杰德·麦凯莱布(Jed McCaleb)开设了名为"聚会"(The Gathering)的游戏卡网上交易平台,平台名字为"门头沟"(Mt. Gox),这是当时唯一的比特币交易场所,截至 2011 年 7 月,其会员达到了 31 247 名。类似的平台较多,如 2013 年 10 月结束运营的将比特币作为交易媒介的网站"丝绸之路",其运用了著名网络、复杂的加密系统和 Web 浏览器,使买卖双方能隐藏身份,对于促进比特币的应用起到了重要作用。以比特币为基础,也出现了许多服务型公司。例如,2011 年 8 月,出现了比特币转账服务的"比特币速递"(BitInstant)公司,而为商人提供比特币服务的公司也相继出现,如"比特付"(Bitpay)公司以及"比特币基地"(Coinbase)公司。与此同时，2009 年 11 月，比特币论坛(Bitcoin Forum)正式成立，标志着比特币虚拟社区的形成。在比特币社区，社区的领袖被称为"布道者"，如社区最突出的代表之一是罗杰·威尔，他的绰号为"比特币耶稣"。比特币的追随者被称为"信徒"，这些"信徒"像中本聪自身一样神秘地出现而又神秘地失踪。由于一个比特币的最小单位被称为"聪"，众多"信徒"在虚拟的"聪的广场"聚会，而著名的比特币赌博网站的名字则称为"聪的色子"。除此之外，2011 年，《比特币杂志》(*Bitcoin Magazine*)创立，并于 2012 年 5 月首次出版了印刷版；2012 年 9 月，比特币基金会在西雅图成立。由此可见，比特币的出现在社会上产生了巨大影响。

　　比特币的快速发展与其所处的经济环境有关。从经济环境来看，大多数人认为，2000 年的经济危机以及欧洲债务危机导致了对政府和现有货币体系的信任危机。哈佛大学的克里斯·罗伯特就公开表示："比特币的火热与近期媒体反复推断全球经济不景气有关。"但这只是一方面的原因，更重要的可能是伴随着互联网经济的兴起，网上支付的便捷性、快速性满足了人们的实际需求，反对政府过度干预的自由主义思潮希望经济活动去权威化、去中心化，而具有创新性、匿名性、去中心化等特征的比特币能够满足大家的这种希望，从而激发了人们的热情，吸引了越来越多经济主体的关注。

7.2　理解比特币

　　比特币产生后的巨大影响引起了人们的关注和反思，研究比特币、理解比特币成为很多人的共识。在这方面，保罗和迈克尔在其著作《加密货币》(2015，P9)中提供了较为全面的观点。比特币技术的核心是系统协议，用于描述一个能让计算机相互通信的基础编程指令集；比特币协议运行于世界各地人们所拥有的计算机网络中，负责管理处于核心地位的区块链总账和货币系统，它向这些计算机提供跟踪和确认比特币经济中人们交易所需的操作指令和信息，并且它设计了网络中计算机要对每一笔交易的有效性达成共识所需的步骤，一旦达成共识，收款人就可以验证付款人是否确实有足够的资金，即付款人是否发送伪造的数字货币。比特币的操作系统不是为单台计算机而设的，而是向计算机网络提供如何交互的规则，其核心特点是拥有分权模式和一个包含发生的每笔交易的自动生成的数据库，能够达到数据实时更新且无法篡改的效果。

　　比特币是世界上第一个分布式的匿名数字货币，它的发行和支付没有中央控制中心，货币转账由网络节点进行集体管理，交易各方可以隐藏自己的真实身份。比特币是由普通人而不是由中央银行或政府创造的货币(Weber，2014)。从其产生过程来看，比特币是由网络节点的计算自动生成的，任何人都可以参与制造（即挖矿），成功者就会被奖励比特币，而挖矿的实质是用计算机解决一项复杂的数学问题，以保证比特币网络分布式记账系统的一致性。比特币的生产形成供给，供给的上限时间和上限数量被设定为固定值，智能合约能够保证其供给以预定的速度增长。2009 年比特币诞生的时候，每 10 分钟每个区块向网络中释放 50 个比特币（BTC），这个数值每四年逐步减半；2012 年 11 月 28 日，比特币发行量占发行总量（2100 万）的一半，区块供应量首次减半调整，从之前每 10 分钟 50 个递减至 25 个；到 2016 年 7 月 9 日，进一步减少到 12.5BTC；2020 年 5 月 12 日，首个减半的区块由蚂蚁矿池 AntPool 播报，共奖励 6.25BTC，交易手续费约 0.91BTC；到 2140 年，流通的比特币上限将达到 2100 万。

比特币也存在一些困境。第一，从技术角度来看，比特币存在"51％攻击"的可能。按照中本聪的设想，只要没有一个比特币挖掘者或者采矿集团拥有高于 50％的计算能力，则比特币挖掘网络就能够保证公平诚实地交易，这意味着如果存在计算能力超过 50％的挖掘者或其集团，则会形成比特币的垄断，并破坏比特币系统。第二，从环境保护角度来看，由于比特币开采需要大量电力，因而间接地增加了碳排放量。澳大利亚环境科学家盖伊•雷恩（Guy Lane）提出了用比特碳（BitCarbon）测算比特币的碳排放量：假设一个比特币矿工将平均 90％的比特币价值花费在电力上，依此计算，以 1000 美元每枚比特币的价格计算会导致每年产生 820 万吨的碳排放量，与塞浦路斯的碳排放量相当，而以每枚 10 万美元的价格计算，则每年可产生 825 亿吨碳排放量，排放量与德国的碳排放量相当（Vigna et al.，2015）。由此测算的数据确实令人担忧，不过这种测算方法是根据初期挖矿设备的电力消耗量计算的，而新设备的效率为原来的 650 倍以上。尽管如此，通过挖矿获取比特币确实需要消费大量电力，并增加碳排放量，这会对环境造成不利影响。第三，比特币具有匿名性，从而会对现行货币体系和经济政策产生冲击，并滋生洗钱、欺诈、非法交易等现象，危害经济系统的正常运行。正是因为这些因素的存在，众多监管机构对比特币保持慎重的态度。

7.3 不同国家对比特币的态度

作为数字虚拟货币的典型代表，比特币在交易市场中的表现良好，但各国政府有不同的观点。2014 年，美国国会图书馆发布了题为"比特币在选定地区的监管"的报告，罗列了 40 多个国家和政府机构对比特币的态度和监管。

一、美国

虽然来自技术层面的人持积极态度，但一些经济家则表示强烈反对，美国对比特币的态度因部门不同而有所差异。2013 年 8 月 7 日，美国联邦法官裁定比特币为货币，因此所有与之相关的投资基金及交易都属于美国证券法的管辖，并受到联邦司法系统的监督。2013 年 11 月 18 日，美国参议院国土案例及政府事务委员会召开比特币的听证会，这是首次就比特币举行的美国国会听证会，体现了对比特币的积极态度，如编号为 AB-129 的法案于 2014 年 1 月 29 日获得美国加州众议院 75 票的全票通过，比特币为合法货币。虽然如此，2014 年 4 月初，美国国内税收总署发布通知，认为虽然在某些情形下比特币等虚拟货币可以像货币一样流通使用，但其在任何司法管辖区都不享有法定货币的地位（沙钱 等，2014）。

二、欧洲国家

2012 年 10 月，欧洲央行发布了《虚拟货币体制》的专题研究报告，指出"虚拟货币与电子货币的最大区别在于前者不具备法偿货币地位。同时，由于缺乏明确的法律框架而导致虚拟货币与电子货币在以下方面存在差异：一是中央银行不介入虚拟货币的发行与流通，虚拟货币的发行人和所有者一般是非金融私人企业，因此，传统金融部门的监管法律制度和监督活动不适用；二是虚拟货币与传统货币之间的联系（如兑换比价等）不受法律监管，因此，当赎回货币时会面临困难和不确定性；三是数字货币的发行人控制该机制运转并管理货币供给。"（王刚 等，2013）

2014 年 2 月，英国支付委员会发表声明称，虽然它看到了数字货币的机遇，但是对比特币保持中立；同时还指出，数字货币像其他支付服务一样，将会由消费者的需求来驱动。这体现出英国监管机构对比特币的谨慎态度。

三、巴西

2013 年 10 月 9 日，巴西颁布了 12865 号法律，该法令为包括比特币在内的电子货币的创造、移动支付提供了可能性，它把电子货币定义为资源，存储在一个设备或电子系统，允许最终用户执行付款事务。但巴西央行提出警告，认为比特币作为一种虚拟货币，不应简单地看作电子货币，没有政府机制来保证虚拟货币作为流通货币的价值。

四、德国和俄罗斯

2013 年 8 月 16 日，德国联邦财政部第一次承认比特币是"私钱"，但对比特币在商业交易活动中的税务问题没有明确表态。

2014 年 2 月 8 日，俄罗斯联邦总检察长办公室发表声明，宣布在俄罗斯境内不得使用比特币。

五、中国

2008 年，北京税务局《关于个人通过网络买卖虚拟货币取得收入征收个人所得税问题的请示》(文件编号为"京地税个〔2008〕114 号)"以及国家税务总局《关于个人通过网络买卖虚拟货币取得收入征收个人所得税问题的批复》(编号为"国税函〔2008〕818 号)"虽然都提到了虚拟货币,但并没有对其进行界定。与此不同,文化部和商务部在 2009 年 6 月 4 日印发的、经中国人民银行会签的《关于网络游戏虚拟货币交易管理工作的通知》对虚拟货币进行了定义:"网络游戏虚拟货币是指由网络游戏运营企业发行,游戏用户使用法定货币按一定比例直接或间接购买,存在于游戏程序之外,以电磁记录方式存储于网络游戏运营企业提供的服务器之内,并以特定数字单位表现的一种虚拟兑换工具。网络游戏虚拟货币用于兑换发行企业所提供的指定范围、指定时间内的网络游戏服务,表现为网络游戏的预付充值卡、预付金额或点数等形式,但不包括游戏活动中获取的游戏道具。" 2013 年 12 月 3 日,中国人民银行与银监会、证监会、保监会和工信部联合下发了《关于防范比特币风险的通知》(被业界称为"国五条"),其核心思想有两点:一是对比特币进行了定位,这与大多数国家的做法相同。在用语上,确认其"应当是一种特定的虚拟商品"。二是要求包括商业银行和第三方支付机构的所有金融机构不得从事与比特币相关的任何活动,从而对比特币市场产生了冲击。

其实,在市场经济环境下,任何交易性物品都会受到政策的影响,因为它们都是用法定货币进行价值计量的,而国家的货币和财政政策以及监管措施都会对交易行为产生影响。

7.4 比特币运行中的分权与集权

由于比特币协议运行于世界各地人们所拥有的计算机网络中,负责管理处于核心地位的区块链总账和货币系统,因此,有必要分析比特币运行中的分权与集权问题。

从现实来看,比特币出现后就出现了实际交易。在早期,比特币的交易面临的一大难题是如何确认发送出的比特币数字符号在别人那里有一个副本,因为自己无法像对待纸币一样检查水印、磁条等加以验证。中本聪解决了这一问题,其思想基础是借鉴法定货币的借贷平衡系统,这可以通过分账(分权)与集账(集权)来解释。

现有法定货币体系依靠所建立的集中式总账而运行,商业银行和更高层的中央银行通过中心化的、超级分类账户对货币的运行进行管理,从而赋予了这些记账者很多权力。与此不同,分账可以理解为通用的、完全公开的总账。为了说明中本聪的这一思路,可用软件工程师叶夫根尼·布里克曼(Yevgeniy Brikman)在《加密货币——虚拟货币如何挑战全球经济秩序》中提出的一个想法加以解释。布里克曼讲述了在 19 世纪的密克罗尼西亚邦的雅浦岛社会中如何使用飞石(一块巨大的无法搬运的石头，可认为能够无限分割)清偿债务。根据布里克曼的思路，随着贸易的不断发展，如果雅浦岛上的雅浦部落无法跟踪谁拥有飞石和谁欠飞石，就无法确认一个人是否如声称的那样有足够的飞石来清偿债务。如果部落酋长任命一个记账员负责那些共享的关于飞石的持有和交易的书面记录，则可能造成虚假账目的出现。为解决此问题，一个办法是解雇记账员并废除总账，每家保持自己的小账。每当飞石发生转移时，付款者就会到部落中心向大家宣布发生的这种转移。每个家庭都会更新他们的小账，在付款人的账户下记录债务，而在收款人账下记录相同的债权。如果大多数人认同交易的合法性，则其他人就不得不认同这种交易的合法性。这种想法在互联网时代通过比特币解决了两个问题：一是建立了一个机制，公开了每个记账者的工作，并维持了每个人认为准确的共同账目的完整性；二是提供了激励机制使足够多的人贡献资源，以保持和更新共同账目。

比特币的运作机制可通过实例进行说明。假设詹姆斯在 C 咖啡馆购买了一杯咖啡，比特币网络将被告知，请求从他比特币钱包的地址转出 0.008 比特币到 C 咖啡馆控制的比特币钱包，安排这笔交易的一个新区块，并把它插入一个区块链中，这样就建立了这笔咖啡交易的身份验证和不可逆转的交易。从区块链内部来看，每个比特币网站上的矿工都下载指示他们如何互动的同样的编程指令。区块链留在所有这些相互连接的计算机网络(每台计算机称为一个节点)上，每个节点上安装了软件的客户端，从而使每个节点上的操作者都能够查看该区块链，并对其上的总账进行更新。这种不断变化的借方和贷方的会计记录包含了交易信息，且因不断确认的交易而延长的区块链呈现公开状态。区块链上显示的是数字代码，它们由存储比特币的钱包管理，每个钱包拥有一个公钥和至少一个私有密钥，用于加密和解密。

由此可见，在比特币的交易过程中，利用共有、共享、共管的民主管理思想，将传统的集权形式转变为分权形式，从而显示出数字货币去中心化、可追溯、不可篡改等特点，这可认为是区块链技术的核心，也是吸引社会广泛关注和研究数字货币的重要原因。

7.5　比特币的获取

随着交易的活跃和价格的不断上涨，人们将比特币作为投资品或投机品，并对如何获取比特币产生了极大兴趣，这促进了比特币挖矿设备的发展。

一、矿机与矿池

比特币的获取需要通过挖矿来实现，而挖矿就涉及矿机和矿池两个概念。

矿机是挖矿专用设备。2012 年比特币价格大幅上涨以后，以 ASIC (Application Specific Integrated Circuit，是一种为专门目的而设计的集成电路)集成电路技术制造比特币挖矿专用设备的行业迅速崛起，形成了 ASIC 的完整产业链，包括设计、芯片生产、配件生产、销售、二手市场等环节。在我国，普遍认为设计者"南瓜张"研制了全球第一款专业矿机，其矿机命名为阿瓦隆，它与另一个品牌"烤猫"并列为我国最具影响力的两大品牌。

矿池是一个组队挖矿的服务器。比特币每 10 分钟产生一个区块(Block)，而该区块最终归于最先完成有效计算的服务器的组队，再由参与者进行内部分配。获取比特币区块的能力取决于其整体计算能力(即算力)。比特币家园显示的矿池包括 F2Pool、Poolin、BTC.com、Binance 等。2021 年 1 月 24 日，在比特币矿池中，F2Pool 的实时算力占比最大，为 17.34%，Poolin 的占比为 14.48%，BTC.com 的占比为 12.74%，Binance 的占比为 12.3%。从矿池对比特币的分配方式来看，主要包含 PPLNS、PPS、DGM 三种。其中，PPLNS (Pay Per Last N Shares)指所有矿工发现区块后，矿池将根据每个人的贡献分配区块中的比特币；PPS(Pay Per Share)指立即为第一个矿工支付报酬，而不必等待区块生成完成或确认；DGM(Double Geometric Method)指矿池运营者在短期内收取部分挖出的货币，然后以实际交易价值返还给矿工。

利用矿机和矿池挖矿需要消耗大量电力，因而，各国政府早期普遍采取了积极的支持政策。在我国，一些地方虽然电量供应充足，但需求不足，而比特币挖矿能解决电力供求矛盾。2019 年 8 月，四川省政府办公厅曾印发《四川省水电消纳产业示范区建设实施方案》，确定将在甘孜、攀枝花、雅安、乐山、凉山、阿坝等 6 个市州分别开展水电消纳产业示范区试点。2020 年 5 月，四川公布了首批"水电消纳示范企业"，在进入的 99 家企业中包含了多个比特币挖矿企业，从而形成了对数字货币挖矿产业的支持。在美国，蒙大拿州米苏拉县委员会增加了针对数字资产矿工的绿色法规，法规要求矿场仅可布置在轻工业区和重工业区，经审查并批准后，矿场开采权可延长至 2021 年 4 月 3 日。在加拿大，继续采取措施支持数字资产挖矿业务在本国的发展，而魁北克水电同意为矿工预留 1/5 的电力能源(约 300 MW)。在格鲁吉亚，2019 年 6 月，格鲁吉亚境内自治共和国阿布哈兹政府放宽了国内数字资产挖矿活动要求，起草了监管法，只要求挖矿持有牌照即可。在伊朗，2019 年 7 月，伊朗央行承认了数字资产挖矿行业，承诺将推行合法的牌照程序。在乌克兰，乌克兰数字转型部计划在两到三年内使该国的数字资产挖矿合法化。乌兹别克斯坦于 2020 年 1 月 16 日，宣布建立"国家矿池"。

然而，由于挖矿需要消耗大量电力，并伴随着洗钱等非法交易，因此，随着保护环境的重要性的不断提高，政府对挖矿的政策也发生了变化。2021 年 5

月 21 日，国务院金融稳定发展委员会第五十一次会议提出，要求打击比特币挖矿和交易行为，坚决防范个体风险向社会领域传递；5 月 25 日，内蒙古发改委就进一步清理虚拟货币挖矿行为，发布《关于坚决打击惩戒虚拟货币挖矿行为八项措施》，并向社会公开征求意见；2021 年 9 月，《国家发展改革委等部门关于整治虚拟货币挖矿活动的通知》(发改运行〔2021〕1283 号)指出，为有效防范处置虚拟货币挖矿活动盲目无序发展带来的风险隐患，深入推进节能减排，助力如期实现碳达峰、碳中和目标，就整治虚拟货币挖矿活动做出了相应规定。

二、获取比特币的成本与收益

对于获取比特币的成本和收益，可以从技术和实践两个角度分析。

从技术角度来看，通过挖矿取得比特币的成本与收益取决于其计算能力，测算的常用指标是哈希率。假设挖矿是解一道方程题，而且只有把数据代入才能计算出来，那么哈希率就是每秒处理数据的速度。根据剑桥大学另类金融中心(Cambridge Centre for Alternative Finance，CCAF)对各国每月平均哈希率的估计，我国的比特币哈希率占比持续处于高位，整体保持在 65% 以上；截至 2020 年 4 月，美国是哈希率占比第二高的国家，占比 7.24%；排在第三位的俄罗斯占 6.9%，哈萨克斯坦、马来西亚和伊朗分别占据了 6.17%、4.33% 和 3.82% 的全球市场。占比越高，其计算能力越强，获取的比特币数量也就越多，理论上会呈现出较高的收益率。

从挖矿实践来看，需要考虑其成本。为了说明这一问题，可通过一个实例进行说明。2017 年 2 月每日经济新闻网报道了四川省乐山市马边县天嘉网络的芭蕉溪水电站"矿场"的情况。它是乐山市最大的比特币矿场，四个机房里共有 5800 多台比特币矿机，每天能挖出近 27 个比特币。按照当时比特币市价折算，该矿场一天产值近 20 万元。以此为基础，可比较其成本收益情况。

(1) 总投资。总投资包括厂房投资和设备投资两部分。两项投资共 6300 万元。其中，厂房投资 500 多万元；投资矿机 5800 台，每台近 10 000 元。矿机一部分由自己投资，另一部分是代替别人管理。

(2) 经营成本。经营成本包括电费、网络专线和人工成本，其中最大的开支是电费。矿场 1 小时消费电力 7000 度，24 小时用电 16.8 万度。若按照每度电 0.4 元的行业均价计算，该矿场一天的电费成本为 6720 元，一年电费将近 245 万元。按照电费占经营成本的 60%~70% 计算，其年度经营成本为 350~408 万元。

(3) 收益。如果每天产生净利润为 5040 元，预计矿场年度净利润能达 184 万元。这一方面取决于比特币按照奖励规则的数量(如不断减半)，另一方面取决于比特币的价格。

由此可以测算，比特币挖矿的年度投资回报率和年度利润率分别为 2.9％和 45.1％～52.6％，这能够解释我国比特币计算能力居于世界前列的原因。

虽然比特币挖矿有一定成绩，但面对日益变暖的全球环境，环境保护已经成为各国的共同目标，我国提出了实现碳达峰碳中和的时间表，在此背景下，有必要提高清洁能源的使用方向和效率，严格监管挖矿已是大势所趋。

7.6　比特币的交易现状

我们在第 3 章对网络货币本质的分析表明，数字货币具有货币性质、商品性质和财产性质，虽然其货币特性基本缺失，但这并没有限制其商品性质和财产性质发挥作用，从而显示比特币具有一定的交易价值。从学术上来看，对于比特币是否有价值有不同的观点。例如，许金叶和许玉琴（2019）的分析认为，矿工的挖矿劳动并不是生产商品的劳动，不具备人类抽象劳动的一般特性即生产用于交换的商品的劳动，数字货币不具备财富凝结人类劳动的性质特征，不是真正意义上的货币，其本身没有价值。然而另一观点认为，比特币的价值包括避险价值、投机价值、货币价值和期望价值，而暗网（即隐形网）交易成了比特币货币价值的最大来源，其期望价值来自被人们赋予的能够起到避险功能的价值（何天炀，2020）。

虽然人们对于比特币价值是否有价值仍然没有形成共识，但从实践上来看，比特币在不同平台上的交易依然活跃。表 7-1 显示了 2021 年 1 月 24 日北京时间 12:09 在各交易所的比特币实时行情。

表 7-1　比特币交易实时行情

（单位：元　北京时间：2021 年 1 月 24 日 12:09）

交易平台	成交价	买一价	卖一价	最高价	最低价	成交量
OKEX	208816.36	208648	208649	215503	202223	13958
HUOBI（火币）	208769.28	208769	208769	215457	202152	28511
BINANCE（币安）	208763.55	208764	208764	215457	202153	60680
MXC（抹茶）	208589.02	208774	208785	215428	202192	5318
GTAE. IO	208616.91	208764	208778	215360	202221	1198
ZB. CN（中币）	208800.51	208782	208802	215418	202107	1904
BitFinex（香港）	208578.72	208579	208585	216088	202470	6346
BITSTAMP（欧盟）	208704.17	208750	208856	215537	202384	4908
BitFlyer（日本）	209826.92	209890	209827	209890	209827	84518

　　由表 7-1 可以看出，比特币主要在九个交易平台上进行交易，其交易价格虽有差异，但总体很小，显示出投资者对其预期的相似性。从成交量来看，日本的交易平台 BitFlyer（日本）最大，其次为 BINANCE（币安），而交易平台 ZB. CN（中币）的成交量最小，为 1904 个比特币。这表明，比特币交易平台的规模和声誉有所不同。

　　从较长的时期来看，比特币的价格呈现出剧烈波动的特征。从比特币的交易价格的历史演变过程来看，2009 年 1 月 3 日中本聪在"创世区"矿池上挖到了 50 个比特币后，2009 年 10 月，第一个比特币汇率发布，1 美元兑换 1309.03 枚比特币；2010 年，比特币的第一笔交易为一枚比特币兑换 0.003 美元，交易了 1000 枚比特币。其后，比特币进入了实际应用阶段：2010 年 5 月，美国人汉耶克用万枚比特币成功购买了两个比萨饼，这被认为是比特币的第一次实际应用；2010 年 7 月，主要进行比特币交易的 Mt. Gox（即门头沟）比特币交易所成立；2011 年，福布斯刊文"密码货币"专门介绍比特币，同年 6 月，维基百科宣布接受比特币捐助；2017 年 12 月 17 日，比特币达到历史最高价 19 850 美元，但在 2018 年其价格又快速下降（如图 7-2 所示）。

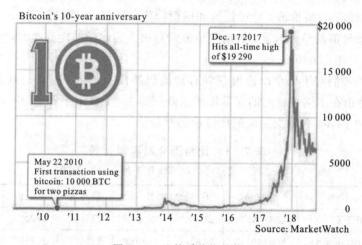

图 7-2　比特币价格趋势

　　由图 7-2 可以看出，2017 年 12 月 17 日，比特币美元报价首次冲破 20 000 美元大关，再创历史新高，与年初相比，比特币的价格上涨了 20 倍，而与 2009 年刚问世时的 1 美元平均能购买 1300 个比特币的情况相比，更是不可同日而语。然而，物极必反的道理无所不在。2017 年 12 月 22 日，美国交易平台 Coinbase 的比特币美元交易价已经跌破 11 000 美元，而 24 小时之前还在 16 000 美元上方，即过去 24 小时内跌幅超过 36%。

　　2020 年以后，比特币的价格仍然处于变动状态，2022 年 3 月 25 日，比特币的交易价格达到 44 073 美元，接近 2021 年的价格，但波动幅度较大。例如，

2021 年 1 月 8 日，比特币的价格超过 40 000 美元，而 1 月 11 日一度跌破 33 000美元，到了 1 月 22 日，比特币价格一度跌至 28 845 美元，较 24 小时内最高价 35 102 美元跌去 17.83%。

比特币价格的大幅波动体现了经济人的恐惧和贪婪的本性。比特币家园提供了比特币的恐惧和贪婪指数进行度量（见图 7 - 3）。如果进一步考察此期间的价格趋势（见图 7 - 4），可以发现它们之间的关系。

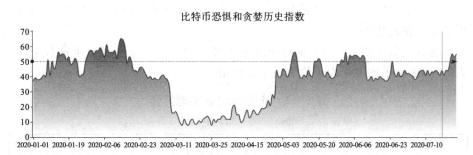

图 7 - 3　2020 年前 7 个月比特币的恐惧和贪婪指数

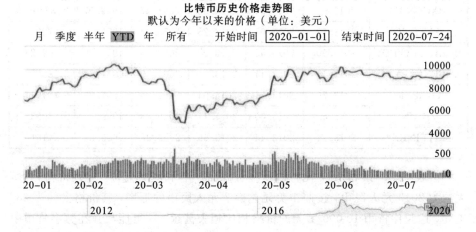

图 7 - 4　2020 年前 7 个月的比特币价格趋势

比较图 7 - 3 和图 7 - 4 可以看到，2020 年 1 月到 2020 年 7 月期间，当比特币的恐惧和贪婪指数高时，其价格也高；当比特币的恐惧和贪婪指数低时，其价格也低。这表明，数字货币的交易更多的是一种投机活动，同时也表明，在其他因素不变的条件下，恐惧和贪婪与数字货币的价格正相关，如果考虑到恐惧和贪婪表示的"风险"，则它表明风险与收益成正比，这符合证券投资理论中风险与收益正相关的理论。当然，这个结论还有待于进一步的验证。

7.7 比特币的关联数字货币

7.7.1 比特币现金

比特币现金 BCH(Bitcoin Cash)是由一小部分比特币开发者推出的不同配置的新版比特币,可以说比特币现金 BCH 是比特币的分叉。2017 年 8 月 1 日 20 时 20 分,比特币现金开始挖矿,每个比特币投资者的账户上将出现与比特币数量等量的比特币现金。

与其他数字货币一样,比特币现金也可以在不同的交易平台上进行交易。表 7-2 显示了比特币现金的实时交易价格。

表 7-2 比特币现金实时行情

(单位:元 北京时间:2020 年 8 月 5 日 13:32)

交易平台	最新成交价	买一价	卖一价	最高价	最低价	今日成交量
HUOBI(火币)	2013.62	2013.62	2013.62	2061.30	1954.83	195181
OKEX. ME	2013.97	2013.97	2014.04	2061.09	1955.52	167108
MXC(抹茶)	2013.55	2013.21	2014.53	2061.37	1959.07	35401
GATE. IO	2013.62	2013.07	2013.28	2059.84	1955.66	7238
BINANCE(币安)	2013.90	2013.55	2013.90	2060.95	1953.09	142528
AOFEX(大 A 网)	2013.41	2013.41	2013.41	2061.09	1957.61	183828
CoinBene	2013.76	2013.21	2014.04	2060.88	1957.33	191141
ZB. CN	2013.55	2013.00	2014.11	2059.98	1959.55	3063
BITFINEX	2013.14	2012.44	2013.69	2059.35	1955.94	4161

由表 7-2 可以看到,比特币现金可以在 9 个平台上交易,但其价格相近,大约为 2013 元人民币,按照 1 美元兑换 7 元人民币的汇率,其价格大约为 287 美元,这与比特币 10 000 美元的价格相比相去甚远,这可能与其在数字货币中的地位较低有关,也与市场的投资热情有关。从交易量来看,它在火币网的成交量最大,其次为 CoinBene 和 AOFEX,而 ZB. CN 的成交量最小,从而可以看出交易平台的活跃程度不同。

从更长时期来看,比特币现金的价格呈现出较大的波动性,图 7-5 显示了这种波动。

由图 7-5 可以看出,比特币现金的交易价格变化较大,2018 年的价格达到最高,其后不断降低。进一步看,查阅 BCH123 上的信息得知,2018 年 7 月 23 日的最高价格为 828.39 美元,而 2022 年 7 月 23 日的价格为 126.58 美元,与最高价相比相差较大,其风险应引起投资者注意。

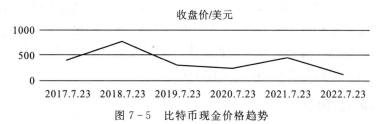

图 7 - 5 比特币现金价格趋势

比特币现金也需要通过挖矿来获取。BCH 的矿机有 30 种，表 7 - 3 显示了其中电费占比较小的前 20 种矿机的收益。

表 7 - 3 BCH 矿机收益计算

（难度 394.01 G，币价￥2015.52，电费 0.35 元/度，北京时间：2020 年 8 月 5 日 13:40）

矿机型号	算力	耗电量	单位功耗	日产出	电费	电费占比	日净利润
蚂蚁矿机 S19 Pro	110T	3250W	29.54W/T	￥70.76	￥27.30	29.54%	￥43.62
蚂蚁矿机 S19	95T	3250W	34.21W/T	￥61.09	￥27.30	34.21%	￥33.95
蚂蚁矿机 S17 Pro	53T	2094W	39.50W/T	￥34.09	￥17.59	39.50%	￥16.61
神马矿机 M30S	80T	3344W	41.80W/T	￥51.49	￥28.09	41.80%	￥23.57
翼比特矿机 E11++	44T	1980W	45.00W/T	￥28.32	￥16.63	45.00%	￥11.79
蚂蚁矿机 S17e	64T	2880W	45.00W/T	￥41.19	￥24.19	45.00%	￥17.14
蚂蚁矿机 S17	56T	2520W	45.00W/T	￥36.04	￥21.17	45.00%	￥15.00
蚂蚁矿机 S17	53T	2385W	45.00W/T	￥34.09	￥20.03	45.00%	￥14.18
蚂蚁矿机 S17e	60T	2700W	45.00W/T	￥38.61	￥22.68	45.00%	￥16.07
思创优矿机 U8	46T	2100W	45.65W/T	￥29.57	￥17.64	45.65%	￥12.04
神马矿机 M20S	68T	3265W	48.01W/T	￥43.76	￥27.43	48.01%	￥16.50
神马矿机 M20	45T	2160W	48.00W/T	￥28.94	￥18.14	48.00%	￥10.91
神马矿机 M20S	70T	3360W	48.00W/T	￥45.02	￥28.22	48.00%	￥16.96
神马矿机 M20S	62T	2976W	48.00W/T	￥39.87	￥25.00	48.00%	￥15.02
芯动矿机 T3	43T	2100W	48.83W/T	￥27.62	￥17.64	48.83%	￥10.09
阿瓦隆矿机 A1166	68T	3325W	48.89W/T	￥43.76	￥27.93	48.89%	￥16.00
芯动矿机 T3+	67T	3300W	49.25W/T	￥43.07	￥27.72	49.25%	￥15.52
蚂蚁矿机 S17 Pro	56T	2780W	49.64W/T	￥36.04	￥23.35	49.64%	￥12.83
蚂蚁矿机 T17+	64T	3200W	50.00W/T	￥41.19	￥26.88	50.00%	￥14.47
翼比特矿机 E12+	50T	2500W	50.00W/T	￥32.14	￥21.00	50.00%	￥11.27

注：（1）日净利润大于日产出与电费支出的可能原因是分享了一小部分托管矿机的收益。

（2）算力（也称哈希率）是比特币网络处理能力的度量单位，为计算机（CPU）计算哈希函数输出的速度。算力每隔千位划为一个单位，最小单位 H=1 次，1000H=1K，1000K=1G，1000G=1T，1000T=1P，1000P=1E。下同。

由表 7-3 可以看出,蚂蚁矿机 S19 Pro 的算力最强,其设备投资的成本也应最大,而其每天的收益为 43.62 人民币,也是最大;相比之下,翼比特矿机 E12^{+} 的算力最小,每天的净利润也最小。由此可见,对于比特币现金的挖矿也符合投资学中的高投资、高回报的特征。

7.7.2 比特币网

比特币网(Bitcoin SV, BSV)是从比特币现金中衍生出来的一种加密货币,其项目是由总部位于安提瓜岛的 Coin Geek Mining 提议和赞助创建的,它归属于总部位于安提瓜岛且代表全球比特币现金(BCH)社区的 BComm 协会(BComm Association)。

与其他数字货币类似,比特币网(BSV)在全球交易市场中呈现出活跃趋势(如图 7-6 所示)。

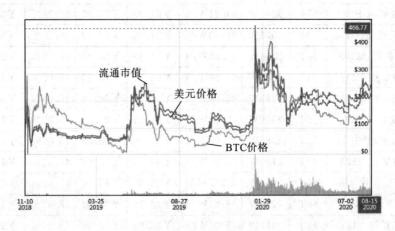

图 7-6　BSV 的价格趋势

由图 7-6 可以看出,自从 2018 年 11 月 10 日以来,BSV 的价格总体上呈现上涨趋势,尤其是 2020 年 1 月 29 日出现了较大涨幅,其后虽然有所回落,但价格仍然在 200 美元以上,显示了良好的发展前景。从历史价格来看,其最高价格出现在 2020 年 2 月 15 日,价格为 361.23 美元,流通市值为 66 亿美元;最低价格出现在 2019 年 5 月 17 日,价格为 52.7503 美元,流通市值为 9.2 亿美元,从最高到最低的波动很大。

与比特币相同,BSV 也需要通过挖矿取得,而不同的挖矿设备的计算能力不同,因而每天产生的收益也有所不同。表 7-4 是电费占比较小的前 20 名的矿机收益情况。

表 7 - 4　BSV 矿机收益

（难度 286.89 G，币价 ¥1568.00，电费 0.35 元/度，北京时间：2020 年 8 月 17 日 12:03）

矿机型号	算力	耗电量	单位功耗	日产出	电费	电费占比	日净利润
蚂蚁矿机 S19 Pro	110T	3250W	29.54W/T	¥75.42	¥27.30	29.54%	¥48.38
蚂蚁矿机 S19	95T	3250W	34.21W/T	¥65.16	¥27.30	34.21%	¥38.13
蚂蚁矿机 S17 Pro	53T	2094W	39.50W/T	¥36.32	¥17.59	39.50%	¥18.90
神马矿机 M30S	80T	3344W	41.80W/T	¥54.83	¥28.09	41.80%	¥27.02
翼比特矿机 E11++	44T	1980W	45.00W/T	¥30.15	¥16.63	45.00%	¥13.68
蚂蚁矿机 S17e	64 T	2880W	45.00W/T	¥43.88	¥24.19	45.00%	¥19.92
蚂蚁矿机 S17	56 T	2520W	45.00W/T	¥38.40	¥21.17	45.00%	¥17.44
蚂蚁矿机 S17	53T	2385W	45.00W/T	¥36.32	¥20.03	45.00%	¥16.48
蚂蚁矿机 S17e	60T	2700W	45.00W/T	¥41.11	¥22.68	45.00%	¥18.65
思创优矿机 U8	46T	2100W	45.65W/T	¥31.54	¥17.64	45.65%	¥14.07
神马矿机 M20S	68T	3265W	48.01W/T	¥46.58	¥27.43	48.01%	¥19.42
神马矿机 M20	45T	2160W	48.00W/T	¥30.85	¥18.14	48.00%	¥12.88
神马矿机 M20S	70T	3360W	48.00W/T	¥47.97	¥28.22	48.00%	¥20.02
神马矿机 M20S	62T	2976W	48.00W/T	¥42.49	¥25.00	48.00%	¥17.74
芯动矿机 T3	43T	2100W	48.83W/T	¥29.46	¥17.64	48.83%	¥11.99
阿瓦隆矿机 A1166	68T	3325W	48.89W/T	¥46.58	¥27.93	48.89%	¥18.92
芯动矿机 T3+	67T	3300W	49.25W/T	¥45.89	¥27.72	49.25%	¥18.44
蚂蚁矿机 S17 Pro	56T	2780W	49.64W/T	¥38.40	¥23.35	49.64%	¥15.28
蚂蚁矿机 T17+	64T	3200W	50.00W/T	¥43.88	¥26.88	50.00%	¥17.26
翼比特矿机 E12+	50T	2500W	50.00W/T	¥34.24	¥21.00	50.00%	¥13.45

注：日净利润大于日产出与电费支出的可能原因是分享了一小部分托管矿机的收益；电费
　　占比的含义不详。

　　由表 7 - 4 可以看出，蚂蚁矿机 S19 Pro 的算力最强，其设备投资的成本也应最大，而其每天的收益为 48.83 元人民币，也是最大；相比之下，翼比特矿机 E12+ 的算力最小，每天的净利润也最小，为 13.45 元人民币，这符合高投资、高回报的特征。

7.8　比特币的改进币——莱特币

一、莱特币简介

莱特币(Litecoin，LTC)是由 Charles Lee 及其团队创建。莱特币受到了比特币(BTC)的启发，并且在技术上具有相同的实现原理。与比特币相比，莱特币有一些显著特点：

(1) 莱特币网络每 2.5 分钟(而不是 10 分钟)就可以处理一个区块，因此可以提供更快的交易确认。

(2) 莱特币的发行速率按照等比数列，每四年减少一半，最终达到总量 8400 万个 LTC，是比特币网络发行货币量的四倍。

(3) 莱特币在其工作量证明算法中使用了由 Colin Percival 首次提出的 Scrypt 加密算法。与比特币相比，Scrypt 所具有的内存密集特性让莱特币更适合用图形处理器(GPU)进行"挖矿"，在普通计算机上进行莱特币挖掘更为容易。

(4) 每个莱特币被分成 100 000 000 个更小的单位，通过八位小数来界定，从而使其能更方便地交易。

(5) 莱特币能提供一种挖掘算法，使它能够在挖掘比特币的机器上被同时运行。由此可见，莱特币可以认为是改进的比特币。

二、莱特币价格趋势

如前所述，莱特币是比特币的改进形式，因此，其交易量较大，价格变化也较大。图 7-7 列出了 2020 年前 8 月的价格趋势，图下方显示的是 2014 年以来的价格趋势。

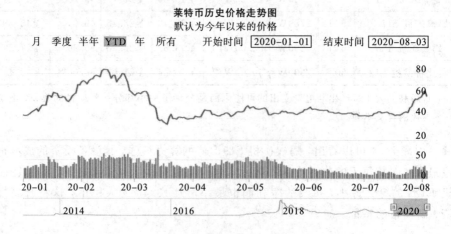

图 7-7　莱特币的价格趋势图

莱特币的实践呈现出良好的发展趋势。从历史价格来看，其最高价出现在
2020 年 2 月 14 日，为 83.46 美元，而最低价出现在 2020 年 3 月 18 日，价格为
34.18 美元，即在不到一个月时间中下跌超过了 50%。从交易量来看，2020 年
8 月 4 日，莱特币为 59 美元，24 小时的交易量为 73.97 万 LTC。从莱特币的
应用前景来看，根据 Nulltx 的报道，莱特币与美国职业橄榄球迈阿密海豚队的
伙伴关系并不是很成功，截至 2019 年 10 月，官方只有 46 笔 LTC 的交易。尽
管迈阿密海豚球迷能用莱特币购买很多东西，但是这一数字很小。关于 LTC
进一步的实际应用还有待于观察。

7.9　比特币的衍生品——万事达币

万事达币（Mastercoin）由工程师 J. R 威利茨在 2013 年 9 月创造，是建立
在比特币协议之上的二代币，旨在帮助用户创建和交易加密货币以及其他类
型的智能合同。与其他山寨币不同，万事达币是建立在比特币底层协议上的
一套全新概念。2015 年 11 月，其名称由万事达币（Mastercoin）改名为奥妙
币（Omnicoin）。

万事达币有三个显著特点：一是所有的区块和钱包等数据，都存在比特币
的区块信息中；二是没有数量限制，不能通过挖矿获得，只能由研发者发售或
从其他拥有者手中购买，但可以实现与比特币的双向交易；三是支持用户在
MasterCoin 里自定义新的货币。

从其发售机制来看，对于早期购买者给予一定的奖励，表现为每发售 10
个 Master Coins，就会产生额外的 Master Coins 奖励。这些奖励会在接下来的
数年里缓慢地被发送到 Exodus 地址（与比特币的“创世区块”类似，Master
Coin 有一个类似的区块链起点，被称为 Exodus 公匙地址），以满足用户对
Master Coin 的需求。初始的 Master Coins 的分配实质上等于用来支付开发者
编写软件发展拓展协议层的费用，其核心规则是任何人在 2013 年 8 月 31 日前
发送比特币到 Exodus 地址将拥有 100 倍的比特币发送量的 Master Coins。

既然 Master Coin 所有的区块和钱包等数据都存在比特币的区块信息中，
则可知其交易就是一系列的比特币地址之间的比特币交易。Maste rCoin 的交
易必须来自持有 Master Coins 的地址。如果一个钱包的比特币存储在多个地
址里，必须先把钱包里的比特币发到一个地址上，再用这个地址把比特币发送
到 Exodus 地址形成初始的 Master Coins。与此对应，不能实现上述功能的钱
包（比如在线钱包）将不能用来购买 Master Coin。

7.10　比特币引发的设想

比特币出现以后，人们据此产生了不少设想。约瑟夫·格里森(Joesph Gleason)(即在网站上更为人所知的"火鸡")有一个想法：开设一家以比特币为赌注的赌场，自己从中抽取 1.9% 的服务费。为了实施这一想法，2012 年 4 月 17 日，他在网上寻找能够挑战在线赌博合法性法律问题的专家，并找到了自由主义者埃里克·沃里斯(Erik Voorhees)，后者将网站改名为"聪的色子"，从而使其成为一个金矿。在其后的一年中，沃里斯将其股份挂在 MPEx 平台(一个位于罗马尼亚的股票交易平台，在这平台上，电子资产用电子货币报价和交易)上用比特币进行交易，"聪的色子"被称为"比特币 2.0"版本(维格纳 等，2015)。

类似的现象不断出现。2014 年 8 月，迈克·赫恩在爱丁堡图灵节的演讲中以出租车为例，构想了一个由自主代理软件构成的经济体。他设想：出租车没有主人，它自己拥有自己，或者更准确地说，由一个执行操作的计算机程序拥有它。为解决谁投资的问题，他提出了加密货币保证合同，是一种以区块链为基础建立的新的众筹模式，发起者保证投资一部分资金，剩余资金通过众筹解决。区块链和专用软件自动运作整个过程，而保证合同只是"智能合同"(由尼克·萨博提出)的一种形式，其认为区块链可以代替法律，成为被信任的终极第三方。贷款购车的过程是在智能合同下，如果未成功支付按揭，数字化的所有权会自动转移到贷款公司的数字钱包。进一步，汽油引擎的发动机可以与无线加密系统匹配，要启动汽车就需要远程数字"钥匙"，违约时，系统会删除钥匙(Vigna et al.，2015)。这可以理解为"智能产权"，即任何形式的财产都被分配一个数字化的所有权记号、一种可交易的名称。每种资产都可以被分成那种货币允许的任意小面值的小份额，并可以简单地和其他数字化资产进行交易(维格纳 等，2015)。

由此可见，比特币的出现对人类新思想、新观念、新创新的提出都有重要的启示作用。

本 章 小 结

作为数字货币的典型代表，比特币一直受到社会各界的广泛关注。本章从历史角度出发，分析了其发展历史、产生原因及相关产业，探讨了其价值与价格、获取与收益、集权与分权等问题，并在此基础上探讨了比特币的改进币

（莱特币）和衍生币（事达币）。由此可见，比特币的实践领先于相关理论的研究，说明对比特币及其底层技术的区块链的研究仍然是未来的重要议题。

本 章 思 考 题

1. 试分析比特币的价值基础。
2. 试分析比特币的需求动机。
3. 比特币在不同的交易平台进行交易，那么这些交易平台如何盈利？
4. 试分析比特币矿机设备行业与比特币发展的关系。
5. 试分析比特币的出现对于人类社会的技术创新及人类生活的影响。

第8章　可扩展应用的林登币和以太币

在比特币及其衍生币的基础上，数字货币行业又产生了更具特色的新币种，而林登币和以太币则是其典型代表。其中，林登币的重要性一方面体现为它实现了与法定货币的双向兑换，另一方面，其发挥作用的平台是著名的虚拟空间"第二人生"，从而使其在数字货币的发展历史上占有一席之地。关于以太币，正如本书3.2节中所进行的分析，以太坊(Ethereum)的创立具有划时代的意义，主要因为它对比特币的脚本语言进行了改变，将其发展成一套"半图灵完备"的系统，同时提供了项目研究可以通过ICO的形式进行研究资金的先例。本章将对林登币和以太币进行分析。

8.1　林　登　币

8.1.1　林登币简介

林登币(Linden Dollar，L$)是一种3D网络游戏第二人生(Second Life，SL)里的数字货币，可与美元进行双向兑换，并存在浮动汇率，以避免第二人生内部的通货膨胀，这是其他数字货币所不具有的。林登币的符号如图8-1所示。从其发展历史来看，第二人生(SL)是由位于美国的林登实验室在网上创造的虚拟世界，它以视觉的方式展现陆地、海洋、城市和居民，并有相关的经济活动。例如，在虚拟社区第二人生(SL)中，有虚拟经济的GDP指标，而且林登实验室建立了正式的"货币兑换中心"，简称"Linden X"，其允许SL的居民或玩家买卖L$，并通过林登实验室的货币经纪人、兑换中心和第三方代理，以电子支付系统或真实世界的银行账户的方式实现真实货币与L$的双向兑换。

第二人生(SL)创造了一个类似于现实生活的虚拟世界。在第二人生(SL)中，人们可以像在现实世界中一样在虚拟空间中进行投资活动，且能取得收入。典型例子是，虚拟世界中的第一位百万富翁"钟安舍"(Anshe Chung)用近10美元的成本在虚拟社区中购买了虚拟土地，然后依靠虚拟网络的强大客户端设计了三维建筑和风景，并通过转卖获得收入，从而在两年半的时间内获利百万美元，登上了2006年的《商业周刊》封面(如图8-2所示)。

图 8-1　林登币　　　　　图 8-2　2006 年的《商业周刊》封面

据统计，第二人生(SL)中已经有近万种职业，相对成熟的职业形态已经有几十种，包括游戏制造者、博彩公司、服装设计师、房地产开发商、建筑设计师等，从而构成了虚拟的经济社会。

既然第二人生(SL)是一个虚拟社区，就需要管理者，即社区虚拟政府，这个履行政府职能的虚拟政府就是林登实验室。作为虚拟社区中货币 L\$ 的铸造和发行方，林登实验室需要控制汇率的浮动幅度，以维持汇率稳定。为此，2007 年 2 月以前的几个月，林登实验室卖出了较大数量的 L\$，声称是为了管理汇率的波动性，使汇率维持在 L\$ 250～L\$ 300 兑换一美元的波动区间，而这样的做法实际上就是现实世界中典型的货币干预政策。

对于第二人生(SL)虚拟社区来说，可以认为它是现实世界的反映。从参与虚拟社区活动的根源来看，一个重要动机是为了实现在现实世界中无法实现的梦想。从正常逻辑来看，虽然第二人生(SL)是虚拟社区，但不可否认的是，这个由人类创立的虚拟世界仍然由人类控制，并且带动了人类在虚拟世界中的消费、投资、娱乐等经济活动。因此可以说，创立虚拟世界是将现有的现实经济体系扩展到了网络虚拟空间中，从而形成了由现实经济和虚拟经济共同构成的网络时代"二元"经济体系。在这个"二元"经济体系中，现实世界与虚拟世界能够实现法定货币与虚拟货币的双向兑换与信息沟通。从经济视角来看，"二元"经济体系的经济总量大于现实经济体系的总量，这对于通过消费促进经济发展是有益的。不过，虚拟世界对现实经济体系会产生冲击，并对人类的思维方式等产生影响，这些影响还需要进一步观察和研究。

8.1.2　林登币的虚拟货币性质

与其他数字货币相同，关于林登币(L\$)是不是货币的问题需要分析，这可从其需求和供给角度分析。

从需求角度来看，第二人生(SL)中的用户使用L$购买虚拟世界中的商品和服务，从而使林登币(L$)发挥价值尺度和流通手段功能。进一步看，第二人生(SL)中的用户赋予其价值，可以将林登币(L$)作为一种财富储藏，从而使其具有储藏手段的职能。但由于第二人生(SL)中的用户使用林登币(L$)购买虚拟世界中的商品和服务时采取类似于"一手交钱，一手交货"的方式，不存在延期付款中的赊账问题，且不能在其他网络或现实中购买商品，从而使其也不具备在网络空间中世界货币的功能。因此，从需求角度来看，林登币(L$)具有货币的价值尺度、流通手段和储藏手段的职能，但不具有其他功能。

从供应角度来看，林登实验室将林登币(L$)投放市场，表明林登实验室需要通过一定政策和手段对其进行调控，以防范通货膨胀，体现了其作为虚拟空间中央银行的功能。但需注意的是，根据 SL 的服务协议条款 3.3 和 5.3，林登币(L$)只是消费性的娱乐产品，可以无因注销和召回，第二人生(SL)中的玩家对其拥有的林登币(L$)不能拥有任何法律上的和财务上的权利，并且任何时候都不能向林登实验室兑换其任何形式的货币价值，不能追究林登实验室的任何法律责任。这表明林登币(L$)供应方的林登实验室并不承认其作为最后付款人的中央银行角色。

虽然从供求两方面人们对林登币(L$)的虚拟货币性质有不同的理解，但事实上，林登币(L$)是在第二人生(SL)虚拟空间中发挥货币功能的数字货币，是法定货币在虚拟空间中的复制品。

8.1.3 林登币的市场价格及风险

与一般商品类似，林登币的价值与其发行数量、流通量、市场上对林登币的供需关系以及可能的市场操控等因素相关。林登币(L$)只能在第二人生(SL)中流通，如果脱离这个虚拟空间，则其毫无价值。和其他普通网游中的数字货币一样，林登币(L$)诞生之后，其价格随着第二人生(SL)虚拟空间中的经济情况的变化而变化。不过，2005年林登官方开设 Linde X 交易平台之后，林登币(L$)的价格趋于稳定。

截至 2006 年 12 月 17 日，林登币供应总量为 1 246 110 645 枚。交易平台 Linde X 对出售林登币(L$)的用户收取高达 3.5% 的手续费，而购买林登币时每次收取 0.3 美元，因而能有效地减少对林登币(L$)的炒作行为。从 2006 年年底到 2007 年 2 月，在 Linde X 交易平台的林登币售出价格保持在 L$ 267/USD 左右。但好景不长，从 2007 年 3 月初开始，由于黑客盗取等事件的发生，第二人生(SL)虚拟社区出现了通货膨胀风险。不过，其后林登币(L$)的交易量不断扩大，价格总体保持平稳。2009 年第二人生(SL)用户间交易总量达到 5.67 亿美元，比 2008 年增长近 65%。根据 2020 年 4 月 12 日的数据，1 美元可以购买 259 枚林登币（L$），按照上述的汇率，其当天的交易规模大约为 256 837 美元。

从总体上来看，林登币（L$）的表现良好。2007 年 3 月底新注册用户达到 500 万，虚拟空间第二人生（SL）的总 GDP 突破 7 亿美元，因其交易额如此巨大，美国相关部门已经要求从虚拟经济中获得的收入进行申报。到 2008 年 3 月，第二人生（SL）拥有 2500 万注册用户，15 万居民同时在线。正是由于数字货币持续扩大了其在现实世界中的功能，有必要从以下几方面分析林登币（L$）的风险。

（1）如前所述，根据第二人生（SL）的服务协议条款 3.3 和 5.3，第二人生（SL）中的玩家对其拥有的林登币（L$）不能拥有任何法律上的和财务上的权力，林登实验室可以无因注销和召回，而不能追究林登实验室的任何法律责任。这意味着当市场对林登币（L$）需求大时，林登实验室可以卖出林登币（L$）以保持汇率稳定，但是当市场对林登币（L$）的需求较弱时，林登实验室是否愿意买回 L$ 是个现实问题，从而使玩家面临巨大风险。

（2）林登实验室面临安全风险。根据信用卡消费习惯，只要正确填写的信用卡号、有效期和姓名等信息就可以进行网上消费，而国外银行的信用卡资料屡屡被窃，从而使通过信用卡购买林登币（L$）面临安全风险。根据规定，一个注册超过 1 个月的免费第二人生（SL）账号一次可以购买 2500 美元的林登币（林登公司调整用户的消费额度之前），相当于 60 多万林登币，从而使通过黑卡刷出来的林登币数量巨大，而问题的关键是国外信用卡被冒用之后用户可以拒付账单，这样，经济损失就转嫁到了林登公司。因此，2007 年 3 月下旬以来林登公司大量封停账号，并于 2007 年 4 月中旬调整了用户的消费额度，免费用户购买林登币（L$）的金额限制为 10 美元，同时，林登公司对从 Linde X 提取美金的账户进行严格审查，从而减少了市场对林登币的需求。

（3）隐含虚拟空间中的金融危机风险。为了给玩家提供金融服务，虚拟社区第二人生（SL）开设了许多虚拟银行，这些银行由一些玩家运营，他们通过提供利息来吸引存款。有些银行根据承诺支付利息，而有些银行却利用存款来进行第二人生（SL）中虚拟土地的买卖和赌博活动，导致多起类似现实世界中的"金融危机"，如 Ginko Financial 的挤兑风潮。Ginko Financial 是 2004 年注册名为 Nicholas Portocarrero 的用户在第二人生（SL）中开设的一家虚拟银行，其存款年利率高达 44%，因而吸引了许多储户，成为第二人生（SL）中最大最著名的银行。2006 年 7 月，美国国会众议院通过了一项法案禁止网络赌博行为，而在第二人生（SL）社区中，有数百个娱乐场所提供各种形式的赌博工具。鉴于该法案，林登实验室宣布在第二人生（SL）中全面禁赌。由于 Ginko Financial 在博彩业中投资很多，因而导致了挤兑风潮的出现。2007 年 8 月，Ginko

Financial宣布储户有两种方式处理他们的存款：一是在银行日取款总额 100 万林登币的前提下排队取款；二是将存款转换成 Ginko 的永久债券。同年 10 月，Ginko Financial 倒闭，所有存款消失。

由此可见，林登币对于其网上用户、发行者或者整个现实经济活动都会产生风险。可能基于这样的原因，2020 年 8 月起，在比特币家园和火币等五个网站上未查询到其相关信息。

8.2 以 太 币

基于区块链技术的比特币是一种数字货币，其设计只适合加密数字货币场景，其工作量证明（POW）机制带来了效率和资源浪费，而在商业环境下，需要有高效的共识机制，具有图灵完备性，支持智能合约等多应用场景。以太坊在这种情况下应运而生。

8.2.1　以太币的特点

以太坊（Ethereum）是一个开源的有智能合约功能的公共区块链平台，它由以太坊基金会负责管理。以太坊基金会是一家注册在瑞士的非营利性组织，其目标是管理通过以太币预售募集到的资金，从而更好地为以太坊和去中心化的技术生态系统服务。以太坊的核心理念为：内置一条图灵完备编程语言的区块链，允许在上面创建任何应用。因此，我们可以认为，以太坊是可以扩展应用的网络平台。

从发展历史来看，2013 年，以太坊创始人 Vitalik Buterin 发布了以太坊初版白皮书，提出了建造去中心化程序的目标；2014 年 7 月 24 日起，以太坊进行了为期 42 天的以太币预售；2016 年初，以太坊的技术得到市场认可，其数字货币的价格开始暴涨；2017 年 3 月，企业以太坊联盟（Enterprise Ethereum Alliance，EEA）成立，其成员包括摩根大通、微软、英特尔等；2018 年 1 月 3 日，比特币家园信息显示，以太币达到历史高位的 1432 美元。

以太币（Ether，ETH）也称为以太坊，是以太坊开发的数字货币。从它与比特币的关系看，如果说比特币是区块链 1.0 的代表产品，那么以太坊可以说是比特币的升级版本。与目前的法定货币类似，ETH 也分为不同单位，包括 Finney、Szabo、Gwei、Mwei、Kwei 和 Wei。其中，Wei 是最小单位。从其关系来看，1ETH 等于 1000Finney，或等于 100 万 Szabo，或等于 10 亿 Gwei，或等于 100 万万亿 Wei。因此，可认为以太币可以无限细分。以太币的符号如图 8-3 所示。

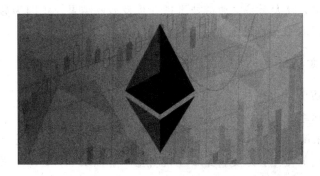

图 8 - 3　以太币的符号

需要注意的是，2016 年 6 月，以太坊最热项目 TheDAO 被黑客利用。为了挽回投资者的资产，以太坊社区最终决定对以太坊进行硬分叉，做出一个向后不兼容的改变，让包括被黑客占有的所有以太币都回归原处。以太经典 ETC 由此诞生，它开创了第一次主流区块链为了补偿投资人而通过分叉来变更交易记录的先例。

以太币的特点可以从以太坊的特点得到反映：

(1) 以太坊是一个通用的全球性区块链。以太坊是一个平台和编程语言，在以太坊上，用户还可以编写智能合约应用程序，使区块链技术的应用得到发展。从组成结构上来看，以太坊中的智能合约运行在以太坊虚拟机(Ethereum Virtual Machine，EVM)上，体现为合约存储在以太坊的区块链上，并被编译为以太坊虚拟机字节码，通过虚拟机来运行智能合约。由于这个中间层的存在，以太坊实现了多种语言的合约代码编译，网络中的每个以太坊节点运行 EVM 以实现并执行相同的指令。

(2) 以太坊的应用广泛。以太坊是一个平台，它提供了供用户搭建应用的各种模块，因此在以太坊上建立应用的成本和速度都有所改善。以太坊可以用来编程、分散、担保和交易任何事物。正因为如此，其应用广泛。例如，2017 年初，摩根大通、芝加哥交易所集团、纽约梅隆银行、汤森路透、微软、英特尔、埃森哲等 20 多家全球顶尖金融机构和科技公司成立了以太坊联盟(EEA)。除此之外，以太坊在保证资金安全和保险上也有应用。例如，在储蓄钱包安全方面，如果投资者 Alice 担心丢失或者被黑客盗走私钥，为确保其资金安全，她就可以把以太币放到和其朋友 Bob 签订的一个合约里，合约规定：Alice 或 Bob 单独都可以每天最多提取 1％的资金，但 Alice 可以用她的私钥创建一个交易而取消 Bob 的提现权限，而 Alice 和 Bob 一起可以任意提取资金。如果 Alice 的私钥被盗，她可以立即找到 Bob 把她的资金转移到一个新合同里；如果她丢失了自己的私钥，Bob 可以慢慢地把钱提出，但如果 Bob 表现出了恶意，她可以关掉他的提现权限，从而保证自己资金的安全。

由此可见，以太币是区块链技术进一步发展的结果。正因为如此，以太币在数字货币行业中一直处于重要地位。

8.2.2 以太坊的 Gas

在以太坊项目中存在 Gas 的概念，它翻译成中文就是"燃气""天然气"等，被称为以太坊系统中的燃料，它决定了以太坊网络生态系统的正常运行。

Gas 用来衡量执行某些活动所需要的工作量，这些工作量是为了执行活动而支付给网络的费用，即支付给矿工的佣金，并以 ETH 支付。因此，从逻辑关系上看，在以太坊系统上无论是执行智能合约，还是进行数据存储，都要依据工作量 Gas 的大小向矿工支付佣金，此时 Gas 就相当于给矿工提供动力的燃料。

Gas 由 Gas limit 和 Gas Price 两部分构成。其中，Gas Limit 是网络用户愿意为执行某个操作或确认交易支付的最大数量的燃料，而 Gas Price 是用户愿意花费在每单位燃料的价格，它可以用 ETH 的最小单位 Gwei 衡量。

当进行交易时，网络用户设定 Gas Limit 和 Gas Price，其乘积就是需支付给矿工的费用。因此，网络用户需要确定 Gas Limit 和 Gas Price。

(1) 确定 Gas Limit。一般来说，网络用户很清楚地知道，如果作为燃料的 Gas Limit 用完，则矿工就停止执行；如果 Gas Limit 在支付给矿工后还有剩余，则立即退还给发起交易的人员(即网络用户或智能合约创建者)。

(2) 确定 Gas Price。由于交易费用会交给挖矿的矿工，而矿工在挖矿时必须确认是哪些交易，因此为了鼓励矿工在区块中确认某交易，可以设置一个足够高的 Gas Price，从而跳到别人的前面而得到优先确认。如果 Gas price 设置得过低(如低于矿工的预期值)，就会被忽视而不予确认。因此，确定 Gas Price 实际上是网络用户为得到矿工劳动的激励机制，出价高自然能有效激励矿工进行挖矿，反之则无法激励矿工挖矿。

如果想以 ETH、美元、欧元计算 Gas Limit 和交易时间等信息，可以使用 ethgasstation 在线服务进行计算和查询。

由此可见，燃料 Gas 在以太坊系统中具有重要作用。

8.2.3 以太币及以太经典的价格

以太坊在成立之初曾经募集到了 7200 万枚以太币，且以太坊每年都会发行固定数量的以太币。与比特币类似，区块奖励的以太币数量会在一定时间后减半。根据比特币家园的估计，第二次时间预计为 2022 年 7 月 31 日，当前的区块奖励为 3.2 个，减半后的区块奖励为 2.56 个。虽然区块不断奖励以太币，但也存在丢失的情况。总体而言，以太币的增长率递减，从而使其通货膨胀率逐年下降，有可能成为能够抵抗通货膨胀的数字货币。从总量来看，比特币家园的数据显示，2020 年 8 月，以太币的现有存量约 8000 万枚。

　　虽然以太币的存量不大，但其价格波动较大。图 8-4 显示了 2016 年到 2020 年 8 月以太币的价格趋势。

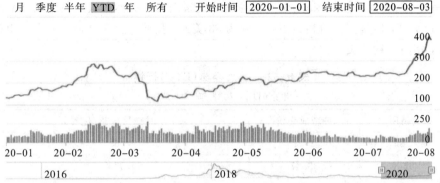

以太坊历史价格走势图

默认为今年以来的价格

| 月 | 季度 | 半年 | **YTD** | 年 | 所有 | 开始时间 | 2020-01-01 | 结束时间 | 2020-08-03 |

图 8-4　以太币的价格趋势

　　从图 8-4 中可以看出，以太币的价格在 2016 年较低，在 2018 年达到最高值，其后又呈下降趋势。近期数据显示，2020 年 8 月 4 日，以太币的最高价格为 402 美元，24 小时的成交额为 5.7 亿美元。关于以太币上涨的原因，火币研习社的分析认为，从基本面来说，ETH 近期有去中心化金融（Decentralized Finance，DeFi）市场的繁荣以及以太坊 2.0 的发展预期的双重利好。DeFi 的实质是基于一套开放的账户体系，保证全球任何人都可以无门槛使用的一系列金融服务。这些金融服务主要由一些开源的智能合约来提供，整个服务的代码和账目都可以在区块链上进行公开审计。DeFi 市场的繁荣对 ETH 主要有几个方面的促进。首先，在 DeFi 中需要大量锁仓 ETH，而大量锁仓会导致 ETH 流通盘减少，这对 ETH 具有提振效果；第二，很多 DeFi 项目的利率非常高，促使一部分用户购买 ETH 参与这些项目，进一步对 ETH 构成利好。其中，总锁仓量（TVL）是衡量一个 DeFi 项目使用规模最重要的指标，通过计算所有锁定在该项目智能合约中的 ETH 及各类代币的总价值（美元）之和而得到。由此可见，对于以太币的投资类似于对于股票的投资，利好消息以及仓位的锁定有利于价格的上涨。

　　以太币也需要通过挖矿得到。表 8-1 显示了不同矿机的收益。

表 8 - 1　以太坊矿机收益

（难度 2.43 P，币价￥2701.88，电费 0.35 元/度，北京时间：2022 年 8 月 9 日）

矿机型号	算力	耗电量	单位功耗	日产出	电费	电费占比	日净利润
芯动矿机 A10	485 M	700 W	1.44 W/M	￥85.57	￥5.84	6.49%	￥79.9
蚂蚁矿机 E3	190 M	810 W	4.26 W/M	￥33.47	￥6.42	19.17%	￥27.05

　　以太经典可以同时在 38 个交易所进行交易，显示其活跃程度较高。由表 8 - 2 可以看到，它在 Binance 交易所的成交量最大。虽然以太经典在不同交易平台交易，但其交易价格接近，大致为 38 美元，按照 1 美元兑换 7 元人民币计算，相当于约 7 美元。

表 8 - 2　以太经典（ETC）行情

（北京时间：2022 年 8 月 9 日）

交易所	最新成交价	24 小时交易金额/亿美元
Binance	38.1	1.61
OKX	38.07	0.5705
Dcoin	38.04	0.2332
AAX	38.10	0.3473

　　从产业的角度来看，以太经典也需要通过矿机进行挖掘，从而带动了矿机设备的生产、电力的消费等，这对于促进经济发展有一定的作用。表 8 - 3 显示了矿机的收益情况。

表 8 - 3　以太经典矿机收益

（当前难度 399.04 T，币价￥257.06，电费 0.33 元/度，北京时间：2022 年 8 月 9 日）

矿机型号	算力	耗电量	单位功耗	日产出	电费	电费占比	日净利润
芯动矿机 A10	485 M	700 W	1.44 W/M	￥66.95	￥5.54	8.28%	￥61.41
茉莉 X4-C	450 M	240 W	0.53 W/M	￥62.09	￥1.9	3.06%	￥335.48

　　从表 8 - 3 可以看出，无论是利用芯动矿机 A10 还是茉莉 X4-C 进行挖矿，其每天的净利润比较可观，相对而言，茉莉 X4-C 的收益更高，由此也带动了矿机设备的生产、电力的消费等，这对于促进经济发展有一定作用。

8.3　以太币的扩展币——柚子币

　　作为数字货币之一，柚子币（EOS）在交易市场中也较为活跃，其流通市值也较高。2020 年 8 月柚子币的流通市值超过 200 亿人民币，但其信息并不多。

根据网络资料，EOS 是由区块链专家 BM(Daniel Larimer)领导开发的类似操作系统的区块链架构平台，旨在实现分布式应用的性能扩展。柚子币(EOS)提供账户、身份验证、数据库、异步通信以及在数以百计的 CPU 或群集上的程序调度。该技术的最终形式是一个区块链体系架构，该区块链每秒可以支持数百万个交易，从而能够克服其他数字货币因交易次数多导致的网络严重拥堵和矿工费用增加的问题。

从发展历史来看，柚子币(EOS)的第一份白皮书于 2017 年发布，其团队运行了为期一年的 ICO，获得了超过 40 亿美元的投资，成为加密货币历史上最大的众筹活动之一。虽然出现时间较晚，但 EOS 拥有克服其他数字货币不足的优点，主要体现如下：

(1) 拥有 BFT＋DPOS 的共识机制。其中，拜占庭容错算法(BFT)可以提高系统的安全性和稳定性，而 DPOS 是一个投票机制，类似于美国的议会，由 21 个超级节点构成，每个超级节点相当于议员，由所有持有 EOS 的人共同投票选出。"议会"对于柚子币(EOS)整个生态系统有着极大的决定权，如果要实施某个方案，需要在超级节点中以 15 票通过。根据这种共识机制，只有多于 1/3 的区块生产者对全网进行恶意攻击时，网络才有可能出现分叉，而 DPOS 机制具有防止分叉的功能，因而其具有优越性。

(2) 交易免费。柚子币(EOS)通过每年增发最多 5% 的 EOS 来奖励超级节点，其中 4% 由未来的工作人员建议系统分配，而另外的 1% 分为两部分：其中 0.25% 是超级节点从每个区块获得的奖励分成，0.75% 是所有超级节点(包括备用节点)按照每票获得 0.75% 的比例提成。因此，EOS 拥有一定的通胀特性，因而用户在交易时不需要向节点支付矿工费用，这对于用户来说具有吸引力。

(3) 柚子币(EOS)软件提供完善的账号系统，可以帮助开发者快速开发自己的 App，增加其实用性。这主要体现在它与以太币的紧密关系上。一方面，柚子币(EOS)之所以能够实现，是因为它在以太坊之上增加了一个额外层，从而解决了可扩展性问题，并使柚子币(EOS)的市场价值与以太坊的价值永久相关；另一方面，柚子币(EOS)解决了以太坊的 Gas 问题，因而其比其他基于以太坊的区块链更快，其可扩展性更高。

作为以太坊的扩展应用，柚子币比以太坊有更多优势，从而引起了投资者的广泛关注，并导致其价格的大幅波动(如图 8－5 所示)。

根据网站"非小号"的信息，柚子币的价格在 2018 年 4 月 29 日达到 18.72 美元，为最高价，流通市值为 154 亿美元，而其最低价出现在 2017 年 10 月 26 日，为 0.5069 美元，流通市值为 2.16 亿美元。从近期数据来看，2020 年 3 月 19 日，其价格为 2.0171 美元，流通市值上涨为 19.19 亿美元。2020 年 8 月 17 日，其价格虽回升到 3.835 美元，但与最高点的 18.72 美元相比，下跌幅度仍然巨大。

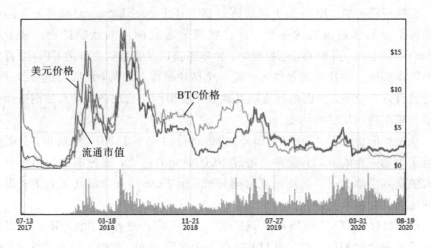

图 8-5　柚子币的价格趋势

　　与以太坊的价格比较可以发现，虽然柚子币比以太坊有更多优势，但其价格与以太币的价格相差甚远，这可能是由于它是以太坊的衍生品。

本 章 小 结

　　在众多虚拟货币中，林登币和以太币有其特殊之处。首先，林登币是虚拟空间"第二人生"中的数字货币，它能够与法定货币实现双向兑换，从而使其更类似于现实世界中的法定货币。更为重要的是，由于在虚拟空间"第二人生"中存在银行、房地产、博彩等行业，从而使经济体系从原来的传统现实体系转变为传统现实体系与虚拟体系并存的"二元"经济体系，这应当引起重视。其次，以太币对比特币进行了改进，从而使区块链技术的应用从 1.0 时代发展到了2.0 时代，使其应用范围更加广泛。因此，我们可以认为，以太币的出现对促进区块链技术的应用具有重要意义。

本 章 思 考 题

1. 试分析网络虚拟空间第二人生（SL）的产生原因。
2. 试分析网络虚拟空间第二人生（SL）对现实世界的影响。
3. 在网络空间中，林登币信息的消失说明了什么？
4. 以太币有什么优势？
5. 简述以太坊在区块链技术发展过程中的地位和作用。

第9章 瑞 波 币

国际贸易和国际投资是国民经济的重要支柱,然而,由于各国的货币不同,导致了跨境支付不仅需要考虑汇率波动的影响,而且需要支付相应的服务费用,从而在一定程度上妨碍了国际经济活动的开展。不过,基于区块链的数字货币有望在这方面发挥作用,特别是瑞波币。本章将对其功能进行介绍,并讨论其价格波动性及其泡沫。

9.1 瑞波币简介

瑞波币(XRP)是2013年由Ripple公司发行的一种相对中心化、可全球支付的加密货币。Ripple公司是一家区块链公司,其致力于使用区块链技术向客户提供跨境支付解决方案。Ripple的全球支付网络包括六大洲40多个国家的300多家客户。瑞波币(XRP)的引入,提高了Ripple公司全球支付网络的流动性,提升了跨境支付的速度,并且降低了交易费用。

Ripple公司的运行依赖于瑞波(Ripple)系统,它是位于美国旧金山的瑞波实验室于2013年推出的一种互联网金融交易协议,其网关是瑞波实验室,由诸如银行、汇款服务商、转账机构和交易所组成。以此为基础,人们可以实现全球各种货币及各种有价值的物品之间的自由、实时、免费的转换及汇兑,或实现与任意一种货币之间的转账,例如美元、欧元、日元之间的兑换,甚至比特币或其他虚拟货币,交易确认只需要几秒钟就能完成,既简便又快捷,交易费用接近于零,从而节省了传统金融中的异地跨行以及跨境支付费用。从这点来看,瑞波强调的不是"货币属性",而是"支付属性"。

瑞波系统的设计理念在跨境支付方面具有快速、低成本等优势,但也有不少争议。

(1) 相对去中心化。为了提升交易结算速度,Ripple网络中引入了网关这一中心化机构。因此,相对于比特币,瑞波币的去中心化程度较低,其违背了区块链技术去中心化的基本理念,遭受到了很多区块链技术追捧者的抨击。

(2) 公平性不足。Ripple公司持有大量瑞波币,对瑞波币的流通具有绝对的控制权。与比特币需要进行挖矿才能产生的机制不同,瑞波币的发行是由

Ripple 公司直接进行投放，其总数限制为 1000 亿枚。这种发行方式避免了挖矿过程中产生的资源消耗，但也加剧了瑞波币在交易流通过程中的不公平性。例如，Ripple 公司曾多次抛售瑞波币，导致瑞波币价格下跌，给投资者造成了较大损失。

（3）发行目的受到质疑。Ripple 公司声明其发行瑞波币的意图是为了提高其网络的流动性，使之成为瑞波网络中的基础货币。但与此相反，Ripple 公司却为瑞波项目进行了公开市场发行(ICO)，其收入成为公司的主要收入来源，从而造成了瑞波币价格的波动性，使这一"基础货币"无法保证其价格的稳定。

虽然瑞波币(XRP)饱受争议，但是却凭借其自身优势在跨境支付领域发挥着作用。目前，全球跨境支付业务主要是通过环球同业银行金融电讯协会(SWIFT)进行，通过这种方式进行跨境支付平均需要 3 天时间才能完成交易，并且伴随着高额的跨境支付费用。然而，在 Ripple 网络中使用瑞波币进行跨境支付时，一般可以在 3～5 秒内完成交易，并且仅仅会消耗万分之一枚瑞波币作为交易费用。相较于瑞波币 0.3 美元(2019 年 8 月 8 日)的市场价格，这笔交易费用几乎可以忽略不计。目前，Ripple 公司拥有 300 多家全球客户，其中不乏速汇金(MoneyGram)、美国运通公司(American Express)等大型金融服务公司。

9.2　瑞波币的价格与功能

9.2.1　瑞波币的价格

瑞波币(XRP)是 Ripple 网络的基础货币，它可以在整个 Ripple 网络中流通，并且随着交易的增多而逐渐减少。瑞波币具有随时随地方便使用的特点，从而有望成为全球所有货币交换的桥梁。

瑞波币于 2013 年 3 月正式发行，在 2014 年 4 月开始交易，货币单位是 XRP。XRP 目前可精确到 6 位小数，最小的单位称为一滴(drop)，且 1XRP＝1000000dXRP。

瑞波币长期以来备受虚拟货币投资者的关注，其价格波动较大，显示出很强的投机性。每个瑞波币的单价在 2013 年 5 月份一度达到 0.15 元人民币，但其后由于种种原因开始下跌，7 月瑞波币的价格跌破了 0.02 元人民币。但在 2013 年底，由于比特币价格的暴涨，XRP 的价格又一度达到了 0.5 元以上。2014 年初，由于瑞波币运营公司 Ripple Labs 的联合创始人 JED 宣称要在两周内抛光其所持有的全部 90 亿瑞波币，引起了市场极大的恐慌，瑞波币的价格很快被打压到了 1 分以下,达到了历史最低点。其后,由于 JED 与 Ripple Labs 达成抛售协议,使瑞波币的价格在 2014 年的大半年的时间内稳定在 3 分左右。2014 年 11 月份,随着越来越多的银行和金融机构宣布开始支持 Ripple 协议,使其最高价格达到了 0.18 元。但到 2015 年 3 月 15 日,其价格又回落至 0.07 元附近,并于 7 月 15 日进一步降低为 0.05 元,10 月 20 日降低为 0.03 元左右。近年来,虽然瑞波币的交易价格有上涨趋势,2021 年 5 月曾达到 1.3721 美元,折合成人民币大约 8.9 元,但是到 2022 年 3 月初下跌到 4.8 元左右,显示出较大的波动性。

9.2.2 瑞波币的功能

瑞波币具有跨境支付功能。为了更好地理解瑞波币的功能,有必要了解目前国际结算中的环球银行电信协会。环球银行电信协会(Society for Worldwide Interbank Financial Telecommunication, SWIFT)是一个协作组织,其运营着世界级的金融电文网络,为世界上的经济主体提供服务。银行和其他金融机构通过瑞波币与同行机构交换电文,从而完成金融交易。中国银行于 1983 年加入 SWIFT,是 SWIFT 组织的第 1034 家成员行,并于 1985 年 5 月正式开通使用,成为我国与国际金融标准接轨的重要里程碑。之后,我国的国有商业银行及上海和深圳的证券交易所也先后加入 SWIFT。进入 20 世纪 90 年代后,除国有商业银行外,我国所有可以办理国际银行业务的外资和侨资银行以及地方性银行纷纷加入 SWIFT,以开展国际结算业务。

与 SWIFT 网络系统不同,瑞波系统是开放的,任何人都能在这个系统上构建金融交易平台。依托 Ripple 网络系统的这些特性,瑞波币具有如下功能:

(1)对接全球法币。瑞波币(XRP)是全球所有货币的桥梁,瑞波账户可以实现国际转账、即时到账且无手续费。瑞波币能够进行多币种支付、结算、结汇的特点使其可以实现不同国际币种的全面转换,真正实现了全球货币的流通。

(2)对接清算中心、银行、信用卡公司等中介金融机构,从而避免了任何金融系统的障碍和高昂的中间费用。持有 Visa 标识的瑞波卡可在全球任何消费场所的 Visa 标识 POS 机上进行刷卡消费。

(3)对接全球银行。瑞波公司已经与全球 60 多个国家和银行进行接轨与合作,以方便客户把自己瑞波钱包内的瑞波币转到 Visa 专属瑞波卡中,通过瑞波卡实现在全球任何地方有 Visa 标识的 ATM 自动取款机上提现(如在美国提取美元,在韩国提取韩元等)。

在实践中,瑞波币具有如下优势:

（1）快捷。瑞波币的交易能自动进行，在 3～5 秒内就能完成支付。

（2）低廉。Ripple 转账费用仅 1/1 000 000 XRP。

（3）汇兑。Ripple 协议让瑞波币成为全球结算货币。

（4）互联。分布式 P2P 点对点结算，只要有互联网的地方，就可以使用 Ripple 网络。

（5）变现。随时全额 100％变现，没有任何限额。

由此可见，瑞波币有利于提高国际结算效率。目前，全球经济一体化进程不断加快，电子商务促进了跨时空的生产、流通和消费，而瑞波币的出现有利于国际结算方便、快速地完成，这对促进世界经济的发展有重要作用。

9.3　瑞波币的价格波动分析

瑞波币（XRP）具有自身特点和操作上的优势，从而成为许多经济主体的投资对象，这导致其价格的波动。本节将在样本选择的基础上实证分析其价格波动的特点，以进一步理解其本质。

9.3.1　研究样本与研究变量

与比特币等大多数数字货币相同，作为一个投资产品，瑞波币（XRP）能够在众多交易平台进行 24 小时网上交易。为研究其价格波动特征，本节收集了 2014 年 8 月 7 日到 2019 年 8 月 8 日每日瑞波币的收盘价格数据，共 1828 条。考虑到结果的稳健性和数据的完整性，共选取 3 个主要交易平台（Bitstamp、Bitfinex 和 Investing）的交易价格数据进行研究。研究变量主要涉及瑞波币在这三个交易平台上的收盘价、开盘价、最高价、最低价及平均值。

9.3.2　瑞波币价格的描述性统计分析

由于不同平台上瑞波币的价格不同，因此，本节利用三个平台上瑞波币价格的平均值进行分析。图 9-1 列出了其价格变动趋势。

从图 9-1 中可以看到，2017 年 3 月之前，瑞波币的价格持续稳定在低位水平，并且很少出现大幅度的价格波动现象。2017 年 3 月之后，瑞波币的交易价格开始出现大幅度的波动，于 2018 年 1 月 7 日达到顶峰（达到每枚瑞波币 3.38 美元），其市值也超过了 130 亿美元，使其成为仅次于比特币的第二大加密货币。然而瑞波币的价格涨势并没有持续太久，其后，瑞波币的价格不断下跌，呈现出不稳定性。

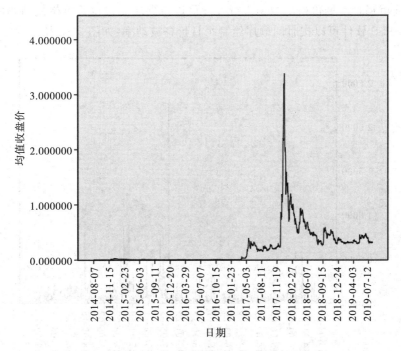

图 9 - 1 瑞波币每日收盘价格折线图

依据样本数据，使用 SPSS 数据分析软件对瑞波币的每日收盘价格进行描述性统计分析，结果见表 9 - 1。

表 9 - 1 每日收盘价的描述性统计

统计指标	极小值	极大值	均值	方差	偏度	峰度
收盘价均值/美元	0.004	3.380	0.219	0.122	3.559	20.068
有效的样本数	1828					

由表 9 - 1 可知：瑞波币每日收盘价的偏度系数为 3.559。经测算的峰度系数高达 20.068，呈现为右偏，因此瑞波币的市场价格分布相对于正态分布更加陡峭，可以看出其具有较大的价格波动。

9.3.3 瑞波币的价格波动率分析

为进一步理解瑞波币价格的波动性，就需要测算其每天的价格波动率，公式如下：

$$价格波动率 = \frac{单日最高价格 - 单日最低价格}{单日最低价格}$$

其中，单日最高价格和单日最低价格是三个平台价格的平均值。根据以上公式对瑞波币每日市场价格的数据进行处理可以得到瑞波币每日价格波动率数据，使用 SPSS 软件可以按时间顺序绘制每日价格波动率（如图 9-2 所示）。

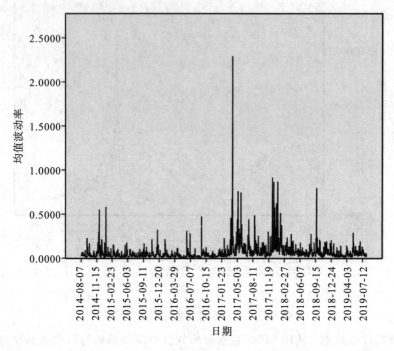

图 9-2　瑞波币每日价格波动率

从图 9-2 中可以看出，瑞波币的最大价格波动时期为 2017 年 12 月 7 日至 2018 年 2 月 7 日，这段时间内瑞波币的平均每日价格波动率为 25.5%。与此不同，长期来看，从瑞波币开始成为主流交易加密货币的 2017 年 3 月 17 日，到 2019 年的 8 月 8 日，瑞波币的平均每日价格波动率为 10.06%。

使用 SPSS 软件对瑞波币每日价格波动率进行描述性统计，具体数据如表 9-2 所示。

表 9-2　每日波动率的描述性统计

统计指标	极小值	极大值	均值	方差	偏度	峰度
每日波动率	0.000	2.293	0.069	0.011	8.186	122.932
有效的样本数	1828					

由表 9-2 可以看出，瑞波币每日价格波动率的偏度系数为 8.186，且经测算的峰度系数高达 122.932，其图像右偏，因此瑞波币的价格波动率分布相对于正态分布更加陡峭。

9.3.4 瑞波币的市场收益率分析

金融资产价格的波动性既可以体现为价格变化及其波动率,也可以通过其市场收益率反映出来。为深入理解瑞波币价格的波动性,就需要测算其每天的市场收益率,公式如下:

$$市场收益率 = \frac{收盘价格 - 开盘价格}{开盘价格}$$

其中,收盘价格和开盘价格均为三个平台上的平均值。通过对瑞波币每日收盘价格数据进行处理,可以得到瑞波币每日收益率。使用 SPSS 软件按时间顺序绘制的每日收益率如图 9-3 所示。

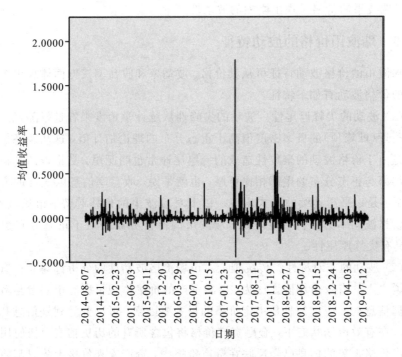

图 9-3 瑞波币每日收益率

由图 9-3 可以看到,瑞波币每日收益率绝大部分处于 −25%～25% 区间之内,有一些日期的收益率超过了 25%,并且出现过收益率超过 50% 的极端现象。2017 年 4 月 2 日,瑞波币单日收益率出现了 178.8% 的最高涨幅。与此相反,2017 年 4 月 3 日,瑞波币单日收益率出现了 −45.2% 的最大跌幅。由此可见,其市场风险非常大。

使用 SPSS 软件分析瑞波币每日的市场收益率,描述性统计结果见表 9-3。

表 9 - 3   每日收益率的描述性统计

统计指标	极小值	极大值	均值	方差	偏度	峰度
每日收益率	−0.452	1.788	0.005	0.006	8.099	153.978
有效的样本数	1828					

由表 9 - 3 可以看到：瑞波币每日收益率的偏度系数为 8.099，且经测算的峰度系数高达 153.978，其收益率呈现为右偏，因此瑞波币的收益率分布相对于正态分布更加陡峭，这进一步支持了前述瑞波币具有较大价格波动的结论。

综合以上对瑞波币的价格趋势、市场收益率、每日价格波动率的分析可以发现，瑞波币的价格呈现出剧烈的波动性。

9.3.5   瑞波币价格的波动特征

瑞波币的价格波动特征可从其价格、波动率和收益率三方面体现出来。瑞波币的价格波动有如下特征：

（1）波动的尖峰厚尾性。波动的尖峰性从统计学角度来看是指随机变量在均值附近（即峰顶）的概率密度值高于正态分布的理论估计值，这从经济学角度来说是由于价格波动的聚集性造成的。厚尾通常也叫肥尾，是指资产收益率分布的尾部与正态分布的尾部相比更厚，也就是说，收益率信息以成堆的方式出现，而不是以平滑连续的方式出现。以上对瑞波币的价格趋势、市场收益率、每日价格波动率的分析可以发现，瑞波币的价格分布相对于正态分布更加陡峭，具有尖峰厚尾性。

（2）波动的非对称性。传统理论对市场价格波动性的分析都建立在有效市场假说之上。有效市场假说认为，金融资产的价格体现了所有市场参与者对其所掌握信息的反应。信息是决定价格的最主要因素，可以分为利好信息和利空信息。在有效市场状态下，金融资产价格将包含所有的历史信息，任何用于预测资产价格走势的信息已经反映在资产价格中，资产未来价格走势只与将来市场上出现的新信息有关，因此利好信息会带来资产价格的向上波动，利空信息会带来资产价格的向下波动，且两种信息对金融市场的影响是对称的，这表明有效市场假说与市场完全竞争理论的假设条件十分相似。然而，大量的实证研究表明，数字货币的收益率序列存在过度波动和波动的非对称性现象。数字货币价格波动的非对称性表明金融市场上的各种资产价格的波动率并不完全与假设的理想状况相符，没有体现出正态分布的特征。许多研究认为，正是由于数字货币价格波动的尖峰厚尾特征导致了股价波动的非对称性，这解释了瑞波币价格的非对称性特点。

（3）市场价格的偏离性。通过观察瑞波币的每日收盘价格发现，2017 年 2 月 6 日，瑞波币的价格在不到一个月的时间快速下降至 0.7645 美元，波动率达到－72.89％。与此相反，2017 年 12 月 8 日，瑞波币的市场价格为 0.2268 美元，而到 2018 年 1 月 9 日，瑞波币的市场价格升至 2.8199 美元。短短一个月时间，瑞波币的价格的上涨率达到 1143.34％。这种巨大的价格波动引起瑞波币的市场价格偏离其真正的内在价值。

由此可见，瑞波币的价格波动具有尖峰厚尾性、非对称性和市场价格的偏离性特征，呈现出投机性，这是由其本质上的虚拟性导致的。

9.4 瑞波币的价格泡沫估计

如前所述，瑞波币的价格呈现大幅度波动性和泡沫性。为进一步理解其价格泡沫，本节首先估计瑞波币（XRP）完全代替目前全球跨境支付的理想情况下的使用价值，以测算其内在价值，然后，在此基础上测算瑞波币的价格泡沫。

9.4.1 瑞波币内在价值模型的构建

根据劳动价值理论，数字货币是技术创新的成果，它应有价值，但从其虚拟的表现形式来看，它并没有价值。虽然如此，作为应用于国际结算中的数字货币，瑞波币（XRP）有其使用价值，其原因有两点：首先，瑞波币（XRP）有实际的发行主体 Ripple 公司，该公司提供全球金融结算的解决方案，实现直接、及时的跨境支付，而不需要代理行。其次，瑞波币（XRP）作为该公司所提供的跨境支付解决方案，其已经实现了在跨境支付领域中的实际应用。因此，瑞波币（XRP）具有使用价值，即内在价值。

从其实用性来看，瑞波币（XRP）的使用价值体现在其使用方面。从理论上讲，每枚瑞波币的内在价值等于瑞波币的总价值与瑞波币总数量的比值。其中，瑞波币（XRP）的总价值主要体现为它在跨境支付中的作用，可以用其在跨境支付业务时的价值来度量。

为构建价值模型，假设：① 所有的瑞波币（XRP）连续不断地进行跨境支付活动；② 所有瑞波币（XRP）只能作为 Ripple 网络中的流通货币和安全货币，而不能在公开市场上交易。

根据以上假设和对瑞波币（XRP）价值的界定可知，每枚瑞波币（XRP）的价值为

$$v = \frac{m}{f} \tag{9-1}$$

式中，v 为瑞波币的内在价值；m 为瑞波币参与每笔跨境支付的平均交易金

额；f 为瑞波币参与每笔跨境支付时所使用的平均数量。

进一步看，在式(9-1)中，m 可用每年使用瑞波币进行跨境支付所处理交易的总金额 M 和每年瑞波币参与的跨境支付的交易总次数 N 的比率表示：

$$m = \frac{M}{N} \tag{9-2}$$

式(9-1)中，f 可用每秒参与跨境支付的瑞波币数量 c 和每秒瑞波币参与的交易次数 n 的比率表示：

$$f = \frac{c}{n} \tag{9-3}$$

式中，每秒参与跨境支付的瑞波币数量 c 用参与跨境支付交易的瑞波币数量 C 和通过瑞波币进行处理的单笔交易时间 t 的比率表示，每秒瑞波币参与的交易次数 n 可用每年瑞波币参与的跨境支付的交易总次数 N 和一年中的时间总秒数 T 的比率表示：

$$c = \frac{C}{t} \tag{9-4}$$

$$n = \frac{N}{T} \tag{9-5}$$

式(9-4)中，t 为单笔交易通过瑞波币进行的处理时间，大约为 3~5 秒，即通过瑞波币进行的单笔交易处理时间为 4 秒；参与跨境支付交易的瑞波币数量 C 可表示如下：

$$C = A - NK - 20Y \tag{9-6}$$

式中，A 为瑞波币的供给数量；N 为每年瑞波币参与跨境支付的交易总次数；K 是一个常数，值为 1/10 000，表示每完成一笔交易会消耗万分之一枚瑞波币；Y 为 Ripple 支付系统中的用户数量；20 表示为了保证 Ripple 网络中账户的安全，每个账户上需要持有 20 枚瑞波币不能进行流通，这些是由瑞波公司制定的规则。

将以上公式进行整理得到瑞波币的内在价值模型为

$$v = \frac{Mt}{T(A - NK - 20Y)} \tag{9-7}$$

式中，t、T、A、K 等都为常数，因此瑞波币的价值大小不受它们的影响。与此同时，可以看到，瑞波币的价值大小与每年使用瑞波币进行跨境支付所处理交易的总金额 M 成正比，与每年瑞波币参与的跨境支付的交易总次数 N 成正比，与 Ripple 网络中的用户数量 Y 成正比。

经过分析可以发现，这一定价模型有其合理性。

(1) 如果 Ripple 公司的跨境支付业务量不断提升，表明有更多的跨境支付业务需要使用瑞波币，这会直接导致每年使用瑞波币进行跨境支付所处理交易的总金额增加，反映在瑞波币定价模型式(9-7)中为 M 的增加，因此，M 的增加导致瑞波币内在价值 v 的增加是合理的。

（2）如果每年瑞波币参与跨境支付的交易总次数增加，一方面会导致瑞波币消耗速度加快，使得能参与到跨境支付中来的瑞波币数量减少。在其他变量不变的情况下，瑞波币数量的减少会导致瑞波币价值的上升。另一方面，每年瑞波币参与跨境支付的交易总次数增加也从侧面反映了更多的跨境支付交易需要使用瑞波币，这也是瑞波币使用价值上升的体现。反映在瑞波币定价模型式(9-7)中为 N 的增加。因此，N 的增加导致瑞波币价值 v 增加这一结论也是合理的。

（3）如果 Ripple 网络中的用户数量增加，会导致两方面结果：一方面，会导致没有流动性的瑞波币数量增加，而能参与到跨境支付中来的瑞波币数量减少。在其他变量不变的情况下，瑞波币数量的减少会导致瑞波币价值的上升；另一方面，Ripple 网络中的用户数量增加也从侧面反映了瑞波币作为一种跨境支付工具被更多用户所使用，体现为瑞波币使用价值的上升。从模型上看，表现为瑞波币定价模型中为 Y 的增加，因此，Y 的增加导致瑞波币价值 v 增加这一结论合理。

综上所述，瑞波币的内在价值模型中的自变量和因变量之间的关系可以得到合理的解释，因此瑞波币的定价模型具有合理性。

9.4.2　瑞波币内在价值的测算及价格泡沫

在 9.4.1 中的研究假设下，为测算瑞波币的内在价值，用 2015 年至 2018 年的全球跨境支付总额度量 M 值，选取瑞波币的总流通数量作为 A 值，选取每年全球跨境支付的总次数作为 N 的值；选取与瑞波币有跨境支付合作的相关机构数量作为 Y 值。考虑到目前 Ripple 公司的全球客户只有 300 多家，起到安全防护作用的瑞波币也仅有 6000 枚，因此，可以忽略价值模型分母中的 $20Y$，从而使利用价值模型估计的瑞波币内在价值比实际的价值小。

利用价值模型进行测算可知，2015 年至 2018 年瑞波币的内在价值大约维持在 0.05 美分，这与瑞波币的市场价格存在较大的差异。由此可见，瑞波币的价格具有巨大的投机泡沫。

泡沫可以定义为资产价格波动中无法用基本面解释的部分，即资产价格波动时与其基本价值的偏离部分，可用泡沫度表示：

$$泡沫度 = \frac{市场价格 - 内在价值}{内在价值}$$

基于以上对瑞波币内在价值的测算和其市场价格表现分析，本节以三个交易平台的平均价格为基础，测算了 2017 年之后 1461 个交易日瑞波币的价格泡沫度，发现其均值达到 447，而最大值达 6813.8451，这表明瑞波币具有巨大的投机泡沫。

以上的测算是基于瑞波币最理想使用的假设下进行的，即测算的内在价值应是最大值。但从实践上来看，瑞波币的使用尚未达到这种理想状态，其内在价值必然小于测算的内在价值，即瑞波币实际的内在价值要远小于我们在理想情况下算出的 0.05 美元。因此，将瑞波币作为投资或投机品隐含巨大风险。

9.5 瑞波币的前景

如前所述，Ripple 建立在 P2P 网络之上，它不同于传统的中心化金融网络。Ripple 支付系统分布在全球各个节点上，这些通过 P2P 网络相联系的节点构成了整个 Ripple 金融数据库。由于 Ripple 协议能高效、低廉地进行支付交易，所以形成了对全球 SWIFT 支付系统的挑战。Ripple 不仅可以处理现有各国法定货币之间的兑换，也可以处理包括比特币在内的虚拟货币之间的兑换，甚至可以实现商户积分、电话分钟数等有值物之间的兑换，从而搭建一个完全自由流通、即时且几乎免费的"价值网络"。因此，理论上看，它是理想的有可能发挥世界货币功能的货币。

创造或设计世界货币是人们的长期愿望，经济学家们已经进行了长期探讨。诺贝尔奖得主哈耶克曾经憧憬着一种能让多元货币模型更加有效的技术，他写道："一种电子计算器，可以在几秒之内给出以当前汇率计算的任何等价外币数量，很快会得到广泛应用。"Ripple 的分布式外汇交易系统可能成为哈耶克梦寐以求的"电子计算器"，但规模要比他想象的大得多。Ripple 是世界上第一家通用货币兑换商，假设 Ripple 被广泛采用，瑞波币（XRP）有可能成为一个全新的交易媒介——"货币 2.0"或是"超级货币"。

然而，瑞波币（XRP）也存在风险。首先，存在违约、欺诈等信用风险隐患。Ripple 支付网络的准入条件较低，所有用户都可以创建账号并进行交易，而且是非实名验证，缺乏有效审核，可能导致虚假网关的发生。同时，在 Ripple 支付网络中，对网关的辨别需要用户自己进行，一旦用户选择了虚假的网关，就可能造成资金损失。其次，存在洗钱风险。Ripple 支付系统与 SWIFT 不同，后者是通过银行账户进行资金转移，需要客户进行实名验证审核，而 Ripple 实行的是非实名制，仅通过用户自己设定的账户和密码就能完成交易，在整个交易过程中并未体现交易双方的真实身份，容易被不法分子利用从而进行洗钱等犯罪。第三，存在资金流失风险。在 Ripple 支付系统中，货币可以自由实施兑换，客户可以将其资金充值到个人 Ripple 账户中，再通过 Ripple 支付网络将资金转移到其他账户，或者兑换其他货币，这就容易造成资金流失以及进行洗钱等非法交易。

由此可见，在认识瑞波币（XRP）优点的同时，重视其面临的风险更为重要。

9.6 瑞波币的衍生币——恒星币

恒星币（XLM）或者 Stellar（XLM），也称流明币，是基于 Ripple（XRP）开发的加密货币，其运行平台 Stellar 是由 Jed McCaleb 和 Joyce Kim 在 2014 年初研究瑞波币系统时所创建的，该平台提供代币发行、分散兑换和桌面客户端等服务。恒星币（XLM）由为支持加密货币的维护和资助的恒星发展基金会开发，其流通量为 20 077 575 795，即大约 200.77 亿枚。与其他主要数字货币相比，它不易受到比特币（BTC）价格走势的影响。恒星币符号如图 9-4 所示。

图 9-4 恒星币（XLM）符号

恒星币（XLM）具有高可访问性、可定制性和快速交易的特点，还具有内置的去中心化交易所，可用于交易任何货币或资产。不仅如此，恒星币（XLM）有重要的应用价值，如能够完成企业内部和私人实体之间的小额支付、汇款发送以及提供移动金融服务和自动货币兑换等。根据金色财经区块链的信息，从实践上来看，据称 Stellar 已经在德勤、百汇项目等公司的业务流程中开始实施。

虽然恒星币（XLM）有不少特点，但这些特点并没有体现在其价格上。从其历史价格来看，恒星币（XLM）的价格首次大幅上涨发生在 2017 年 5 月，其价格接近每枚代币 5 美分，而到了在 2018 年 1 月 4 日，其价格达到了 85 美分，但其后不断降低（见图 9-5、图 9-6）。

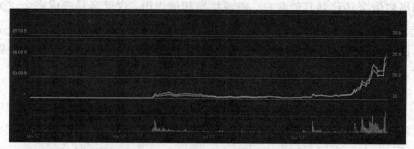

注：其价格为对数价格。

图 9-5　恒星币 2017 年的价格趋势

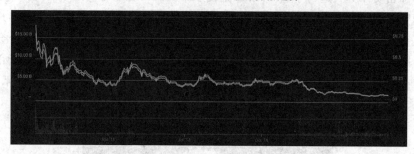

图 9-6　恒星币 2018 和 2019 年的价格趋势

　　2020 年的情况看，恒星币（XLM）的价格进一步下降。2020 年 9 月 13 日，其价格为 0.546 元人民币，按照 1 美元兑换 7 元人民币计算，其价格大约为 0.078 美元。

本 章 小 结

　　本章介绍了在跨境支付中具有重要作用的瑞波币（XRP）及其衍生品——恒星币（XLM），并重点对瑞波币（XRP）的价格进行了分析。分析表明，瑞波币（XRP）有巨大的价格泡沫，它和恒星币（XLM）的价格波动巨大，都存在很大的投机风险。

本 章 思 考 题

1. 试解释 SWIFT 系统及其在跨境支付的作用。
2. 试比较 SWIFT 系统和瑞波币（XRP）。
3. 试分析基于区块链技术的跨境支付的未来发展趋势。

第 10 章　其他非法定数字货币

在数字货币中，流通市值的大小代表了其活跃程度的高低。前面分析了流通市值较大的数字货币，本章将先后分析流通市值大约为 200 亿和 100 亿元人民币的数字货币。在流通市值大约为 200 亿元的数字货币中，诸如泰达币和币安币的稳定币在非法定数字货币中具有重要作用，本章将着重分析，并对流通市值大约为 100 亿元人民币的波场币（TRX）、OK 币（OKB）、门罗币（XMR）和 Cosmos（ATOM）进行探讨。

10.1　稳　定　币

在现实经济社会中，人们面临的普遍问题是通货膨胀，因此，设计或探讨价值相对稳定的货币就成为许多研究者的课题，在虚拟世界中也存在相同的问题。在众多数字货币中，研究者试图设计出具有相对稳定价值（实际上是价格）的货币，能够与现实经济中的某种稳定资产如黄金、欧元、美元等挂钩，使其成为具有一定购买力的数字货币，它们可统称为稳定币（Stablecoins）。

通常认为，具有稳定价值并能真正成为流通货币的数字货币必须具备以下特点：价格稳定、可扩展性、私密性和去中心化。根据 Alyzesam Alyze Sam 2015 年出版的《稳定币经济》（*Stablecoin Economy*），目前的十大稳定币包括：

一、Tether

Tether（USDT），即泰达币。它按照 1∶1 的比率与美元兑换以维持其价格，其市值大约为 46 亿美元，与其流通量大致相同，单位价格波动于 0.84～1.21 美元之间。

二、TrueUSD

TrueUSD（TUSD），是第一个完全由美元支撑且受监管的稳定币，截至 2020 年 4 月，TrueUSD 在受法律保护的第三方托管账户上获得 100％的美元担保。在其交易过程中，买方通过系统 KYC/AML 审核后，按照托管协议将美元发送给信托公司，在这些资金得到验证后，智能合约向买方的以太坊公共地址发出等价的 TrueUSD。反之，如果想将 TUSD 兑换为美元，就要通过类似的 KYC/AML 审核，从以太币注册地址发送带有 TrueUSD 代币的智能合约，然后托管银行将资金发给投资者。为保证 TUSD 具有相同的美元价值，系统通过增加或减少其供给量加以实现。TUSD 的市值大约为 1.4 亿美元,流通量大约也为 1.4 亿 TUSD。从历史数据看,其单位价格在 0.934~1.36 美元之间波动。

三、Maker DAI

稳定币 Maker DAI 能让用户在不担心市场波动的情况下充分利用加密货币进行投资,其稳定性由其他数字货币的抵押、执行投票(Executive Voting)、治理投票(Governance Polling)等提供支持。该数字货币所在的 Maker 社区包括 Maker 基金会(The Maker Foundation,即实行自治的总部位于丹麦的 DAI 基金会),以及旨在管理 Maker 社区重要无形资产如商标和代码版权的去中心化自治组织 Maker DAO(Decentralized Autonomous Organization,简称 DAO)。Maker DAI 的市值大约为 1 亿美元,流通量也约为 1 亿,单位价格在 0.72~1.37 美元之间波动。

四、USD Coin

United States Dollar Coin(USDC)于 2016 年 9 月推出,2017 年便成为继 Tether(USDT)之后锚定法币的第二大数字货币。USDC 与美元以 1:1 锚定,其市值为 4.3 亿美元,流通量约为 4.3USD,历史单位价格在 0.97~1.11 美元之间波动。

五、Paxos Standard Token

Paxos Standard Token(PAX)是由 Paxos 信托公司开发的稳定币,于 2018 年 9 月 10 日上线,PAX 与美元以 1:1 的比例兑换,并已获得纽约监管机构的批准。Paxos 信托公司的美元存款由美国政府持有,或由美国联邦存款保险公司(FDIC)担保的美国银行作为抵押持有,并被视为代币用户的财产。PAX 的市值约为 1.9 亿美元,流通量也大约为 1.9 亿,其历史单位价格在 0.97~1.1 美元之间波动。

六、Bitshares

BitShares 是一个开源、公开、基于区块链的实时金融平台,它是去中心化的资产交易所,类似于纽约证券交易所,其发行的虚拟货币为 BitUSD。BitUSD 的价值由期货、法币、黄金、白银和其他资产作为支撑,因此被认为是稳定币。其市值大致为 0.02 亿美元,流通量大约也为 0.02 亿,历史单位价格在 0.43~1.25 美元之间波动。

七、EOSIO

EOSIO(EOSDT)是一款为加密货币多元化的未来设计的稳定币,它与美元锚定,以加密资产作为支撑。EOSIO 的市值大约为 0.04 亿美元,流通量大约也为 0.04 亿,历史单位价格在 0.91~1.32 美元之间波动。

八、Gemini Dollar

Gemini Dollar(GUSD)是 Gemini 信托公司和纽约信托公司进行合作的产物。其中，Gemini 信托公司成立于 2014 年，是一家允许客户买卖和存储数字资产的数字货币交易和托管机构。根据 Gemini 白皮书，GUSD 是由纽约一家信托公司发行的加密代币，严格按照 1∶1 的汇率与美元兑换。其市值大致为 0.04 亿美元，流通量大约也为 0.04 亿，历史单位价格在 0.95～1.19 美元之间波动。

九、Binance GBP

Binance GBP(BGBP)。2019 年 7 月 19 日，接受欧元(EUR)和英镑(GBP)的加密交易所 Binance Jersey 宣布其以英镑支撑的稳定币 BGBP 上市。该数字货币以以太坊为基础，与英镑(GBP)锚定，并由法币储备支撑，其稳定性表现在按照 1∶1 的比例的英镑(GBP)为抵押，储备金存放在 Binance 银行，其历史单位价格在 1.19～1.25 美元之间波动。

十、Stable USD

2018 年 4 月，Stably 宣布开发 Stable USD，后更名为 Stably Dollar(USDS)，按照 1∶1 的比例锚定美元。Stably Dollar(USDS)由美国受监管的信托公司 Prime Trust 持有的美元担保，其市值大约为 0.01 亿美元，有大致相同的流通量，其单位价格在 0.89～1.13 美元之间波动。

为实现数字货币价值的稳定，就需要相应的稳定模式，这可归纳为三种。第一种模式为法定资产抵押模式，即通过抵押中心化的法定资产来发行代币，使代币同样具有价值。比如 USDT，它以储存在银行账户中的相同数量美元为抵押，以保证其价值的稳定。然而，由于它需要有发行方所拥有的现实资产为抵押，因此，其本质上是中心化的。第二种模式为数字资产抵押模式，即每发行 1 元稳定货币，就以更多的其他数字货币作为抵押物，而抵押物被存放于智能合约中。当网络用户买入所发行的数字货币时，发行者就增加抵押物，而卖出的时候赎回抵押物，从而其可信度高。如后期将涉及的艾达币，它没有受到实际美元持有量的支持，而是由数字资产作为抵押品来维持其价格。第三种模式为算法银行，即通过增加或减少稳定币的供给以控制其价格。例如，Basecoin 通过 Base Bonds 债券币。当基础币市场价格低于 1 美元的时候，智能合约系统通过拍卖债券币来回收流通中的基础币，反向操作则能提高基础币的价格。在这种模式中，算法成为信用基础，但这种基础由于没有实际资产的支持而受到质疑。

由以上分析可以看出，为实现数字货币价值的稳定，就应有现实资产或其他数字资产作为稳定的基础。然而，将法定货币作为数字货币发行的抵押物又有"画蛇添足"之嫌；而将本质上价值不稳定的其他数字资产作为所发行稳定币的定价基础本身就存在很大的不确定性，从而难以达到稳定数字货币价值的目的。

10.2 泰 达 币

泰达币(Tether USD, USDT)是 Tether 公司推出的锚定法定货币美元的数字货币，USDT 与美元的兑换关系为 1：1。泰达币可以被用于转移、存储、支付和消费。就像比特币或其他任何数字货币一样，用户可以在支持 Omni 协议的钱包如 Ambisafe, Holy Transaction 或 Omni Wallet 之间进行交易和存放泰达币。因此，我们可以认为，由于将法定货币美元作为保障性货币，从而使 Tether USD(USDT)具有了稳定价值。泰达币的符号如图 10-1 所示。

从发展历史来看，2014 年 11 月下旬，注册地为马恩岛和香港的公司 Realcoin 改名为 Tether，其后，当时比特币期货交易量最大的交易平台 bitfinex 宣布支持泰达币交易，而另一交易平台 Poloniex 交易所也支持泰达币，从而使其进入了公众视野，并得到快速发展。

图 10-1 泰达币符号

由于以相同数量的美元作为抵押，泰达币(USDT)成为目前数字交易市场中广泛接受的稳定货币，但因此也受到了市场的较多质疑：一是公司是否有足够的美元储备以发行泰达币？据链得得 App 统计，截至 2018 年 2 月 21 日，市场上流通的泰达币(USDT)共有 22.19 亿个，这意味着 Tether 的账户中需要有 22.19 亿美元的储备。如果泰达币(USDT)能够严格按照与美元储备 1：1 的比例发行，它就能作为不同数字货币的交易媒介发挥一般等价物的作用，成为名副其实的稳定币；否则它就不是真正意义上的稳定币。二是既然泰达币(USDT)与法定货币美元按照 1：1 的比率兑换，市场中为什么还需要人们使用不熟悉、不方便的泰达币(USDT)？难道仅仅是为了名义上的创新吗？三是泰达币(USDT)是否与比特币存在内在关系？理论上看，泰达币(USDT)是独立于比特币的市场发行且与美元挂钩的数字货币，如果不存在人为操纵现象，则增发等价美元的泰达币(USDT)不会出现后期比特币价格的上涨。然而，图 10-2 中显示的信息并非如此。

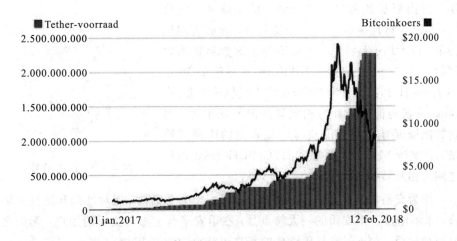

图 10 - 2 比特币价格与泰达币发行量关联性

由图 10 - 2 可以看出，从 2017 年 1 月 1 日至 2018 年 2 月前的大部分时间中，比特币价格的上涨与泰达币发行量之间似乎存在同步性，从而使人们产生泰达币与比特币之间存在关联性的观点，但这些观点需要更多证据的支持。

虽然市场对泰达币有不同看法，但从其价格趋势来看，其价格具有稳定性。

根据金色财经网的资料可知，2017 年 12 月 12 日，泰达币（USDT）的最高价格为 1.058 美元，而从 2016 年 3 月 21 日到 2020 年 8 月 25 日，其价格基本稳定在 1 美元，显示出良好的稳定性。

在现实经济活动中，早期的黄金、白银以及二战后的美元成为世界上普遍接受的稳定性货币。在数字货币市场中，为度量不同数字货币的价格，也需要像泰达币这样的稳定性货币，以发挥价格尺度的货币功能。研究机构 Coin Metrics 的数据显示，2020 年 6 月 29 日，以稳定币为交易媒介进行的日交易额首次超过了比特币，这可能意味着，泰达币（USDT）有可能在未来成为公共区块链上的主导数字货币。

10.3 币 安 币

在数字货币领域中，由于存在众多数字货币，因此它们之间的交易成为可能。然而，与现实世界中的众多法定货币类似，汇率波动会对某一交易方造成损失。为减小这种损失发生的可能性，就有必要在众多数字货币的交易中建立基准，使其在不同的数字货币和交易平台中发挥交易媒介功能，而能够发挥此功能的就是币安币。币安币符号如图 10 - 3 所示。

币安币（简称 BNB）是币安网（Binance）推出的数字货币。币安网是 2017

年 7 月由赵长鹏和何一联合创办的全球区块链公司，是一个区块链数字资产交易平台，能够实现比特币、以太坊、莱特币、币安币等主流数字货币之间的交易。公开信息显示，Binance 矿池于 2020 年 06 月 06 日 23:30(香港时间)正式上线机枪池服务。Binance 机枪池是指针对相同算法的不同币种，通过智能调度算力得到能获得最优收益的币种的策略，它支持 SHA256 算法和 BTC/BCH/BSV 币种之间的相互转换。

图 10-3　BNB 符号

作为交易媒介的币安币，其发行总量恒定为 2 亿枚，但对外公开发行 1 亿枚，永不增发。币安币的一大特点是：在币安平台上参与交易的用户，无论交易何种代币，在支付交易手续费时最高可获得 50% 的折扣。

币安网的盈利较为可观，其盈利方式包括收取客户在平台上进行交易的交易手续费、提取代币的手续费、代币上线费用等。根据币安白皮书的约定，公司将用每季度利润的 20% 用于回购并销毁币安币(BNB)。根据 2017 年 10 月 15 日的秋季回购公告，币安网将回购并销毁 986 000 币安币(BNB)。按此推算，其第三季度盈利约 500 万枚币安币(BNB)，按照当时 11 元人民币的价格计算，其第一季度的利润超过 5000 万元人民币，一年的利润超过 2 亿元人民币，其可观的盈利预示着币安币(BNB)有较高的市场价格。

根据数字货币信息网"非小号"上的信息，2017 年 8 月 12 日币安币的价格为 0.3718 美元，流通市值为 3718.45 万美元，而到了 2019 年 6 月 22 日，其价格为 8.6436 美元，流通市值为 54.55 亿美元。其后，币安币(BNB)的价格得到了较大幅度的上升。2020 年 8 月 20 日，币安币(BNB)的价格达 22.3464 美元，流通市值为 33.33 亿美元。图 10-4 为币安币的价格趋势图。

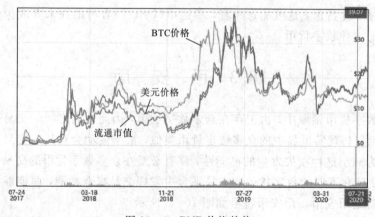

图 10-4　BNB 价格趋势

从图 10-4 中可以看出，BNB 的价格变化大，这与其他数字货币的价格趋势相同。如果币安币的季度盈利保持其第三季度(2017 年 7 月到 9 月)的水平，结合其 2020 年 8 月 20 日 22.3464 美元的价格，按照 1 美元兑换 7 元人民币的汇率计算，其价格约为 156 元人民币，市盈率大约为 78 倍。

从发展趋势来看，币安网推出了 Binance Jersey——一个面向欧洲的新子公司，提供币安币(BNB)/法币交易对，允许人们购买加密货币来换取英镑和欧元。不仅如此，币安网还宣布了其区块链 Binance Chain 以及分散式交易所 BinanceDEX，这可能预示着未来币安网会形成以币安币(BNB)为中心的币安币社区。

10.4　艾　达　币

10.4.1　艾达币简介

艾达币(ADA)是卡尔达诺(Cardano)项目的产物，其项目符号如图 10-5 所示，该项目发起于 2015 年，其名字来自 16 世纪同时具有医生、占星术士、哲学家等头衔的意大利数学家 Gerolamo Cardano。卡尔达诺(Cardano)项目涉及三个组织：第一个是 Input-Output Hong Kong(IOHK)公司，该公司负责开发卡尔达诺平台的合约，由 BitShares 和以太坊的联合创始人 Charles Hoskinson 管理；第二个是创立于瑞士的卡尔达诺基金会，它是一个非营利组织，其核心使命是培育、促进发展与教育卡尔达诺用户和商业社区，接洽与监管当局的商业事务；第三个公司为其业务合作伙伴的 Emurgo 公司，它是创业投资咨询公司，同时协助企业建立卡尔达诺区块链系统。

图 10-5　ADA 项目符号

在数字货币领域中，比特币向世人证明了区块链技术的可实现性，被称为区块链 1.0；以太坊证明了去中心化应用的可实现性，被称为区块链 2.0；目前的基础公有链在规模化、交互性、可持续性三方面普遍存在缺陷，而卡尔达诺(Cardano)希望能最终解决上述三方面问题，成为更便捷、更高速、更智能的新一代底层基础公有链，也就是大家常说的区块链 3.0。

艾达币的名称"ADA"来源于 19 世纪被称为人类史上第一位程序员的英国贵族 Ada levea 的名字。从技术层面看，艾达币有其自身的特点。公开的网络资料表明，ADA 采用的 DPOS 共识算法被称为乌洛波罗斯（Ouroboros），它不需要浪费电力，而是通过随机选取任意节点作为区块生产者，被选中的概率与该节点权益成正比。在 ADA 中，权益是指节点的相对价值，可简单理解为节点持币价值／全网总价值。如果某个节点的权益＞0，则被称为权益所有人；但是如果被选作区块生产者，则该节点被称为 slot 领导者，相当于比特币的矿工。

进一步来看，乌洛波罗斯协议将时间分为单位为 epoch 的片，每个 epoch 又划分为多个 slot。在一个 slot 时间段（20 秒）内，有且只有一个领导者，由他负责产生一个区块。如果领导者在他的 slot 期间因为一些原因未能产生区块，那么他就浪费了这次机会，除非再次被选作领导者。因此，存在不产生区块的 slot，但是在一个 epoch 期间，必须有大部分 slot（50％＋1）产生区块。

slot 中的领导者是如何被选出来的呢？这分为两个步骤。第一步，确定候选人。候选人必须具备的资质是权益所有人，且达到一定的准入门槛，比如节点权益占全网权益的 2％。如果按 2％ 的准入门槛，那么在整个 ADA 网络中，能够成为候选人的节点不会超过 50 个。显而易见，由于权益分散，能达到条件的候选人会越来越少，权力会更加集中，且拥有的权益越多，被选举为 slot 领导者的可能性也就越大，因此，选拔领导者被认为是富人的游戏。为了公平起见，ADA 设计了一个权益委派功能，可以将多个账户的权益集中起来使之成为候选人，而每个账户可以按照比例获得分红，这类似于董事选举中的委托投票制度。第二步，当候选人确定之后，如何选举出 slot 领导者呢？其选举原则是随机的。

艾达币（ADA）的总量为 45 亿个，预售期将投入 30 亿个艾达币（其中 25 亿个用于首次币发行（Initial Coin Offering, ICO），其余 5 亿个用于开发公司运营的资金支持），而剩余的 15 亿个艾达币（ADA）将会不断发放。区块奖励以每 3.5 分钟发放一次，发放频率如下：最初每个区块产生 2000 个艾达币，共计 3 744 961 个区块；第二阶段每个区块产生 1000 个艾达币，共计 3 744 961 个区块；第三阶段每个区块产生 500 个艾达币，共计 3 744 961 个区块（艾达币.读秀[引用日期 2020－04－07]）。

10.4.2 艾达币的特点和价格趋势

人们普遍认为艾达币有三个特点。一是采用分层的生态体系设计，实现高拓展性。主流的公有链设计中比较普遍的做法是在一个链上存储各方面的信息，但这会带来无法真正满足实际运行需求的问题，并且会给未来网络速度拓展、治理优化以及可持续发展带来障碍。而 ADA 的分层区块链生态，将整个体系划分为结算层和计算层两个层次，这样就可以针对不同的分层进行有针对性的部署和升级：针对结算层，可以通过软分叉对数字货币交易中遇到的问题进行升级和换代，而对于计算层，则可以根据系统运行需求进行针对性拓展和改良。艾达币（ADA）的第二个特点是具有兼容性和可持续性，即希望未来的艾达币（ADA）能够成为其他数字货币的黏合剂和交易媒介。艾达币（ADA）的第三个特点是具有可互操作性，即区块链与传统金融系统间能够沟通，增强公有链与传统金融的适配度。

与其他数字货币类似，艾达币（ADA）可以在币安、Bittrex 等平台上交易，其价格也呈现出较大的波动性。图 10 - 6 显示了其价格趋势。

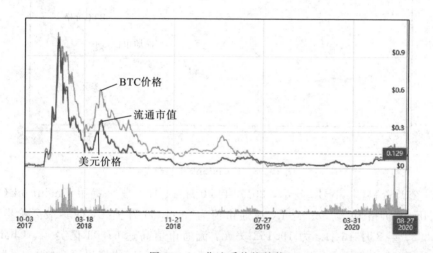

图 10 - 6　艾达币价格趋势

根据资讯网"非小号"的资料，2020 年 8 月 31 日，艾达币的价格为 0.1173 美元，流通市值为 30.41 亿美元，而在 2018 年 1 月 4 日，其价格为 0.9999 美元，流通市值为 259.24 亿美元。由此可见，其流通市值的缩水幅度较大。虽然艾达币被称为区块链 3.0 的数字货币，但其价格并未体现出其技术优势。

10.5　Chainlink 和 Tezos(XTZ)

ChainLink 项目从 2014 年开始启动，旨在建立区块链与外部数据的交互，为财务数据传输、金融协议、保险等应用场景提供标准化解决方案。从机制上来看，ChainLink 设计了三个合约：声誉合约、订单匹配合约和聚合合约。ChainLink 项目启动后，产生了同名的数字货币 ChainLink（或 LINK），图 10 - 7 是其表示符号。

数字货币 ChainLink（或 LINK）也遵循网络经济的基本规律，即使用得越多，其价值越高。ChainLink 与区块链企业密切合作，如 2020 年以来，相继宣布与明星 DeFi 项目、ETC Labs、DeFi 衍生品平台 DMM 合作，这在一定程度上提高了其交易价格。图 10-8 所示为 ChainLink 的价格趋势。

图 10-7　ChainLink 符号

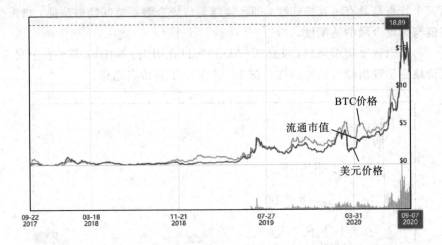

图 10-8　ChainLink 价格趋势

公开资料（非小号）显示，2017 年 11 月 14 日，数字货币 ChainLink（或 LINK）的价格为 0.1889 美元，流通市值为 6611.85 万美元，而其最高价出现在 2020 年 8 月 16 日，为 19.153 美元，流通市值高达 67.03 亿美元。Chain-Link（或 LINK）的高价格也可从其排名上看出。按照网络资讯平台"非小号"的排名，LINK 在 2018 年 6 月 18 日的排名为第 114 位，而其在 2020 年 9 月 3 日的排名上升为第五位。

在数字货币中，市值与 ChainLink 相近的是 Tezos（简称 XTZ），其符号如图 10-9 所示。作为在币安网上交易的数字货币，Tezos（XTZ）有较大的市场价值。Tezos 一词来源于古代希腊语，意为智能合约。Tezos（XTZ）是去中心化的区块链，通过建立真实的数字联邦实现自我管理，其特点是将常规区块链上的操作功能模块化。Tezos（XTZ）使用股权证明（DPoS）共识机制，其采矿过程被称发酵效应，其中的

图 10-9　XTZ 符号

"见证人"负责验证发酵的经济激励，而发酵效应推动者必须存入至少 10000 枚

XTZ，以便在签署和发布区块的过程中保持活跃状态。

与其他数字货币的研发一样，Tezos(XTZ)需要研发资金的支持，而 ICO 就成为重要的筹资方式。事实上，Tezos(XTZ)在 ICO 时就筹集了 2.32 亿美元，随着 2017 年 7 月 ICO 的结束，2017 年 10 月，它在主要交易所上市。Tezos 的价格趋势如图 10-10 所示。

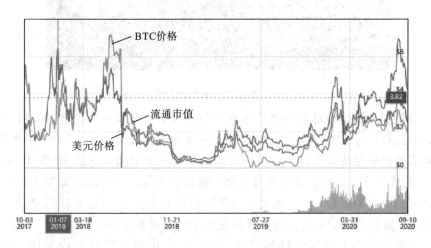

图 10-10　Tezos 价格趋势

根据数字货币信息网"非小号"的信息，Tezos 的最低价出现在 2019 年 2 月 17 日，价格为 0.3674 美元，流通市值为 2.23 亿美元；其最高价格出现在 2018 年 1 月 7 日，价格为 6.46 美元。

10.6　波　场　币

波场币(TRX)是 2017 年 8 月 28 日推出的加密货币，由波场(Tron)公司下的基金会开发和维护，其符号如图 10-11 和图 10-12 所示。

图 10-11　波场(TRX)的符号

图 10 - 12　金色百科上的波场币(TRX)

　　波场(Tron)是全球首家将分布式计算、社交金融和共享经济引入数字娱乐领域的科技金融公司,它为 Tron 协议的去中心化应用提供高吞吐、高扩展、高可靠性的底层技术支持。波场(Tron)所收购的互联网技术公司(BitTorrent Inc.)设计的分布式技术能够有效扩展,保持智能化,并使创作者和消费者能够控制其内容和数据,且这种技术每天可以传输全球 40% 的互联网流量。因此可见,波场(Tron)在区块链技术的发展中有着重要作用。

　　作为全球最大的区块链协议之一,与中心化的互联网结构相比,波场(Tron)协议具有以下四个基本特征:一是数据自由,即数据的上传、存储不受控制;二是内含激励机制,即通过内容的贡献和传播就能得到应有的数字资产收益;三是内容生态,体现为个人可以自由地发行数字资产;四是发挥基础设施功能,即分布式的数字资产会匹配一整套完整的去中心化基础设施,包括分布式交易所、自治性博弈系统、预测系统以及游戏系统。

　　虽然波场(Tron)协议拥有明显的优势,但其波场币(TRX)在市场中并没有良好的表现。图 10 - 13 显示了其价格趋势。

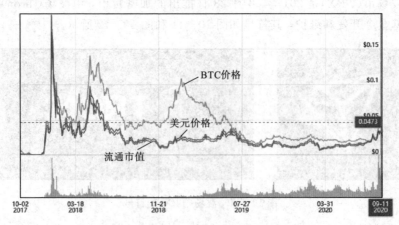

图 10 - 13　波场币价格趋势

根据非小号信息,波场币的最低价格出现在 2017 年 11 月 14 日,为 0.002016 美元,流通市值为 1.44 亿美元;最高价格出现在 2018 年 1 月 5 日,为 0.1984 美元,流通市值为 130.47 亿美元。到 2020 年 9 月 11 日,其价格为 0.032992 美元,流通市值缩小为 23.64 亿美元。这种价格与其传输全球 40% 的互联网流量的地位不匹配,除了出现时间较晚等因素外,其虚拟性可能也是一个重要原因。

10.7 OK 币

OK 币是由 OK Blockchain 基金会发行的全球通用积分,简称 OKB,其符号如图 10-14 所示。与以太币等数字货币不同,OKB 不做 ICO,不公开向投资者募资。

OKB 初期基于以太坊 ERC20 协议发行,未来会转移到自身研制的公有链 OKChain 之上。在发展规划上,OKB 基金会计划与网络平台 OKEx 建立战略合作关系,把 OKB 建设成 OKEx 生态中的重要组成部分。共享和透明是区块链的核心理念,OKEx 将推出平台共享计划,将 60% 的 OKB 全球通用积分逐年免费派送给 OKEx 用户,让每一位用户参与平台的建设和发展,共建 OKEx 区块链生态系统。OKB 的发行总量为

图 10-14 OKB 符号

10 亿,扣除非流通的量,其流通量为 2.78 亿 OKB。

与其他数字货币类似,OKB 的价格变化也较大。图 10-15 显示了其价格趋势。

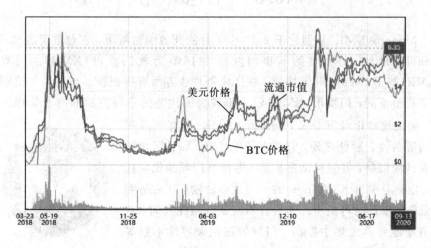

图 10-15 OKB 币价格趋势

数字货币资讯网"非小号"显示，OK 币的最低价出现在 2019 年 1 月 14日，为 0.5752 美元，流通市值为 1.72 亿美元；最高价出现在 2020 年 2 月 16日，为 0.7369 美元，流通市值为 19.26 亿美元。而近期信息表明，2020 年 9月 13 日的价格为 5.6887 美元，流通市值为 15.67 亿美元。

从最新的发展情况来看，OKEx 自有公链 OKChain 已正式更名为"OKEx交易链"（OKExChain），如图 10-16 所示，其特点是任何个人和社区组织都可基于 OKExChain 建立自己的区块链应用。OKExChain 依托于 OKEx 的全域视野及在加密数字资产领域的先进经验，从区块链底层切入，与其他生态系统互联互通，共有五大生态方向：发行数字资产、运行智能合约、跨链、自主搭建去中心化交易所以及发布 DeFi 应用。

图 10-16　OKChain 更名

可以预见，基于 OKB 基金会与网络平台 OKEx 的战略合作关系以及OKEx 自有公链 OKChain 的更名，OK 币（OKB）可能会有更好的市场表现。

10.8　门　罗　币

Monero(XMR)是创建于 2014 年 4 月的开源加密货币，它着重于隐私、分权和可扩展性，计划在约 8 年内发行约 1840 万枚门罗币（XMR）。门罗币（XMR）基于 CryptoNote 协议，在区块链算法方面有所创新。与其他可追溯性数字货币不同，门罗币（XMR）致力于成为可代替的不可追踪的电子货币。因此，相比比特币及其分叉，门罗币（XMR）具有更高程度的匿名性。除此之外，它还有其他优点，如其区块链没有区块限制，并且可动态扩展；即使当门罗的供应耗尽，也会有 0.3 XMR/min 的供应量以激励矿工；透明性强，如审计时可给审计人员查看密钥。与此同时，它也有矿池计算力集中度高、门罗的钱包兼容性不强等问题。门罗币（XMR）的符号如图 10-17 所示。

图 10-17　门罗币符号

根据网络资料，挖门罗币需要五个步骤：

（1）下载挖矿软件。下载地址如下：

https://github.com/xmrig/xmrig/releases 或 者 https://github.com/fireice-uk/xmr-stak/releases

（2）申请门罗币钱包。打开 https://mymonero.com/ 网站，申请一个门罗币钱包地址，这是门罗币官方的在线钱包，相对较安全。

（3）寻找一个矿池加入挖矿。在众多的门罗币矿池中选择一个矿池，然后在挖矿软件的配置文件中填写你的门罗币钱包地址和矿池地址。表 10-1 显示了门罗币的矿池概况。

（4）查看挖矿进展。

表 10-1　门罗币矿池

序号	矿　池	计算力	矿工数量
1	supportxmr.com	86.75 MH/s	5558
2	鱼池	77.80 MH/s	—
3	xmr.nanopool.org	65.05 MH/s	15 502
4	猫池 C3Pool	5.72 MH/s	190
5	大象矿池	4.70 MH/s	692
6	minergate.com	3.02 MH/s	21 750
7	monero.miner.rocks	2.04 MH/s	2046
8	ViaBTC	1.83 MH/s	2464
9	星火矿池	1.69 MH/s	175
10	蚂蚁矿池	618.42 kH/s	—

（5）变现。当挖到了一定量的门罗币（XMR）之后，矿池会自动将其转到你对应的门罗币钱包地址。此时就可以找一个交易所（如币安网）进行提取或交易。从挖矿收益来看，以 1060 3G 的计算能力为例，在不超频的情况下，挖掘 XMR 的速度在 430 H/s 左右，不计电费，单卡日收益为 ＄1.62，超过了之前收益之王 ETH（Crypto coins mining profit calculator compared to Ethereum）。

门罗币（XMR）在历史上的价格变化较大，图 10-18 显示了其历史价格趋势。

图 10 - 18 门罗币的价格趋势

根据金色财经的数据，2017 年门罗币出现了历史最低价，为 72 元人民币，2019 年出现了历史高价，为 818.07 元人民币，而最新 2020 年 9 月 16 日的价格为 424.05 元人民币，仍然处于高位，表明其对投资者有较大的吸引力。

10.9 Cosmos

Cosmos 项目是由 Tendermint 团队于 2016 年发起、具有高度前瞻创新性的区块链跨链项目，其系统架构设计的重要特征是把共识引擎和底下的 P2P 网络层打包在一起组成 Tendermint Core 的软件，使其发挥核心功能，其目标是通过代币转移的基础功能最终实现"区块链的互联网"，并构造一个深度集成的代币经济生态系统。因此，从理论上看，可以认为它实质上是对区块链技术的进一步发展和创新。

Cosmos 项目在 2017 年 4 月份完成了 ICO，融资额为当时价值 1700 万美元的比特币和以太币。该项目发放总量两亿枚 Cosmos 代币（ATOM），并按照以下方式分配：ICO 销售占 75%，天使投资人占 5%，ICF(Inter-chain Foundation)基金会 10%，团队保留 10%。ICO 的基准价为 10 美分，战略投资人和早期投资者分别有 25% 和 15% 的折扣。图 10 - 19 为其符号形式。

图 10 - 19 ATOM 的符号

Cosmos 项目的共识机制具有三个特点。第一，从拜占庭容错系统(Byzantine Fault Tolerance，BFT)看，其投票机制可以最多容忍三分之一的拜占庭节点；第二是最终性，即共识形成的最新区块就是最终区块；第三，其共识效率高。

为理解 BFT，有必要对其进行简要解释。BFT 用于从理论上解决拜占庭问题（即拜占庭将军问题）。拜占庭位于如今的土耳其的伊斯坦布尔，是东罗马帝国的首都，由于当时拜占庭的罗马帝国国土辽阔，而每支军队的驻地相隔遥远，当发生战争时，将军们只能靠信使传递消息，并制定统一的行动计划。然而，这些将军中可能存在的叛徒会破坏忠诚将军们的一致行动计划。因此，将军们必须事先制定协议，使所有忠诚的将军能够达成一致，而少数叛徒不能使忠诚的将军们做出错误的行动计划，这就是拜占庭将军问题。拜占庭将军问题的实质就是要寻找一个协议，使得将军们能在一个有叛徒的非信任环境中建立对战斗计划的共识。学者 Lamport 对拜占庭将军的问题的研究表明，当叛徒的个数小于将军总数的 1/3 时，通过口头同步通信（假设通信是可靠的），就可以构造同时满足"一致性"和"正确性"的解决方法，即将军们可以达成一致的行动命令。区块链网络的记账共识和拜占庭将军的问题相似。参与共识记账的每一个节点相当于将军，节点之间的消息传递相当于信使。某些节点可能由于各种原因而产生错误的信息传递给其他节点，通常这些发生故障的节点被称为拜占庭节点，而正常的节点即为非拜占庭节点。由此可见，Cosmos 项目投票机制可以最多容忍三分之一的拜占庭节点的特点，实质上是 Lamport 研究结论的实际应用。

Cosmos 项目的系统是由很多独立、平行运行的区块链所组成的网络，各条区块链之间是通过节点来实现连接。Cosmos 项目上的区块链称为"分区（Zone）"，其中的一些分区又称为"枢纽（Hub）"，而不同的分区可以通过共享的枢纽来互相通信与互操作。Cosmos 网络上的第一个分区就是 Cosmos 枢纽（The Cosmos Hub）。Cosmos 枢纽是一个公共的区块链，其原生 Token（暗号或令牌）称为 Atom 或 ATOM（https://www.jianshu.com/p/656c2507bd80）。Atom 是 Cosmos 项目中的代币，俗称"阿童木"，而 Cosmos 价格也就是 Atom 币的价格。

与股票类似，数字货币的价格也受到信息的影响。火币全球站宣布于 2019 年 4 月 23 日 11:30 开放 ATOM/USDT，ATOM/BTC，ATOM/ETH 三个交易对，并于 4 月 29 日 14:30 开放 Cosmos（ATOM）充值业务（见图 10 - 20），从而促使了其价格的上涨（见图 10 - 21）。

图 10 - 20　火币网开放 ATOM 充值业务

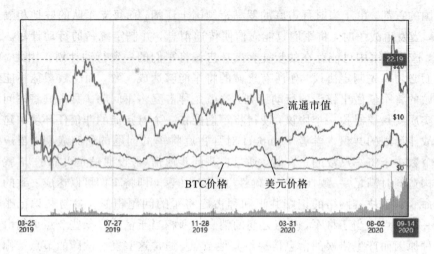

图 10-21　ATOM 价格趋势

　　根据非小号网络的信息，ATOM 的价格经历了不断变化，历史高价出现在 2019 年 3 月 17 日，为 27.32 美元，最低价出现在 2020 年 3 月 13 日，为 1.6263 美元，流通市值为 3.1 亿美元。2020 年 8 月 17 日，ATOM 的价格为 6.118 美元。相应地，2020 年 9 月 13 日，其价格降低为 5.6 美元。

　　需要注意的是，由于火币全球站宣布了 ATOM 与 BTC、ETH 的交易，从而理论上存在套利空间。例如，2020 年 9 月 16 日，它们的对价分别为 ATOM/BTC = 0.00045995、ATOM/ETH = 0.0137910，因此，BTC = 29.807ETH。与此同时，从这些数字货币与人民币（CNY）的关系看，BTC = 73612CNY，ETH = 2545CNY，因此，BTC = 28.924ETH。由此可见，在不考虑交易成本的情况下，以人民币为中介，BTC 与 ETH 的汇率之间存在差距，即存在套利空间。类似地，如果以其他法定货币或数字货币为中介，也会存在套利空间的可能性。

10.10　非法定数字货币投资警示录

　　在数字货币的发展历史中，林登币实现了与法定货币的双向兑换、模拟了现实世界的经济活动，且将现实经济体系扩展到了虚拟经济体系，形成了网络环境下的"二元经济"。更为重要的是，"钟安舍"（Anshe Chung）用近 10 美元的成本通过林登币在虚拟世界中成为第一位百万富翁，并登上了 2006 年的《商业周刊》，这刺激了经济人的获利欲望。虽然这对现实世界中经济主体的影响具体而深刻，但缺少更多证据的支持。事实上，在数字货币的发展过程中，林登币、达世币、蒂克币等众多的数字货币都存在巨大风险，这种风险在人类逐利本性的驱动下会传递到现实世界中，从而对现实经济社会产生负面影响。因此，在严格监管的网络环境下，现实世界中的经济主体应对网络虚拟空间中数字货币的相关活动保持警惕。

传销是在现代生活中不断出现的违法活动，它也在渗透到互联网经济中。利用非法定数字货币的虚拟性，传销活动打着"快速致富梦"的口号，鼓励会员"拉人头"以赚取回报，不断吸纳会员费以达到敛财目的，是一种诈骗犯罪行为。澎湃新闻通过裁判文书网，以"虚拟货币"＋"传销"为关键词，对 2014 年以来由各地判决的 141 起刑事案件进行分析、总结，发现至少 65 种"传销币"复制此类违法行为。

以虚拟货币为对象进行传销案件的犯罪有相同做法：不法分子在国内或国外注册成立空壳公司并设立网站，大肆宣传虚构某种"虚拟货币"的价值，捏造博彩、娱乐、医疗等实体项目，以多至百倍收益的"高额返利"为噱头，鼓励会员以开拓市场、与人共享等"拉人头"的方式赚取回报，不断吸纳会员达到敛财目的。在实践中，虚拟货币传销案共涉 MBI、M3 币、暗黑币、亚洲币、恒星币、金缘购物联盟电子币、长江国际虚拟币、奇乐吧、微视传媒电子币、分红点币、HGC、COA、LFG、SRI、bismall、AHKCAP、CPF、亿分、K 币、R 币、百川币、K 宝、中富通宝、红通币、雷恩斯电子货币、环球贝莱德一号理财币、格拉斯贝格、BCI、M 币、翼币、EV 币、业绩币、FIS、U 币、ES、藏宝网业绩币、汇爱电子币、建业盘电子币、补助币、高频交易币（HFTAG）、开心复利币、快联网站虚拟货币、世华币、恩特币、CPM、克拉币、至尊币、五华联盟虚拟币、美盛 E、中华币、米米虚拟货币、FIS、世界云联云币、利物币、维卡币、马克币、善心币、无极币、ATC、IPC、中央币、五行币、汇爱币、航海币等众多名称的"虚拟货币"。

与此同时，对 2018 年上半年的传销币进行的分析，显示了 11 种有传销嫌疑的虚拟货币，包括：最早于 2015 年出现的维卡币（Onecoin）、2017 年下半年出现的 Mchain（M 链或 MCC）、2014 年出现的雷达币（ADAR）、2017 年 11 月左右出现的光锥（LCC）、2017 年 9 月上线的星瀚链（SGC）、电能链（EEC）、2017 年 5 月份左右出现的大众币（TPC）、大唐币（DTB）、英雄链（HEC）、2018 年 6 月上线 PMD（PYRAMID）、温商链（WSC）等。

由此可见，在国家鼓励区块链应用的背景下，对于打着创新、区块链名义进行违法活动的虚拟货币有必要进行严格监管，以维护社会正常经济秩序。

本 章 小 结

前几章分析了比特币、林登币等流通市值较大的非法定数字货币，而本章对其他非法定数字货币进行了分析，包括作为稳定币代表的泰达币和币安币，艾达币、Chainlink、在币安上交易的数字货币 XTZ 和其他流通市值大约为 100 亿元的四种非法定数字货币，同时指出了投资这些非法定数字货币的风险。

从实践上看，非法定数字货币的发展为法定货币提出了挑战，但其区块链技术也为法定数字货币的实践提供了有力的技术支持。

本章思考题

1. 试分析数字货币流通市值的含义。
2. 试分析影响数字货币价格的因素。
3. 解释拜占庭将军问题。
4. 从研究方法论上看，对拜占庭将军问题的解决有什么启示？
5. 非法定数字货币投资存在哪些风险？

第 11 章　法定数字货币的理论与实践

比特币等数字货币的快速发展不仅引起了各国监管机构的高度关注，也引起了众多货币当局的兴趣，并进而开展对法定数字货币的研究和开发。基于分析的完整性，本章对法定数字货币在各国的实践进行探讨。

11.1　法定数字货币的发展概况

近年来，"数字货币"一词出现的频率越来越高，货币当局、研究者以及关心投资的社会各阶层对其的关注程度不断提高。与任何事物一样，数字货币的出现有其自身的背景和原因，这至少可以从信息技术和经济发展两方面得到解释。

从信息技术方面来看，信息技术的快速发展催生了科技公司的新技术在金融领域中的应用，网络背景下的互联网经济、平台经济、共享经济的发展又进一步促进了技术创新成果的应用，典型代表是基于人们对比特币的关心，引起了对其底层技术区块链的高度关注。既然区块链等信息技术的发展有望解决经济发展中的通货膨胀等问题，法定数字货币自然就成为货币当局的研究对象。

从经济角度来看，在货币的发展历史上，以国家信用为基础的法定货币出现以后，通货膨胀长期困扰着经济社会的发展。自 1971 年美国宣布美元不再和黄金挂钩之后，在缺乏实物锚约束的情况下，全球货币体系出现了信用货币过度膨胀、风险不断加剧等诸多问题，而为应对 2008 年的金融危机以及 2020 年以来的疫情，货币超发导致的法定货币贬值引起了人们对经济运行稳定性的担心。在此背景下，国际货币体系改革的呼声日益高涨。

从历史上看，一些国际组织早期就关注到了法定数字货币体系的改革问题，特别是国际清算银行（Bank for International Settlements，BIS）。国际清算银行是英、法、德、意、比、日等国的中央银行与代表美国银行界利益的摩根银行、纽约和芝加哥的花旗银行组成的银团，根据海牙国际协定于 1930 年成立的银行，最初为处理第一次世界大战后德国战争赔款问题而设立，其后演变为一家与各国中央银行合作的国际金融机构。2015 年，国际清算银行下属的支付和市场基础设施委员会（Committee on Payments and Market Infrastructures，CPMI）就将法定数字货币定义为加密货币（crypto-currency），而学者相继提出了央行数字货币（Central Bank Digital Currency，CBDC）、基于账户和基于钱包的数字货币等概念。在此基础上，国际清算银行提出了"货币之花"模型（见图 11-1），进一步明确了央行数字货币的概念，即央行数字货币是一种数字形式的中央银行货币，且区别于传统金融机构在中央银行保证金账户和清算账户存放的数字资金。

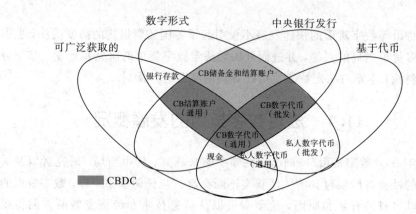

图 11-1 "货币之花"模型

在理论探索的同时，各国也进行了积极的实践和探索。根据 2017 年 2 月 8 日《金融资讯》的资料，非洲国家对数字货币的使用以及相关知识的普及处于世界领先位置；2019 年的 IMF 报告显示，全球有 70% 的央行在研究央行数字货币（CBDC）。

从实践上看，许多国家开展了法定数字货币的实验。2015 年底，突尼斯宣布成功创建其专属的区块链系统和数字法币 e-Dinar。e-Dinar 是在 2000 年创立的数字黄金货币，创始人为瑞士的 Zeno Dahinden、马来西亚的 Dato Abdul Rahman Shariff 和西班牙的 Fernando Vadillo，它主要面对中东客户。塞内加尔也在 2019 年宣布和当地银行达成协议，发行本国数字货币，其他邻国也有望效仿其做法，类似的还有尼日利亚等其他国家。南非是另一个计划向数字经济转移的国家，南非储备银行（SARB，南非央行）主管认为，普惠金融、高效的结算方式和低成本的运作都是数字货币带来的优势。瑞典目前正在有条不紊地向无现金化社会迈进；乌克兰也公开了发行数字货币的意向；澳大利亚、加拿大，甚至是美国都在过去的几年时间里探讨过各自版本的比特币；人民币贬值导致民众选择向海外转移资金，因此，中国也正在加速研发其国家"比特币系统"，旨在阻止资本外流。

总体上看，法定数字货币发展迅速。国际清算银行（BIS）2020 年发布的对各国中央银行数字货币的调研报告显示，厄瓜多尔、突尼斯、塞内加尔、马绍尔群岛、乌拉圭和委内瑞拉六国已发行中央银行数字货币，80% 的中央银行正开展相关研究,40％的中央银行已从概念研究阶段转向实验或概念证明阶段,还有 10％ 的中央银行已启动试点项目,已经形成全球竞相发行的趋势。表 11-1 列出了各国发展法定数字货币的现状,而表 11-2 列出了海外各国或组织数字货币的最新动态。

表 11-1 各国法定数字货币概况

法定数字货币推进情况	国 家
已发行	委内瑞拉、厄瓜多尔、突尼斯、塞内加尔、马绍尔群岛、乌拉圭等国家
计划推出	新加坡、中国、泰国、东加勒比央行、瑞典、巴哈马、乌克兰等国家
正在研究	美国、日本、加拿大、巴西、挪威、英国、菲律宾、以色列、丹麦、俄罗斯、立陶宛等国家
反对发行	韩国、澳大利亚、新西兰等国家

表 11-2 海外各国或组织数字货币的最新动态

国家或组织	时间	进 程
IFM	2020-02-08	IFM 建议东加勒比联盟(ECCU)尝试使用一种共同的数字货币
BIS	2020-01-21	BIS 与加拿大、英国、日本、瑞典和瑞士等央行共同成立央行小组,研究 CBDC 应用案例研发
美国	2020-02-11	美联储主席表示,美联储正在研究央行数字货币,但尚未决定是否推出数字美元
欧洲央行	2019-12-17	欧洲央行发布了 POC 项目 EUROchain
欧洲央行	2020-02-11	欧洲央行行长表示,希望评估央行的数字货币能否为公众提供明确的用途,并支持欧洲央行的目标
瑞典	2020-02-21	瑞典央行开始其央行数字货币电子克朗(e-krona)的测试
法国	2020-03-27	法国央行发布 CBDC 实验应用方案征集令
英国	2020-03-12	英国央行发布名为《央行数字货币:机遇、挑战与设计》的讨论报告
日本	2020-03-10	日本央行副行长在 2020 年东京"未来支付论坛"上就央行数字货币发表观点,认为需要关注"三个不变"和"三个变化"
韩国	2020-04-06	韩国央行宣布将于 2021 年进行央行数字货币试点测试
新加坡	2020-03	新加坡金融管理局(MAS)正式公布关于支付服务经营牌照的豁免企业名单

由表 11-1 和表 11-2 可以看出，数字货币越来越受到货币当局的重视，并在不断发展，如韩国的态度就发生了变化，这显示了形势发展的要求。可以预想，各国法定数字货币的出现会加剧主权货币的竞争。基于以上信息，本章将对其分别进行讨论。

11.2　法定数字货币的文献综述

数字货币的出现引起了研究者的重视。从研究内容来看，现有文献主要对法定数字货币的特性与本质、法定数字货币的定位、法定数字货币与其他数字货币的关系进行了分析。

一、法定数字货币的特点

自从货币出现以来，人们对于货币本质分析的热情不减，而数字货币出现以后，又进一步强化了对货币本质动机的探讨。虽然马克思恩格斯全集（第四卷）（1958）就指出，"货币不是东西，而是一种社会关系"，但至今学者仍然对其进行不懈的研究。褚俊虹等（2020）认为货币的本质是一种实现商品交换的信用；戴金平和黎艳（2016）指出，货币是商品交换发展到一定阶段的产物，是一种生产关系。从制度金融学的视角来看，货币也是一种制度安排，是为了降低现实经济中存在的交易成本而产生的，如果一个经济是"无摩擦"的，那么与物物交换相比，货币交换没有任何优势（张杰，2017）。换言之，如果一个经济中的承诺随时可兑现，那么货币无须存在（Borland et al.，1992）。对于货币本质的分析表明，无论货币呈现何种形态，基于信任的信用是其存在的基石。

虽然信用构成了货币的基础，但与比特币等私人数字货币相比，法定货币有其优势。从理论上看，比特币等私人数字货币虽然有助于解决电子支付的信任问题，但其可扩展性差，无法承载大容量、高速率的货币交易，不利于大规模应用，而且私人数字货币背后缺乏强大的资产支撑，导致其价值不稳定和公信力较弱。与此不同，法定数字货币有其自己的特点，体现在技术手段、发行流通体系、使用用途、具体形态和储备资产五个维度上（封思贤 等，2020）。

（1）技术手段。如前所述，私人数字货币是去中心化的，而法定数字货币必须是中心化或部分中心化的，以保证效率和安全。这一特点决定了法定数字货币必须在借鉴吸收私人数字货币技术的基础上进行持续创新和改造（范一飞，2016）。这些创新和改造包括变扁平网络为层级架构，变公有链为联盟链，变竞争性记账为合作性记账，并让一些关键节点参与到记账体系中来（封思贤等，2020）。

（2）发行流通体系。数字货币的发行流通有"中央银行-公众"的一元发行模式（即单层运行体系）和"中央银行-商业银行-公众"的二元模式（即双层运行体系)。在一元模式下,央行直接面向公众发行数字货币,直接负责全社会法定数字货币的流通、维护等服务,并根据宏观经济形势及货币政策调控的需要而确定数字货币的最优发行量;市场交易主体可以直接在央行开立账户,并通过个人数字钱包保管数字货币。在二元模式下,中央银行先将法定数字货币统一存放到发行库,在央行同意商业银行数字货币申请后,数字货币从发行库调入商业银行库,最终用户向商业银行申请提取数字货币,得到允许后进入用户的数字钱包(庄雷 等,2019)。

(3)使用用途。国际清算银行在 2018 年发布的报告中认为,法定数字货币的用途主要分为批发型货币和零售型货币(郝毅,2019)。批发型法定数字货币是基于分布式记账技术的银行间央行数字货币支付方案,试图通过应用分布式记账技术,进行金融机构之间的支付结算,降低金融机构之间支付和结算的成本,因而很可能不会对大多数人在经济生活中的交易方式产生显著影响。零售型央行数字货币则可以面向所有个人和企业,它可以部分或全部代替现金的流通职能,是对 M_0 的替代或补充,用于日常小额支付,降低货币储藏、流通以及运输等方面的成本(封思贤 等,2020)。

(4)具体形态。研究认为,法定数字货币可以有不同的形态。法定数字货币可以是一个来源于实体账户的数字,也可以是记于名下的一串由特定密码学与共识算法验证的数字(范一飞,2016);法定数字货币既可以基于账户而存在,也可以基于价值而存在(柯达,2019)。基于账户的数字货币存储于银行账户中,银行在一个统一的账本内为每个人或企业建立一个账户;而基于价值的数字货币可以体现或携带于数字钱包中,数字钱包又可以应用于移动终端、PC 终端或卡基上。基于账户与基于价值的数字货币之间的区别在于货币交换时所需要的验证方式不同:基于账户的货币主要在于验证账户持有人是否拥有合法权利,而基于价值的数字货币依赖于收款人验证支付方的有效性(张伟等,2019)。

(5)储备资产。以比特币为代表的私人数字货币由于没有储备资产支撑,缺乏价值担保,其币值不稳定,且价格波动较大。与此不同,法定数字货币是中央银行,以国家信用为价值支撑对公众发行的债务。因此,法定数字货币拥有稳定的币值。

二、数字货币的法偿性与定位

具备法偿性的货币也被称作法偿货币(legal Tender)。所谓法偿性,是指货币的占有人具备绝对的支付能力,任何金钱债务的债权人都不得拒收。这种理论被称为货币的国家理论(The State Theory of Money)(张庆麟,2003)。在英国、日本等国,纸币具有无限法偿能力,而硬币仅具有有限法偿能力,即对一定金额内的债务具备法偿性(普罗克特,2015)。法定数字货币作为央行提供的数字支付工具，理应被纳入法定货币的范畴，但在实践中难以具备法偿性，与法定货币的现有定义不符（刘向民，2016）。为解决这一困境，有学者从经济学角度分析法定货币的合理性，认为货币只有取得了社会主体的"一致同意"才能成为社会与经济意义上的货币。姚前（2018）认为，此种解释同样适用于法定数字货币。

从定位来看，法定数字货币是现有法定货币也就是现金的代替物，其主要用途是用于支付，由中央银行直接发行，被视作法定货币的未来形态。在经济学上，法定数字货币与既有的法定货币等价，计价单位相同，并且可以自由地兑换、相互转化（杨东 等，2020）。

三、法定数字货币与现钞的区别

综合现有文献发现，法定数字货币与现金的区别体现在两个方面。第一，法定数字货币替代的对象是现钞，持有人账户中的法定数字货币不是任何一家银行类金融机构的存款，因而在经济学上属于 M_0（流通中现金）（姚前，2016）。进一步看，法定数字货币作为现钞货币的替代形式，是一种社会基本公共服务，社会公众不应当因使用国家法定货币而支付费用，因此，法定数字货币的支付与清结算应当对使用者免费（杨东 等，2020）。第二，持有人账户中的法定数字货币不能被用于放贷，法定数字货币的持有人与保管机构之间不存在货币投资关系，因而持有人不面对信用风险，也不因持有法定数字货币而获得利息（刘少军，2018）。

从以上文献可以看出，对于法定数字货币这一新生事物，虽然学者有所研究，但由于技术发展的不确定性以及实践操作的滞后性，总体来说只是处于起步阶段。随着法定数字货币的实际应用，对其研究将会进一步深化。

11.3　已发行法定数字货币的实践

在比特币等数字货币不断增多的环境下，众多国家进行了法定数字货币的实践（如表 11-1），其中，已经发行法定数字货币的国家包括厄瓜多尔、乌拉圭、委内瑞拉、突尼斯、塞内加尔和马绍尔群岛。基于现有文献和公开信息，借鉴（封思贤 等，2020）的分析，本节对这些国家的法定数字货币进行简要介绍。

一、厄瓜多尔

厄瓜多尔是采用法定数字货币的先驱国家之一。从发展历史来看，早在2014 年 12 月，厄瓜多尔央行就宣布了自己的电子货币（Dinero Electronico, DE），推出"电子货币系统"，即一种新的加密支付系统。2015 年 2 月开始正式运营并发行厄瓜多尔币，其以琥珀蜜蜡为价值载体，作为一种功能支付手段。电子货币系统是一个去中心化的点对点网络，用密码技术控制货币的产生和交易，无须通过中央机构和中间人。该系统受厄瓜多尔央行的严格监管，汇率相对稳定，只有符合条件的厄瓜多尔居民才有权使用，市民可以通过移动应用转账，使用厄瓜多尔币在超市、商场、银行等场所完成支付。但运行后的一年时间，厄瓜多尔币的流通量占整个经济体的货币量的比例不到万分之零点三，无法吸引到足够多的用户。因此，得不到民众广泛使用的厄瓜多尔币于 2018 年 4 月被宣告停止运行。

由此可见，厄瓜多尔虽然进行法定数字货币的实践，但这种实践并不成功。

二、乌拉圭

2017 年 11 月，乌拉圭中央银行提出了一项为期 6 个月的零售 CBDC 试点计划，用于发行和使用乌拉圭比索的数字版本，即"ePeso"试点项目。乌拉圭央行强调："（它）不是一种新型货币，而是同样的乌拉圭比索，它没有实物支持，但有技术支持"。鉴于现金使用减少的趋势，乌拉圭将"e-Peso"项目作为更广泛的政府金融包容性计划的一部分，旨在开发用于数字支付和促进金融普惠的基础设施。用户通过使用由私营公司开发的带有集成数字钱包应用的智能手机充值获得 e-Peso，进行电子比索的即时和点对点转账，并在参与该项目的商店中使用 e-Peso 进行支付。不过"e-Peso"项目没有使用区块链技术，测试过程中发行了 2000 万枚电子比索，测试结束后将其全部销毁。乌拉圭央行在 6 个月的比索数字化试点后，决定不再继续使用电子比索，并取消了所有已发行的数字比索。

与厄瓜多尔类似，乌拉圭进行了法定数字货币的实践，但从目前情况看也不成功，后续的发展情况有待进一步观察。

三、委内瑞拉

随着全球债务负担的加剧，2018 年 2 月，委内瑞拉推出了名为"Petro"的加密数字货币（即石油币），希望挽救国内经济。石油币按照区块链审计机制进行预先创建，并由委内瑞拉政府发行和直接出售。按照计划，石油币作为一种投资工具、储蓄机制和公共服务的交换媒介，能与其国内的商品进行直接兑换，能够应用在购房、出境、养老金、兑换福利等多个领域。委内瑞拉正式发行石油币时将其定价为每枚 60 美元或 3600 主权玻利瓦尔（与石油币同时推出，以替代旧玻利瓦尔的新法币），发行量为 1 亿枚，并以 50 亿桶原油作为背书（担保）。可随后委内瑞拉政府调整了兑换比率，不到半年时间，石油币"单边上涨"10 倍，石油币价格受到操控，这种任意改变价格的行为影响了政府作为数字货币发行方的信用，无法满足最基本的资产安全保障和储值需求，从而使石油币丧失了市场定价、自由交易、流通便利的货币特征，承载更多的是其政府融资工具的基本功能与特征。

四、突尼斯

突尼斯于 2015 年发行基于区块链的国家数字货币 eDinar(也称为 Digicash 和 BitDinar),一家总部位于瑞士的软件公司 Monetas 参与到了这一数字货币的技术整合中。如同国家发行的纸质法币一样,eDinar 的发行也由政府机构监督。Monetas 支持安卓应用程序,突尼斯人可以使用智能手机实现即时数字货币转账、在线支付商品与服务费用、薪水发放、账单查询以及管理政府官方的身份证件等功能。正如其他加密货币一样,使用 eDinar 时也需要缴纳交易费用,交易费用的最大金额限制为一个第纳尔(约为 0.34 美元)。突尼斯希望应用区块链和数字货币,借助国际技术推动国内金融制度改革。

由于缺少权威性资料,因此关于突尼斯发行的数字货币的信息有很大的不确定性。虽然网络上多数文章表示突尼斯于 2015 年底发行了国家数字货币,但查询到的资料显示,以上所说的 eDinar 是 2015 年突尼斯邮政局试用的一种加密货币支付应用程序,我们认为它类似于国内的手机银行 App,可在 App 内转账、缴费、购物等。与此同时,2019 年 11 月,有报道称突尼斯已经宣布推出本国货币 Dinar(第纳尔)的数字版本"E-Dinar",突尼斯成为全球第一个发行中央银行数字货币(CBDC)的国家。但随后突尼斯中央银行(BCT)对此进行了否认。BCT 的信息显示,突尼斯目前正在探索各种数字支付替代方法,包括可能的 CBDC,但并未继续实施。

基于以上原因,我们认为,突尼斯只是正在研究法定数字货币。

五、塞内加尔

塞内加尔位于非洲西部,它是最早采用法定数字货币的国家之一。2016 年 12 月,塞内加尔发布了基于区块链技术的数字货币 eCFA,由当地政府和一家位于爱尔兰的创业公司 eCurrency Mint Limited 协助塞内加尔央行 Banque Régionalede Marchés(BRM)合作创建发行。eCFA 完全依赖于央行银行系统,并且只能由授权的金融机构发行,因此,eCFA 享有与塞内加尔官方货币非洲法郎(CFAFranc)同等的法律地位,可以与纸币一起作为法定货币进行流通。塞内加尔央行认为,eCFA 是一种高安全性的数字工具,可以放在所有的移动设备和电子货币钱包中,该数字货币可以确保普遍的流动性和操作性,并使西非经济和货币联盟(WAEMU)的整个数字生态系统的透明度提高。如果 eCFA 被证明是有效的,则它很可能会被推广到西非经济和货币联盟的其他成员国,包括科特迪瓦、布基纳法索、贝宁、多哥、马里等国家和地区。

六、马绍尔群岛

2018 年 2 月 26 日,马绍尔群岛共和国宣布将基于区块链技术推出一种新型的国家数字货币 Sovereign(SOV),并着手安排首次代币发行(ICO)以筹集资金充实当地的预算。为避免通货膨胀,其初始发行总额为 2400 万单位 SOV。SOV 是完全去中心化的,政府无法控制 ICO 之后的货币供应。SOV 区块链属于马绍尔群岛共和国主导的"联盟链",其节点需要认证、批准后才能成为节点。当批准的节点数量超过 21 个以后,SOV 持有者就可以通过持续的投票选择哪些节点可以成为出块节点。参考全球 GDP 每年大约 4% 的增长率,SOV 也每年增发 4%,增发的部分按比例分配给节点和 SOV 持有者。马绍尔群岛试图通过这一方式重建国内货币流通体系,逐步实现本国经济地位的独立。但国际货币基金组织(IMF)并不支持其这一行动,IMF 建议马绍尔群岛不要引入国家数字货币,认为这会增加其宏观经济和金融稳定性的风险。虽然如此,2019 年 1 月,马绍尔群岛共和国宣布正在起草和设计加密货币(Sovereign,SOV),但 SOV 能否得到民众认可,可以在当地成为和美元一样频繁使用的货币,这还有待时间的检验。

上述国家的法定数字货币实践得到了发展,其他国家的法定数字货币也在积极推进。2021 年 10 月 25 日,尼日利亚正式推出央行数字货币"e 奈拉",成为首个正式启用数字货币的非洲国家,同时成为全球率先发行数字货币的国家和地区之一。有研究预测,数字货币及相关区块链技术有望在未来 10 年使尼日利亚国内生产总值增加 290 亿美元。尼日利亚央行行长戈德温·埃梅菲莱表示,政府推出数字货币的目的是在新形势下补充和加强本国的支付生态和金融架构,维护支付系统的完整性和稳定性。目前,尼央行已向金融机构发放 2 亿奈拉(约合 48 万美元)的数字货币。

11.4　计划推出法定数字货币的实践

根据高洪民等的研究(2020),从全球范围来看,计划推出法定数字货币的国家有新加坡、中国、泰国、东加勒比国家组织、瑞典、巴哈马、乌克兰等国家(见表 11-1),本节将对数字货币在这些国家的实践情况进行分析。

11.4.1　法定数字货币在中国的实践

随着我国经济实力的不断提升,人民币的国际化进程得到了不断推进,而数字人民币的研究和实践则是一个重要环节,我国在这方面进行了积极尝试。

一、数字人民币的发展过程

我国央行数字货币的英文名称为 Digital Currency Electronic Payment (DC/EP)。在人民币国际化的进程中,为保证国家主权和在世界经济中的话语权,对数字货币的研究就成为一项重要工作。从发展历程来看,央行于 2014 年成立数字货币研究团队,2016 年 9 月经中央编办批准,设立了直属事业单位中国人民银行数字货币研究所(于 2017 年正式成立),该研究所专门负责央行数字货币的研发和应用探索。2017 年末,经国务院批准,央行组织工商银行、中国银行、浦发银行等商业银行和中钞公司、上海票据交易所等有关机构共同开展数字人民币体系的研发;2018 年 2 月,上海票据交易所数字票据平台实验性生产系统正式上线试运营;2019 年 8 月 2 日,央行召开 2019 年下半年工作电视会议,明确指出下半年要加快推进我国法定数字货币的研发步伐,并及时跟踪国内外数字货币的发展趋势。2020 年 4 月 17 日,央行数字货币研究所表示,央行数字货币为技术研发过程中的测试内容,数字人民币体系在坚持"央行商业银行/货币使用者"双层运营、M_0 替代、可控匿名的前提下,基本完成顶层设计、标准制定、功能研发、联调测试等工作,并遵循稳步、安全、可控、创新和实用原则,先行在深圳、苏州、雄安、成都四地及未来的冬奥会会场进行内部封闭试点测试,以不断优化和完善其功能。

目前,央行法定数字货币项目已先后在国内进行试验。2019 年底数字人民币试点、测试相继在深圳、苏州、雄安、成都四地及北京冬奥会会场启动;2020 年 10 月,增加了上海、海南、长沙、西安、青岛、大连六个试点测试地区;目前,数字人民币已经扩大到 10 个城市试点加北京冬奥会会场,数字人民币试点已经形成"10+1"的格局。

具体来看,2020 年 10 月 11 日,深圳数字人民币红包试点正式启动,发放红包数量达 5 万个,消费者可在罗湖区 3000 多家商户线下消费,标志着数字人民币试点由"封闭"走向"半开放";2020 年 12 月 11 日,苏州开启 2000 万元数字人民币红包活动,不仅在内容、形式、数量、使用范围上较深圳有所升级,除了线下二维码支付方式外,还首次推出线下"碰一碰"支付功能和电商线上支付功能,部分市民参与体验了离线钱包功能。截至 2020 年 8 月底,全国共落地试点场景 6700 多个,覆盖生活缴费、餐饮服务、交通出行、购物消费、政务服务等领域。2021 年,北京、上海、长沙、西安等地陆续展开了新一轮数字人民币试点活动。其中,北京发放 20 万份、每份 200 元的数字人民币红包;上海发放数字人民币红包 35 万份,每份金额为 55 元;长沙发放数字人民币红包 30 万份,总金额为 4000 万元;西安市雁塔区面向区内约 1 万名防疫医护人员和志愿者代表发放数字人民币形式的消费红包,每份红包 100 元。截至 2021 年末,数字人民币试点场景已超过 808.51 万个,累计开立个人钱包 2.61 亿个,交易金额 875.65 亿元。

根据商务部 2021 年的《全面深化服务贸易创新发展试点总体方案》,数字人民币试点将持续推进,全面深化试点地区为北京、天津、上海、重庆(涪陵区等 21 个市辖区)、海南、大连、厦门、青岛、深圳、石家庄、长春、哈尔滨、南京、杭州、合肥、济南、武汉、广州、成都、贵阳、昆明、西安、乌鲁木齐、苏州、威海和河北雄安新区、贵州贵安新区、陕西西咸新区等 28 个省市（区域）。自 2021 年下半年以来，非试点地区的省市竞相争取新一轮数字人民币试点。例如，《黑龙江省加快平台经济高质量发展的实施意见》提出，积极推动黑龙江省申报数字人民币试点，探索数字人民币试点建设及场景拓展；河南省将"争取开展数字人民币试点"列入《河南省"十四五"数字经济和信息化发展规划》；《福州市"十四五"金融业发展专项规划》同样提出积极争取央行数字人民币试点的计划。

从更广泛的角度来看，区块链技术在政策和实践环节都得到了重视。在政策方面，2021 年 3 月，区块链被正式写入"十四五"规划纲要中；同年 6 月，工信部、国家网信办联合发布了《关于加快推进区块链技术应用和产业发展的指导意见》；同年 12 月 22 日，中央网信办、中央宣传部、国务院办公厅等 17 部门发布了《国家区块链创新应用试点入选名单》，分布在政务、能源、跨境金融等 17 个领域中的 179 个项目入选。在实践方面，2021 年 6 月 10 日，长安链重大成果发布会在北京举行。国家电网、建设银行、中银集团、华电集团等 50 家央企及世界 500 强企业宣布加入长安链生态联盟；2021 年 7 月 24 日，在"2021世界区块链大会·杭州论坛"中，华为、蚂蚁、百度等企业提出要构建区块链联盟；2021 年 8 月 30 日，北京、上海、武汉、广州等多地发起国家级区块链新型基础设施"星火·链网"。可以预期的是，在不远的将来，由央行发行的数字货币即将出现在现实生活中，这将对我们的生活方式产生长期影响。

二、央行数字货币(DC/EP)的特点

中国的央行数字货币在运营投放、运行框架、管理模式和技术层面上有自身的特点。

(1) 从运营投放来看，中国央行数字货币设计了双层运营体系，而不是由人民银行直接对公众发行数字货币的单层运营体系（如图 11-2 所示）。

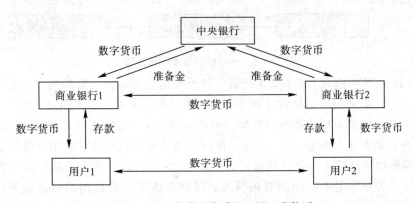

图 11-2　央行数字货币的双层运营体系

在双层运营体系下，运营投放体系的上层是央行，由央行对发行的法定数字货币做信用担保，因此央行的数字货币与人民币一样具有无限的法偿性；运营投放体系的下层由不同的商业银行构成，商业银行等机构负责面向公众发行央行数字货币的同时，需要向央行100%缴纳全额准备金，以保证央行数字货币不超发。

（2）在运行框架上，央行（DC/EP）采用"一币、两库、三中心"的运行框架（见图11-3）。"一币"指的是央行担保发行的 DC/EP；"两库"是指央行的发行库和商业银行的银行库，DC/EP 首先在央行和商业银行间发生转移，即 DC/EP 的发行与回笼，之后再由商业银行转移到居民与企业手中；"三中心"则是 DC/EP 发行与流通的技术保障，包括登记中心、认证中心和大数据分析中心。其中，登记中心负责发行、转移和回笼全过程的登记；认证中心负责对 DC/EP 用户的身份进行集中管理，这是 DC/EP 保证交易匿名性的关键；DC/EP 的一个关键在于对反洗钱、反偷税漏税和反恐怖融资等做出较大改进，大数据中心通过对于支付行为的大数据分析，利用指标监控来达到监管目的。

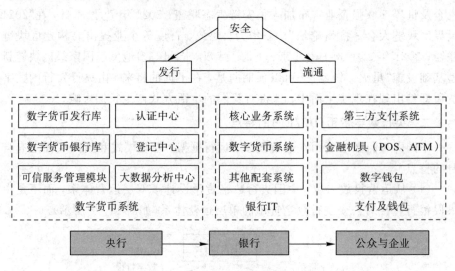

图 11-3　央行数字货币运行框架

（3）从管理模式上来看，央行数字货币采用了中心化的管理模式，这与以比特币为代表的去中心化数字货币有着本质区别，主要有以下四点：第一，央行数字货币仍然是中央银行对社会公众的负债，这种债权债务关系并没有随着货币形态的变化而改变；第二，为了保证并加强央行的宏观审慎和货币调控职能，需要继续坚持中心化的管理模式；第三，在央行数字货币的双层运营投放体系下，需要采用中心化的管理模式，以避免指定运营机构的货币超发；第四，只要二元账户体系和原有的货币政策传导机制没有改变，央行的中心管理模式和地位也就不会改变。

(4) 从技术层面看，对一个需要广泛支持公众使用的央行数字货币体系来说，如果采用纯区块链技术的架构，目前无法实现零售层面所需要的高性能，因此，在技术道路的选择上，央行数字货币并不预设技术路线，也不依赖某一项技术。央行的数字货币可以支持智能合约，但只会支持有利于货币职能的智能合约，对于超过货币职能的智能合约还是会保持比较审慎的态度。此外，央行指定的部分运营机构也会采用不同的技术路线进行法定数字货币的研发，最终通过市场竞争实现数字货币的系统优化。

三、央行数字货币(DC/EP)的法律保障

央行数字货币的实践需要法律保障基础。2020 年 10 月 23 日，中国人民银行就《中华人民共和国中国人民银行法(修订草案征求意见稿)》(下称《征求意见稿》)公开征求意见。《征求意见稿》包括总则、组织机构、人民币、业务、监督管理职责、监督管理措施、财务会计、法律责任和附则，共 9 章 73 条。《征求意见稿》的主要内容包括八个方面：一是强调金融服务实体经济，加强金融宏观调控；二是落实党中央、国务院对人民银行的新职责要求；三是建立货币政策和宏观审慎政策双支柱调控框架；四是健全系统重要性金融机构、金融控股公司和重要金融基础设施的统筹监管制度；五是进一步发挥人民银行维护金融稳定和防范、处置系统性金融风险的作用；六是完善人民币管理规定(其中人民币包括实物形式人民币和数字形式人民币)，为发行数字货币提供法律依据；七是完善人民银行的治理制度；八是健全人民银行的履职手段，加大对金融违法行为的处罚力度(其中人民币包括实物形式人民币和数字形式人民币)，为发行数字货币提供法律依据。

由此可见，《征求意见稿》的推出为央行数字货币的进一步发展提供了有效的法律保证。

11.4.2　法定数字货币在其他国家的实践

本节将对数字货币在新加坡、泰国、瑞典和乌克兰的实践进行分析。

一、法定数字货币在新加坡的实践

在对金融科技"不寻求零风险，不扼杀技术创新"的原则指导下，新加坡积极发展区块链技术和推动数字货币的发展，成为亚洲区域内最支持数字货币发展的国家之一。由于新加坡的积极良好的制度环境，多家交易所选择在新加坡开展业务。例如，WBF EXCHANGE 就与新加坡政府合作密切。

根据封思贤和杨靖(2020)的研究，2016 年 11 月，新加坡金融管理局(MAS)联合新加坡交易所、10 家商业银行、8 家技术公司和 6 家学术机构共同发起"Ubin"项目，目的是在分布式账本上推出新加坡法定数字货币(SGD-on-Ledger，SGD-L)，探索分布式账本技术在清算结算中的实际应用，并进行

银行间的法定数字货币支付清算方案的试验。清华大学金融科技研究院区块链研究中心发布的报告显示，"Ubin"项目研究得出的总体规划分为六个阶段，分别是新加坡法定货币的数字化探索、基于 DLT(DLT 技术的本质是存储和维护信息的账本，DLT 系统可实现的功能包括交易记录的保存、资产的转移或账户余额的更新和自动化工具的应用)的实时全额结算系统(RTGS)探索、基于 DLT 的券款对付(DvP)探索、跨境银行间支付结算探索、目标运营模式跨境支付和跨境券款支付探索。目前，"Ubin"项目已进行到第五阶段，新加坡金融管理局与摩根大通和淡马锡控股合作建立了一个基于区块链的多币种支付网络系统，该系统允许其他区块链链接无缝整合，并开启商业应用测试，确定其整合区块链贸易应用的能力以及探索其他支持用户场景的功能。

2020 年 3 月，新加坡金融管理局(MAS)正式公布关于支付服务经营牌照的豁免企业名单，名单上的实体企业已取得豁免期内的特定支付服务或数字货币相关支付服务的许可证和经营权，包括阿里巴巴、支付宝、亚马逊等大型机构。与此同时，关于数字货币相关支付服务的豁免许可，币安、OKCoin、BitStamp、币信、Coinbase、CoinCola、TenX、Upbit、ZB 等近 200 家公司均可在正式下达牌照前以豁免状态合法运营。

二、法定数字货币在泰国的实践

为了更好地监管数字货币行业，2018 年 6 月，泰国颁布了《数字资产法》，赋予数字资产货币和证券的双重属性，宣布为合规加密货币交易所颁发牌照，开始实行牌照化管理。2020 年 11 月，泰国中央银行泰国银行(BoT)研究该国的央行数字货币数字泰铢在去中心化金融(DeFi)中的应用场景。在试图将新技术应用于泰国的央行数字货币之前，泰国中央银行必须解决 DeFi 的两个主要问题：客户识别和隐私。DeFi 行业是目前加密领域中的热点。DeFi 允许加密企业在公司和政府控制范围之外的去中心化架构中重建传统金融工具。至于未来泰国在法定数字货币方面的发展则有待进一步观察。

三、法定数字货币在瑞典的实践

2013 年，瑞典取消了最大面值的纸质钞票，随后，纸钞使用量也随之下降，从而推动了手机支付软件的迅速崛起。瑞典央行的数据显示，2018 年，纸币发行量仅占瑞典国内生产总值的 1%，相比之下，欧元区为 11%，美国为 8%，英国为 4%。瑞典央行 2018 年的调查报告显示，在瑞典的零售支付市场上，现金使用比例正在大幅减少，瑞典人最近一次购物只有 13% 以现金付款(Sveriges Riksbank，2018)。

现金使用比例的急剧下降以及来自另类货币的竞争(如 Facebook 的天秤币)，也促使世界各国央行考虑发行自己的数字货币。瑞典央行为了避免失去对本国货币的控制权，早在 2016 年 11 月就提出计划推行法定数字货币电子克朗(e-krona)，并于 2017 年 3 月启动了该项目。

公开资料显示，2020 年 2 月 19 日，瑞典央行宣布测试一种央行数字货币电子克朗(e-krona)，该电子克朗的主要目标是将利用这些法定货币资产建立一个储备基金，购买一部分国债，从而实现 e 克朗(e-krona)币值的稳定增长。瑞典央行表示，如果 e 克朗(e-krona)最终进入流通领域，它将被用来模拟日常银行活动，如支付、存款和从手机应用等数字钱包中取款。

根据封思贤和杨靖(2020)的研究，瑞典央行发行的 e 克朗(e-krona)，以在现金不再被普遍接受的情况下保护公众获得中央银行资金的机会。e 克朗(e-krona)被开发用于小额支付，其不附息且价值等同于瑞典克朗，能被公众用于实时支付，即每周 7 天，每天 24 小时都可以使用，而大额支付依然交由现有的 RIX 交易系统处理。在具体的存在形式上，e 克朗(e-krona)将是瑞典克朗的一种数字形式，既可以存放在瑞典央行的账户中，又可以存储在卡上或手机应用程序中，但其是基于账户还是基于价值的发行仍需进一步观察。

四、法定数字货币在乌克兰的实践

与其他国家类似，关于乌克兰法定数字货币的实践信息也来自公开网络，但相对其他国家，乌克兰的法定数字货币的实践信息较少。仅有的信息显示，2018 年 1 月，乌克兰中央银行(NBU)宣布正在考虑推出一种不基于区块链技术的数字版法定货币。据乌克兰国际文传电讯社 2019 年 2 月 22 日的报道，乌克兰中央银行已经完成了其国家数字货币"电子格里夫尼亚(e-hryvnia)"的试点计划(格里夫尼亚是乌克兰的法定货币)。不仅如此，乌克兰中央银行(NBU)将发展法定数字货币作为国家战略，目标为到 2025年，加密资产将全面进入立法领域，并将创建一个透明的基础设施，使其能够在市场上运作。

11.5　正在研究的法定数字货币

根据表 11-1 可知，正在研究法定货币的国家包括美国、日本、加拿大、巴西、挪威、英国、菲律宾、以色列、丹麦、俄罗斯、立陶宛等国家。本节只对加拿大和英国在法定数字货币上的研究进展进行简要说明。

一、加拿大的法定数字货币

根据封思贤和杨靖(2020)的研究，2016 年 6 月，加拿大中央银行启动了基于分布式账本技术的名为"Jasper"的法定数字货币项目实验，金融区块链联盟R3、加拿大支付协会和加拿大的 6 家私人银行也参与了该项目。加拿大目前使用大额支付系统(Large Value Transfer System，LVTS)作为批发支付系统，虽然此支付系统避免了传统大额结算系统使用支票进行结算等诸多弊端，但在进行银行间批发交易时依然需要提供全额或部分抵押。因此，加拿大希望通过法定数字货币构建批发支付系统，并以此减少抵押品需求，从而提高银行间支付结算效率和金融系统运行效率。

加拿大"Jasper"项目在设定目的和实施上有其特点。从其目的来看，是以法定数字货币为交易货币，探索使用分布式账本技术进行大额支付、清算、结算的可行性。使用分布式记账技术来构建和实验银行同业支付系统，通过建立一个局部模拟系统，对使用法定数字货币进行银行间业务、日常运营以及相关技术和潜在风险方面进行测试。

从实施阶段来看，"Jasper"项目实验分为三个阶段：第一阶段，加拿大央行构建一个区块链原型和概念验证批发支付系统，以研究央行数字收据在银行间同业结算中的使用情况，实现模拟资金转账。第二阶段，加拿大央行使用R3的开源分布式记账平台 Corda 在分布式账本上发行等量的数字资产，即CAD-coin，参与银行将现金抵押品保存到由加拿大央行持有的特殊账户中，央行随即将相同价值的央行数字货币 CAD-coin 发送到参与银行的分布式账户上，不同银行间使用 CAD-coin 进行交易和结算。第三阶段，加拿大央行基于分布式记账技术，构建一个新的证券支付结算一体化平台，验证使用分布式记账技术进行证券清算和结算的可行性，发现将现金或其他象征性资产与分布式账本系统相结合所带来的优势。总体上，第一阶段和第二阶段重点研究运用分布式账本技术进行银行间大额现金支付、清算和结算的可行性，第三阶段则探索一个全新的证券支付结算一体化平台，验证使用区块链技术进行自动和即时证券结算的可行性。

虽然"Jasper"的法定数字货币项目实验设想完美，但仍存在一些问题。加拿大支付协会 Payments Canada（The Canadian Payments Association CPA，the country's financial market infrastructure for payments）的报告显示，使用基于 DLT 技术的支付系统可以节约成本并提高效率，但仍存在以下几个技术障碍：首先是信用风险无法识别。因为法定数字货币体系下所有支付都代表着在央行的存款，故"Jasper"项目中未定义信用风险，进而导致概念验证设计中完全没有任何风险被识别。其次是操作速率不足以应对大批量交易。据悉，目前加拿大银行同业支付系统每天处理 32000 个交易，高峰期每秒处理 10 个交易，但是在 DLT 的某些版本中，其性能提升十分有限，难以应对短期内的大批量交易数据。最后，为解决集中支付系统的私密性要求，"Jasper"项目给系统添加了不属于分布式账本的内容，增加了系统出现故障的风险。

数字货币的出现引起了监管部门的关注，为防范可能的风险，就需要制定相应法规。2014 年，加拿大修订 2000 年通过的《犯罪收益（洗钱）和恐怖融资法》，将数字货币归类到货币服务业（Money Service Business），受反洗钱和反恐融资法的管辖，要求加强对金融主体和金融中介身份信息确认和记录保存；将管辖范围延伸至国外的数字货币经营机构，在客户身份识别、服务和中介机构的注册等方面提出更高要求。加拿大参议院委员会于 2015 年 6 月发布了一份关于数字货币的报告，建议联邦政府积极寻求新的方法来利用数字货币和区块链技术，并从政策、立法、监管等多个方面推动数字货币及其技术创新；建议政府采取"轻触"式监管，最大限度地减少扼杀新技术发展的可能性。

二、英国的法定数字货币

作为市场经济国家的典型代表，英国在法定数字货币方面的行动较早。2015 年，英国央行就率先提出 CBDC 理念，并开创性地提出了自己设计的法定数字货币——RScoin。

RSCoin 是一种加密货币的模型，由央行控制货币的供应，并依赖多个授权的商业机构（如商业银行）来验证交易，称之为 mintette。从技术上看，RSCoin 实际上是基于类似区块链的模型，但又与传统区块链模型不同。传统区块链中的信息分散在不同的节点，并通过共识机制保证其一致性。但 RSCoin 没有这种设计，只是使用了一个中心的节点来维护所有数据，而 mintette 只能维护部分数据。针对现有加密货币系统的很多不足，RSCoin 致力于解决以下三个问题：一是系统的可扩展性；二是货币发行可控性，系统将货币供应和账本维护分离，央行负责控制货币的发行，账本由 mintette 和央行共同维护，mintette 维护部分子账本，央行维护总账本；三是通用性，不同央行均可使用 RSCoin 平台发行各自的数字货币。

2016 年 3 月，英格兰银行与伦敦大学联合研发由央行主导的数字货币 RSCoin，发布了相关源代码，旨在为更多的中央银行提供数字货币部署的框架。RSCoin 采取了分布式记账技术与传统中心化相结合的货币管理模式，整个系统使用密码等账本技术，可以通过特定的加密密钥进行访问。中央银行作为中心管理者，直接掌控数字账簿和系统密钥，对分布式记账的运行机制进行干预、确认和调整，对数字货币供应实施集中管控。因此，货币供应量由央行决定，并且央行会授权部分商业银行协助维护账本，如收集交易信息、进行校验等（Danezis et al.，2015）。

从结构上来看，英格兰银行的数字货币采用瘦银行体系（Narrow Bank），商业银行和每个市场参与者（企业和个人）均可在央行开户，直接与央行之间进行资金转账。同时，英格兰银行建立奖惩机制，以督促商业银行等参与者协同央行提供数字货币服务。

在监管方面，英国对数字货币的态度比较积极，认为数字货币有非常好的发展前景。事实上，早在 2014 年 11 月，英格兰银行就发布季报，公开表示将发行数字货币。2015 年 3 月，英国财政部的报告建议按照现行法律对数字货币用户、交易及其他交易主体进行监管，将反洗钱法规监管扩大至数字货币交易所，英国政府将与英国标准协会制定协同监管框架，以保护消费者权益。

11.6　反对法定数字货币的观点

虽然比特币等数字货币的出现在世界范围内引起了政府、学者和科技企业人员的广泛关注，一些国家也积极地进行了法定数字货币的尝试，但与此同时，也有不同的观点。根据表 11-1 的划分，世界上反对法定数字货币的国家就包括韩国、澳大利亚、新西兰等国家。需要注意的是，随着世界经济环境的变化，各国对于法定数字货币的观点也在发生相应变化，表 11-1 与表 11-2 中的内容也会有所变化。在表 11-1 中将被列为反对法定数字货币的国家（如韩国），从最新的情况（表 11-2）可以看出，其对法定数字货币的态度就在不断调整。本节只是罗列一些反对法定数字货币的观点，而理解其反对理由对于促进法定数字货币的发展是有益的。

从学术角度来看，一些学者对数字货币（包括法定数字货币）表示了不同的观点。2018 年 3 月 21 日，在由广东省商务厅、美国麻州企业发展与国际贸易厅主办的 2018 全球科技金融（中国－深圳）峰会上，诺贝尔经济学奖得主 Eric Maskin 就区块链和加密数字货币发表了自己的看法。Eric Maskin 高度认可区块链技术，评价它是"很有潜力的技术"，却反对以区块链技术为基础的加密数字货币。他认为或许区块链技术可以改造传统的法定货币存在的缺点，让其更安全、更方便地转账交易，但加密数字货币存在的缺点和危害却很难被改造，因此其不可能大范围流通，政府也难以监管。加密数字货币背后没有政府的财力和威信作为支撑，尽管被币圈的人赋予浓厚的科技色彩，但难以像法定货币那样为大多数人所接受。一旦不能为多数人所接受，加密数字货币的流通性就被打折扣，难以担任货币的流通手段职能，而价值衡量的职能，加密数字货币更是难当大任。可以设想，如果加密数字货币取代了法定货币，在缺乏监管的情况下，需要融资的机构就会疯狂地加杠杆，从而加剧金融风险和经济风险。由此推断，如果能有效防范由此产生的风险，这些反对的观点就会发生变化。

从监管方面来看，一些监管机构也对数字货币的推行表现出担忧情绪。瑞士中央银行反对数字货币的原因是认为它对金融稳定构成风险但没有实质性的好处。具体来说，数字货币的发行将影响金融稳定和资源配置效率，不可避免地对商业银行资产负债表产生影响，削减其业务领域。例如，数字货币发行以后，商业银行将不得不削减业务规模或者以更高的成本从利率较高的资金批发市场吸引资金，以维持能够产生利润的贷款业务活动，这不但会削弱商业银行的盈利能力，而且会加剧银行业的期限错配和流动性问题。与此类似，澳大利亚央行对包括 Libra 和央行数字货币在内的加密货币表示怀疑，澳大利亚央行认为，"数字澳元"将对现有金融体系尤其是零售金融体系造成不必要的干扰。澳大利亚央行援引安永会计师事务所的研究称，央行数字货币将是促进澳大利亚金融科技行业增长"最没有效率"的解决方案。大多数加密货币很少被使用或接受其作为支付手段；其价格波动使它们受到投机者，而不是普通公民的欢迎。除此之外，印度尼西亚、吉尔吉斯斯坦、玻利维亚、孟加拉国等明确认定比特币交易为非法交易，对数字货币的发展也持消极态度。

总体而言，人们对产生于科技创新的数字货币有着各种不同的观点，但需要认清的是，对于一种新生事物，同时存在支持和反对的声音是正常的社会现象。在此环境下，理性的做法是不断分析和讨论，而不是绝对地支持或反对。

11.7　法定数字货币的实践总结与启示

基于表 11-1 的划分，前文对已经发行法定数字货币、准备推出法定数字货币、正在研究法定数字货币和表示反对的观点进行了简要描述，现在对其进行总结，并分析其启示。

一、法定数字货币的实践总结

（1）从已经发行法定数字货币的国家（包括厄瓜多尔、乌拉圭和委内瑞拉）的实践可以看出，厄瓜多尔、乌拉圭以及委内瑞拉虽然都进行了对法定数字货币的实验，但是最终都遭遇了失败，不得不放弃数字货币的运行。在这三个国家的实践中，其做法有不同点，也有相似之处。

这三个国家法定数字货币的实践的不同点主要体现在技术手段、流通体系、价值基础和用途四个方面。在技术手段方面，厄瓜多尔主要推出加密的电子货币，用密码技术控制货币的产生和交易；而乌拉圭并没有加密支付系统，没有实物支持，只有技术支持，没有使用区块链技术；委内瑞拉的石油币按照区块链审计机制进行预先创建。在发行流通体系方面，厄瓜多尔发行的数字货币无须通过中央机构和中间人，委内瑞拉的数字货币由委内瑞拉政府发行和直接出售，是典型的单层运营体系。在价值基础方面，这三个国家是不同的：厄瓜多尔的数字货币以琥珀蜜蜡为价值载体；乌拉圭则强调，数字货币并不是一种新型的货币，而是同样的乌拉圭比索，只是用于发行和使用乌拉圭比索的数字版本；委内瑞拉以 50 亿桶原油作为背书用作数字货币的信用载体。由于不同的价值基础对于其实际应用具有决定性作用，因此，数字货币的实验结果也有所不同。在数字货币的使用方面，厄瓜多尔市民可以通过移动设备的转账来使用厄瓜多尔币，在超市、商场、银行等场所完成支付；乌拉圭用户通过使用由私营公司开发的带有集成数字钱包应用的智能手机，充值获得电子货币，进行电子比索的即时和点对点转账，并在参与该项目的商店中使用电子比索进行支付；在委内瑞拉，石油币作为一种投资工具、储蓄机制和公共服务的交换媒介，能与其国内的商品进行直接兑换，能够应用在购房、出境、养老金、兑换福利等多个领域。

总体来看，这三个国家的法定数字货币主要用于零售类行业，以进行零售交易和流通。与此同时，它们都采用了基于价值的方式，虽然其价值形式有所不同。

（2）从计划推行法定数字货币的国家（包括新加坡、中国、泰国、瑞典等）的法定数字货币国家的实践可以看出，其共同点是对于法定数字货币采取相对积极的态度，并有一定的工作计划和法律支持。例如，2016年1月20日，我国央行召开的数字货币研讨会上，央行首次提出了对外公开发行数字货币的目标，并在技术手段、发行流通体系、存在形式和储备资产、使用用途等方面都有明确的计划。正是由于有充足的准备和计划，从而使这些国家走在了法定数字货币实践的前列。

（3）从正在研究法定数字货币的国家（包括加拿大、瑞典和英国）的实践可以看出，其共同点较多。在技术手段方面，这三个国家都是基于分布式账户的区块链技术开展研究。在发行流通体系方面，都采用了中央银行-商业银行的二元结构集中控制货币发行。但其在存在形式和储备资产方面有所不同：加拿大的数字货币基于账户的现金抵押型；瑞典是基于账户与价值的零售型，拟将电子克朗作为一种通用的电子支付手段和现金的补充，并确定国家和瑞典央行在未来支付体系中的角色。另外，从技术上看，英国央行的RSCoin采用的类似但不同于传统区块链的模型，这是值得关注的。

（4）从表示反对法定数字货币的原因看，主要是担心由此产生的金融风险和经济风险。但如果能有效地进行风险防范，则这些反对的观点也会有所改变。

二、法定数字货币实践的启示

各国法定数字货币的研究与实验给我们带来了许多的检验与思考，可以从中获得如下启示：

（1）法定数字货币应该稳步推进，不能操之过急，否则会产生负面效应。法定数字货币的发行应该和每个国家的发展国情相适应，因地制宜，在适合自己本国国情的基础上开展法定数字货币。比如引入"监管沙盒"制度，合理选择试点验证地区、场景和服务范围，为法定数字货币的开展推广提供一个"缓冲地带"，观察其使用效果，逐步积累经验并不断优化和丰富法定数字货币功能，从而稳妥地实现在全国推广应用。

（2）保证本国货币的稳定，不能因为发行法定数字货币，而对原有的货币体系造成不良的影响。央行发行的数字货币应该是对现行货币体系的补充和完善。例如，目前我国试验的法定数字货币 DCEP 是对 M_0 的替代，即零售型数字货币，而零售型法定数字货币会对现有的金融体系带来冲击，且法定数字货币在不同层次的应用、拓展所对应的监管要求也不相同，因而在法定数字货币的推行上也需要循序渐进。

（3）法定数字货币的信用载体（无论是实物载体还是现金抵押品）都应保持稳定；否则，会产生较大负面影响。如前所述，正是因为委内瑞拉政府随意调整兑换比率，不到半年时间，石油币"单边上涨"10 倍，这种任意改变兑换比率的行为不仅影响了政府作为数字货币发行方的信用，而且无法保证基本的资产安全，这是各国在尝试法定数字货币时应吸取的教训。

（4）完善法制，加强监管是推进法定数字货币的关键。法定数字货币出现后可能会对现有金融体系和经济体系造成冲击，因此，完善法律体系、加强监管就成为一项重要任务。现阶段，我国暂未制定与法定数字货币相关的法律法规，而现行与法定货币相关的法律法规都是以传统的实物货币为参照物，不能完全适用法定数字货币的运行和管理要求。虽然我国法定数字货币 DCEP 是对 M_0 的替代，但由于数字货币本身带有明显的虚拟特征，与实物货币的发行、流通、存储等在形式上存在着很大区别，现行法律法规的很多规定并不适用于法定数字货币，因此不能继续采用之前的法律法规对法定数字货币进行管理。与此同时，法定数字货币的法律主体地位不清晰，也需相关法律法规的出台，以确立法定数字货币的法律主体地位和监管机制。进一步看，现有法律需要在货币的法偿性、发行流通等方面重构革新，为法定数字货币的发行与流通提供完善的法律保障。

（5）加强国际合作，开展法定数字货币的研究和交流活动。在行业的发展初期，各国都面临很多技术、法律、应用等方面的挑战和障碍，这就需要国际合作，并在国际货币基金组织、国际清算银行等国际金融组织的框架下，推进国际法定数字货币和跨境数字支付的监管与治理协调机制的构建，强化自身金融主权与未来法定数字货币发展的话语权。与此同时，随着发行法定数字货币国家数量的增多，如何管理众多国家法定数字货币之间的关系也需要进行国际合作。

11.8　以法定货币为基础的天平币

如前所述,各国进行了法定数字货币的实践,以获取对其自身法定货币的控制权。在数字货币的类型和数量不断增加的环境下,对各类数字货币定价就是一个重要问题。如果说各国对法定数字货币的实践是要确定一个价值相对稳定的法定数字货币,则从数字货币的使用者角度看,他们需要的是价值相对稳定的数字货币(即稳定币)。由本章的内容可以看出,数字货币中的稳定币总体上以比特币作为基础货币,使其成为其他数字货币价值稳定的基石。然而,比特币本身的价值或价格确定仍是一个尚未解决的问题,从而促使人们探寻比比特币的价格更为稳定的法定货币为基础的数字货币,典型的例子就是天平币(Libra)。

11.8.1　认识天平币

2019 年 6 月 18 日,Facebook 旗下全球数字加密货币 Libra(也称为天平币)官方网站正式上线。根据 Libra 白皮书,推出 Libra 是为了打造一个新的去中心化区块链、一种低波动性加密货币和一个智能合约平台。Libra 的目标是成为一种稳定的数字加密货币,将全部使用真实资产储备(称为"Libra 储备")作为担保,并由买卖 Libra 并存在竞争关系的交易平台网络提供支持。这意味着任何持有 Libra 的人都可以获得高度保证,他们能够按照汇率将自己持有的这种数字货币兑换为法定货币,就像在旅行时将一种货币换成另一种货币一样。Libra 的使命是建立一套简单的、无国界的货币和为数十亿人服务的金融基础设施,它由以下三个部分构成:

(1) 技术:它建立在安全、可扩展和可靠的区块链基础上。实现 Libra 区块链的软件是开源的,以便所有人都可以在此基础上进行开发,且数十亿人都可以依靠它来满足自己的金融需求。

(2) 储备资产:它以赋予其内在价值的资产储备为后盾。作为稳定币,Libra 需要被广泛接受,且易于获得。与大多数加密货币不同,Libra 完全由真实资产储备提供支持。对于每个新创建的 Libra 加密货币,在 Libra 储备中都有相对应价值的一篮子银行存款和短期政府债券,以此建立人们对其内在价值的信任。Libra 储备的目的是维持 Libra 加密货币的价值稳定,确保其不会随着时间剧烈波动。

(3) 独立协会:它由独立的 Libra 协会治理,该协会的任务是促进此金融生态系统的发展。Libra 协会是一个独立的非营利性成员制组织,其总部设在瑞士日内瓦。协会旨在协调和提供网络与资产储备的管理框架,并牵头进行能够产生社会影响力的资助，为普惠金融提供支持。Libra 协会的成员将包括分布在不同地理区域的各种企业、非营利组织、多边组织和学术机构，他们共同负责协会章程制定，并在完成后成为协会"创始人"的首批组织。Facebook 团队与其他创始人合作，在 Libra 协会和 Libra 区块链的诞生中扮演了关键角色。Facebook 创立了受监管的子公司 Calibra，以确保社交数据与金融数据相互分离，同时代表其在 Libra 网络中构建和运营服务。

对于稳定币 Libra，有必要认识以下几点：

(1) Libra 币是一种稳定币和超主权货币。首先，它由债券和法定货币等多种稳定资产支撑，采用基于 BFT(拜占庭容错)算法的 POS 共识机制，并支持以太坊智能合约。其次，对于比特币等数字货币，它们是否能称为货币？主流经济学圈还没有完全达成共识。与此不同的是，人们不但认为 Libra 就是货币，而且它基于一篮子已经存在的法定货币，因此，它没有货币创造功能，不会产生铸币税，也不存在真正意义上的货币政策。因此，从一定意义上讲，Libra类似于特别提款权(SDR)，是超主权货币。

(2) Libra 体系内有两种货币，一种是 Libra Investment Token，为 Libra 协会创始人投资后持有，主要用于投票和分红；另一种为能为公众持有的 Libar货币(本文所谈到的 Libar 币都是指 Libar 币)。

(3) Libra 与许多其他加密货币的一个主要区别在于，其所建立的网络将只由 Libra 协会的成员运行，这与"无许可"的区块链网络不同。这意味着 Libra不是一个完全去中心化的货币；只不过它是由协会控制，而与政府无关。表 11-3 给出了天平币与其他数字货币的区别。

表 11-3　天平币与其他数字货币的区别

数字货币的类型	发行方	中心化程度	发行模式	价　值　锚	兑换	清算
Q Coin (Q 币)	腾讯	中心化	用户购买	兑换腾讯公司的服务	腾讯	腾讯
Alipay (支付宝)	支付宝	中心化	用户充值	用人民币按照 1:1 比例兑换	银行	支付宝
Libra Coin	Libra 协会	非完全去中心化	用户换汇	1:1 兑换一篮子货币	Libra 会员	区块链
Bitcoin	POW 协议	完全去中心化	数学计算(挖矿)	共识	交易所	区块链

(4) 预设的 Libra 的运作模式：用户通过手机上的数字钱包使用 Libra，

可以通过银行账户或当地商户交易法定货币换取 Libra，或者通过数字转账的方式获得 Libra。Libra 的价值将由一篮子政府支持的资产 1∶1 支撑——这些资产可能包括美元、欧元、日元和稳定债务工具等，最终由 Libra 协会负责管理。

基于 Libra 自身的特点，我们可以设想在未来的世界中，它有望在跨境支付、数字经济领域中的线上购买、听音乐、游戏等场景中的支付以及投资等领域发挥交易媒介作用，从而可能会形成一个超国家的庞大超级经济体，这不仅会冲击现有的各国金融和经济体系，也会对世界经济系统和社会体系造成巨大影响。

11.8.2 天平币的发展历程

针对国际贸易和国际投资中广泛存在的汇率风险，有望成为全球支付手段的天平币有可能解决这一问题，从而使其受到了广泛的关注。从时间上看，天平币的发展历程如下：

(1) 发布白皮书。2019 年 6 月 18 日，Facebook 正式公布数字货币 Libra 项目白皮书，标志着数字货币 Libra 的正式启动。

(2) 接受国会质询。2019 年 10 月 23 日，Facebook 公司创始人、首席执行官马克·扎克伯首次就该公司的数字货币项目 Libra 接受美国国会质询。

(3) 欧盟五国联手阻击 Libra。2019 年 12 月，欧盟五国财长发表声明称，除非欧盟能够对其进行监管，否则，Facebook 支持的 Libra 协会不应被允许引入 Libra 这一工具。考虑到数字货币将会对金融安全和稳定构成系统性威胁，欧洲央行(ECB)应考虑发行一种公共数字货币。

(4) 新的支持。2020 年 2 月，电子商务平台提供商 Shopify 宣布加入 Facebook 加密货币项目 Libra Association。

(5) 变通。在监管机构的压力下，Facebook 对数字货币 Libra 进行了变通。据外媒体报道，2020 年 5 月，Facebook 宣布将把旗下数字钱包"Calibra"更名为"Novi"，其目的是将这款数字钱包的名字与该公司的数字货币 Libra 区分开来。在时间安排上，Facebook 并没有宣布 Novi 或 Libra 的发布日期，只是指出当 Libra 正式推出时，将会发布 Novi 的一个早期版本，然后再逐渐在全球推出 Novi。Facebook 表示，用户需要使用政府发放的 ID 来注册 Novi，其中的转账将不收取任何费用。

(6) 机构改革。2020 年 8 月，Facebook 宣布将成立一个名为"Facebook Financial"的新部门，负责包括 Facebook Pay 在内的所有支付业务。这一新的金融部门将由 Libra 联合创始人大卫·马库斯担任领导，他此前是 PayPal 总裁，现在还同时负责在印度和巴西等一些国家的支付业务以及数字钱包 Novi。
2020 年 9 月，Libra 协会宣布，汇丰银行前欧洲主管詹姆斯·埃米特(James
Emmett)负责 Libra 项目的运营部门。与此同时，Facebook Libra 项目的联合
创始人摩根·贝勒(Morgan Beller)辞职，她 2017 年加入 Facebook，负责该公
司的区块链项目，是 Libra 项目和 Navi 支付项目的联合创始人。

(7) 监管。2020 年 10 月，全球七大经济体的金融领导人认为，Facebook
的 Libra 稳定币尚未准备好推出，因为监管还没到位。七国集团(G7)发布的一
份声明草案显示，全球七大经济体的金融领导人表示，他们反对 Facebook 推
出 Libra 稳定币，直到这种加密货币得到适当监管为止。

由以上信息可以推知，天平币的发展不仅取决于其自身业务的调整，更会
受到监管部门的态度及监管政策的出台和实施的影响。

11.8.3　天平币引起的反应

正是由于天平币在未来可能产生巨大的影响，天平币的出现引起了货币当
局的高度重视。2019 年 10 月 23 日，美国众议院金融服务委员会就 Facebook
的天秤币项目召开听证会。在这场听证会之前的一周，21 家天秤币协会
(Libra Association)初始成员在瑞士日内瓦召开了首届会议，形成了天秤币协
会理事会，并选举了由 5 人组成的董事会。然而，就在这次会议召开之前，
Mastercard(万事达)、Mercado Pago、PayPal(贝宝)、Stripe、Visa(维萨)等 5
家支付机构和 Booking Holdings、eBay 等 2 家科技公司先后宣布退出天秤币
项目。在本次听证会上，扎克伯格多次提到，中国在技术创新方面超过美国，
中国部分支付基础设施领先于美国，以此表明研发数字货币 Libra 的合理性。
关于其创建目的和经营方式，Facebook 首席执行官扎克伯格表示，Facebook
并不是在试图帮助创建全新的主权货币，天秤币首先是一个全球支付系统。而
且在 Libra 储备金中美元占据了最大比例，这将扩大美国的金融领导地位，扎
克伯格表示，Libra 的主要收入还是来自广告，而 Facebook 不会将金融数据用
于广告。

天平币不仅在美国受到了质疑，而且引起了世界其他国家的担心，对其进
行严格监管已经成为共识(见表 11-4)。

由表 11-4 可以看出，除了英国央行表示出包容性外，其他央行则表现出
了不同程度的担忧。随着技术的发展，这些担忧并非不可解决，关键是要认识
到目前公众了解到的是 Libra 白皮书，而不是 Libra 的终极方案和实际实施的
方案。因此，天平币在关注到各国监管态度的基础上，也会不断发展和完善，
有可能在符合监管要求的基础上得到部分国家的认可。

表 11 - 4　各国央行对 Libra 的态度

国家/地区	意　　见
美国	(1) 美国众议院金融服务委员会主席 Maxine Waters： "考虑到该公司麻烦不断的过去，我要求 Facebook 同意暂停任何开发加密资产的行动，直到国会和监管机构调查这些问题并采取行动。我们不能让他们去瑞士，并与美元竞争。" (2) 美国俄亥俄州参议员 Sherrod Brown： "Facebook 已经太过庞大，它通过这种力量利用用户的数据，侵犯用户隐私。我们不能允许 Facebook 在没有监管的情况下从瑞士银行账户中运行风险较高的新加密资产。" (3) 美联储主席 Jerome Powell： "美联储已经就 Libra 的问题与 Facebook 进行了沟通。我们看到了一些好处，但也有风险。数字资产还处于起步阶段，因此，我们不太担心央行因为加密资产影响美联储实施货币政策的能力。"
欧盟	欧洲议会德国议员 Markus Ferber： "Facebook 新近发布的稳定币 Libra 可能变成'影子银行'，监管方应该高度警惕。在推出虚拟货币时，绝不能允许像 Facebook 这样的跨国企业在一个监管'极乐世界'里运作。"
法国	法国财政部部长 Bruno Le Maire： "Facebook 加密货币不具备成为主权货币的能力。各国政府有权向 Facebook 要求一些担保，这将明确 Libra 不会成为现有主权货币的竞争对手。稳定币不应被转移到资助恐怖主义或任何其他非法活动。"
英国	英国央行行长 Mark Carney： "Facebook 推出的新数字货币可以降低成本并增加金融包容性，Libra 可能很重要，并将受到相应的监管。分布式账本技术(DLT)项目有潜力'解锁数十亿英镑的资本和流动性'，并且有朝一日可能会看到他们与央行的密切合作。"
澳大利亚	澳大利亚央行行长 Philip Lowe： "在 Facebook 的提议成为我们日常使用的东西以前，还有很多问题，有很多监管问题需要解决。该加密资产不会登陆澳大利亚，因为澳大利亚已经有非常高效的电子支付系统。"
瑞士	瑞士金融市场监管局也在与 Facebook 加密项目的"发起者"保持联系，并将确定计划中的服务是否需要瑞士监管法律的批准，如果需要，需要哪些批准

11.8.4　天平币 Libra 引发的思考

天平币 Libra 出现后，金融机构、监管部门和学者对其进行了广泛而热烈的讨论，并呈现出不同的观点。本节认为，关于天平币 Libra，需要思考以下几个方面的内容。

一、对"稳定币"的理解

由数字货币的发展实践中可以看出，在币值排名前十的数字货币中，USDT 交易的日换手率高达 425%，而其他数字货币易的最高日换手率不高于 35%，这表明数字货币的价格波动远远大于现实世界中的法定货币，也远远高于现实世界中金融资产的波动率。因此，在网络环境下的日常支付中，人们自然希望不同时期物品的价格基本保持一致，所以价格波动较小的稳定币成为稳定币落地应用的必然选择。但也必须认识到，在国际金融体系中，法定货币的定价是以其他法定货币为基础，因此，当一种法定货币价格发生变动时，其他法定货币的价格也会发生相应变动。所以，"稳定"是一个相对概念。现实世界只有相对的稳定，但不存在绝对的稳定。数字货币中的稳定币通常指的是以法定货币为锚定而发行的数字货币，如 USDT 等；相应地，Libra 选择用一篮子法定资产做储备，因此，其价格的稳定性取决于这一篮子资产价格的稳定性也只是一种相对的稳定。

二、去中心化问题

在以区块链技术为核心的去中心化技术发展过程中，天平币面临两个无法逾越的困难。第一，鉴于国家主权的需要和受到监管当局的质疑，天平币很难实现完全去中心化。判断一个资产是否能够完全去中心化，关键是看它是否在更广泛的市场、更广泛的区域发挥作用，对于数字货币也一样。天平币只有在一定规则下的网络系统中才能发挥作用，才可能具有价值。例如，如果把比特币从其区块链网络中复制出来，它就只是无法使用的数字，所以比特币在形式上好像实现了完全去中化，但实质上并没有。如果不能从特定网络中获取转换到实体经济中，那么数字货币就做不到完全去中心化，而必须依赖中心化的机构来监督。由此可以判断，天平币很难实现完全去中心化。第二，科学研发精神难以抵挡人类的自利性和资本的逐利性。天平币 Libra 和 20 世纪 70 年代 VISA 刚创建时的组织架构几乎完全一样，VISA 创始人 Dee Hock 离开 VISA 隐退后，VISA 就变成了以盈利为目的的上市公司。虽然 VISA 的投资取得了经济层面上的成功，但是其最初树立的和 Libra 相似的发展愿景并没有实现。与此类似，Libra 的创始团队成员也会离开，到时也会面临经济人理性和资本逐利的问题，天平币 Libra 设想的良好初衷能否实现还有待观察。

三、Libra 长期面临的困难是内部利益博弈

货币是市场经济中最重要的金融资产，货币的规模和流通范围越大，所涉及的经济利益就越大，而随之产生的利益争夺或博弈也就越激烈，并随着系统的扩张，协调的难度会越来越大。

如果 Libra 成为一个世界货币，会对世界经济体系和国家关系产生重大影响。例如，一篮子货币成分的变动、一篮子抵押资产的选择和处置等，都将影响不同国家的货币稳定、国际收支、国民收入等，甚至还会涉及种族、宗教、恐怖主义等复杂的社会问题，由此导致国家之间的博弈、国家内部不同经济团体的利益博弈等问题，并可能呈现恶化趋势。需要注意的是，虽然 Libra 设置了非常民主的投票机制，但目前协会的第一批（27 家）创始人基本都是美国公司，已经接近三分之一，而其他国家很难取得真正意义上的投票，因此它只是形式上的民主，从而会降低其他组织的兴趣和经济利益。

四、货币的经济与政治功能

Libra 不仅开启了跨国公司联盟主导的超主权货币，而且可能形成超主权的货币联盟，由此对整个世界产生重要影响。

从发展历史上看，自货币出现以来，就一直具有经济与政治双重功能。因此，货币之间的竞争被赋予了强烈的政治意义。但是，随着全球化的推进和国际贸易规模的迅速扩大，人们需要统一的世界货币。在国家关系复杂化、大国博弈、文明冲突不断的环境下，基于传统金融架构的理想中的世界货币很难实现。而基于区块链的天平币 Libra，这种跨境、联盟化的超主权数字货币，在理论上能够有效地降低交易成本，大幅度提升协作效率，是跨国公司梦寐以求的理想工具。随着天平币的起航和未来可能取得的巨大经济利益的预期，会吸引更多的互联网公司（如 Twitter、google、whatsapp 和 Instagram 以及 JP Mogan 等跨国巨头们）的加入，这可能促成更多的类似于天平币的超级货币出现，并有可能形成新的超级货币联盟。此时，世界将不是由国家控制，而是由少数互联网公司所控制，这是最坏的情况，也是最值得关注和思考的问题。

五、天平币 Libra 是否可能取代特别提款权（SDR）

根据天平币白皮书 Libra 的信息，天平币 Libra 在货币设计上接近 SDR，但这并不是意味着它在用途和最终命运上也与 SDR 相同，其中最关键的区别是它能否为消费的最终决策人（即"C 端用户"）所接受。众所周知，SDR 建立在各国传统银行和旧清算体系之上，它只是在各国货币当局的小范围内发挥作用，而无法接触到最终消费者。与此相反，天平币 Libra 不仅与各国货币当局有直接关系，而且可能会拥有数以十亿计的 C 端用户。当美元与天平币 Libra 的汇率严重偏离时，普通 Libra 用户仍然可以在 facebook 生态中吃饭、消费、

玩游戏、看视频，然后使用价格并无波动的 Libra 进行计价和支付，由此使天平币的用户可能有"美元不如天平币"的感知。由此可见，存在未来天平币取代 SDR 的可能性。

六、天平币对美国的影响

自从第二次世界大战以来，美元在全球经济中长期处于霸主地位，主要体现在国际贸易、投资和外汇储备方面，但它并没有无障碍地进入各国居民日常支付和企业间贸易之中，在数字经济环境下更是如此。然而，基于天平币 Libra是美国互联网公司提出以及主要是美国机构主导的事实，未来 Libra 与美元之间有更多的互补关系，在双方相互需要情况下，美元与 Libra 的结盟会是一个大概率事件。天平币 Libra 与美元的联盟关系一旦形成，从长期来看，政府(尤其是民主国家政府)很难有效阻遏天平币 Libra 对于世界数字经济领域的渗透。对于其他国家来说，在无法与其对抗的环境下，明智的做法是与 Facebook及其盟友进行合作，从而进一步提高美国对世界经济的控制力。

进一步看，虽然天平币 Libra 可能会促进世界不同经济主体之间的交易，但并不表明不需要对天平币 Libra 进行监管。在网络环境下，天平币不仅需要监管，而且它也会反过来影响监管方式和监管制度，因此，天平币 Libra 也可能反向促进监管思维、监管方式的变化。

七、天平币 Libra 对小国的影响

由于天平币 Libra 以更多国家的法定货币为基础，因此，其价值的稳定性高于经济基础弱的小国的法定货币，由此导致天平币 Libra 的流通一定会对小国家主权货币造成极大冲击，甚至会取代小国家的主权货币。因此，天平币 Libra 可能会削弱政府控制经济的能力，并减少政府的铸币税。与这些国家的态度不同，民众对有利于交易的天平币呈现较大的热情，这可以从非选民国家的大众态度体现出来。

热度排名前五的国家分别是多米尼加共和国、尼加拉瓜、乌拉圭、巴拉圭和阿根廷。天平币得到这些国家大众的高度搜索，这与天平币 Libra 白皮书中表示的其主要服务对象是小国的人民相符。

八、天平币对其他数字货币的影响

首先，天平币无法替代比特币等去中心化的数字货币。比特币所设计的去中心化框架以及其无关个人偏好的 POW 共识机制，极大地抽象了可能影响货币运行的各种社会关系，从而避免了天平币 Libra 将要面临的政治经济博弈，这是比特币拥有的优势。因此，天平币 Libra 无法替代比特币等去中心化的数字货币。其次，天平币 Libra 的出现提高了社会对比特币等数字货币的关注度和投机热情，例如，在 Libra 白皮书发布后的一周内，比特币价格迎来了大幅

上涨,虽然不能确认其因果关系,但至少可以看出它们之间能够相互影响。第三,从长期来看,天平币 Libra 会对 USDT 产生较大冲击,因为与主要在交易市场、二级市场、投机炒作市场充当稳定中介的 USDT 相比,Libra 有更好的流动性。与此同时,虽然瑞波币也是一种稳定币,且在跨境支付中发挥实际作用,但相比之下,以一篮子法定货币为基础的天平币 Libra 的价格更加稳定,且流动性更好,这会对瑞波币产生较大不利影响。

综上所述,天平币 Libra 的出现对各国的货币当局、金融体系、经济组织以及社会组织可能产生重要影响,这会促进各国加速推进法定数字货币的研发,并会促进各国监管体系的发展。

11.9 数字货币与跨境支付

在现行国际经济体系中,国际贸易、国际投资等国际经济活动会引发众多法定货币在不同国家流动时的汇兑风险和汇兑费用,而具有快速性、可追溯等特征的基于区块链技术的数字货币有可能在货币的跨境支付中发挥作用。

一、传统的跨境支付体系

在传统的经济社会中,为了解决国际经济活动中的支付问题,世界上形成了不同的支付系统。主要有以下几种:

(1) SWIFT 系统。它是跨境金融信息传输服务的全球领导者和标准制定者,其金融通信网络涵盖 200 多个国家(地区),接入金融机构超过 11000 家。SWIFT 虽然是全球性的非营利组织,但董事会中 84% 的独立董事和执行委员会的成员均来自欧美国家。

(2) CHIPS 系统。它是全球最大的私人部门美元资金传输系统以及所有私人部门美元跨境交易结算和清算的中枢神经,由纽约清算所协会建立和经营。目前,美国对 SWIFT 和 CHIPS 拥有绝对控制权。

(3) 贸易往来支持工具(INSTEX)。它是由德国、法国和英国主导推出的一种绕开美元跨境支付系统的特殊结算机制,其目的是支持欧盟境内企业与伊朗开展正常商贸活动。2018 年 5 月,美国退出《伊朗核协议》并重启对伊朗经济制裁,此后又宣称将对帮助伊朗开发核武器或者从伊朗进口原油的国家进行次级制裁。2019 年初,德国、法国和英国三国出资设立 INSTEX,其实体机构设在巴黎;同年 7 月开始正式运作,以欧元进行结算交易。

(4) 俄罗斯金融信息传输系统(SPFS)。它是为避免西方国家金融制裁而创建的。2014 年,俄罗斯和西方国家因克里米亚问题出现关系危机,一些西方政治家威胁将切断俄罗斯与 SWIFT 的联系;同年 12 月,俄罗斯银行启动 SPFS 系统的开发工作。

（5）中国的人民币跨境支付系统（CIPS）。它是在人民币国际化的大背景下产生的。CIPS 由跨境银行间支付清算（上海）有限责任公司运营，为其参与者的跨境人民币支付业务和金融市场业务等提供资金清算结算服务。CIPS 的参与者分为直接参与者和间接参与者两类。截至 2019 年 8 月底，已有 31 家直接参与者和 861 家间接参与者。在间接参与者中，亚洲有 663 家（含境内 376 家），欧洲有 103 家，北美洲有 26 家，大洋洲有 18 家，南美洲有 16 家，非洲有 35 家，覆盖全球 90 个国家和地区。

二、尝试实现跨境支付的数字货币

（1）瑞波币。基于区块链技术的优势，一些数字货币在尝试实现跨境支付。如 9.1 节所述，瑞波币具有这方面的功能，由于其网关包括银行、汇款服务商、转账机构和交易所等机构，人们可以实现全球各种货币及各种有价值的物品之间的自由、实时、免费的转换及汇兑，或实现任意一种货币的转账，例如美元、欧元、日元，甚至比特币或其他虚拟货币，交易确认只需要几秒钟就能完成，既简便又快捷，交易费用接近于零，从而节省了传统金融中的异地跨行以及跨境支付费用，但其也存在不少争议，如它只是实现了相对去中心化、且公平性不足等。

（2）Libra。作为对现有数字货币的颠覆性优化，天平币 Libra 克服了比特币价值不稳定性导致的日常交易障碍，大幅降低了跨国零售支付的摩擦成本，且比美联储决策机制更为优化，只要获得政府许可，很可能会成为新一代的全球货币（Taskinsoy,2019）。然而，根据蒙代尔的不可能三角理论，金融体系始终面临"不可能三角形"，即一个国家的货币当局必须在金融系统稳定、金融创新和零道德风险三者之间选择两项，而不可能三者兼得（陆磊 等,2016）。据此可以认为，由少数经济集团控制的天平币 Libra 无法同时实现金融体系稳定、金融创新和零道德风险的目标，因此，正如前所述，它使全球货币存在很多问题。如果天平币 Libra 能够建立一套新的跨银行、跨边境、跨国家的数字货币虚拟账户交易体系，实现各个国家的金融系统的联通，则天平币 Libra 有可能在跨境支付中发挥重要作用。

（3）JPMCoin。2019 年 2 月，摩根大通宣布完成开发并成功测试了数字稳定货币（JPM Coin，JPMC）。摩根大通对 JPMC 在抵押协议、区块链准入、客户群体与主要用途等方面均作出了明确的限定（即 JPMC 与法定货币按照 1：1 的比率与美元兑换）。如果它能够实施，则会方便日益增加的跨境支付活动。

（4）IBM 打造的区块链支付网络（Blockchain World Wire，BWW）。作为金融信息系统的全球领军企业，IBM 致力于打造基于区块链的新型跨境支付网络。继 2018 年 7 月宣布与美国据点公司（Stronghold）合作推出挂钩美元的稳定币之后，又于当年 8 月宣布其已经参与到另一个基于恒星（Stellar）协议的加密货币项目当中，打造区块链支付网络 BWW，以接近实时方式完成对跨境支付资金的清算与结算。

由此可见，越来越多的国际大型公司致力于借助数字货币的研发实现现代国际经济活动中的跨境支付，数字货币未来有可能在实现跨境支付中发挥越来越重要的作用。

本 章 小 结

根据对法定数字货币的实践活动，世界可分为已经发行法定数字货币、计划推出法定数字货币、正在研究法定数字货币以及表示反对的四个类型国家，本章在此基础上，对法定数字货币在这四类国家的实践进行了描述和分析。面对众多的民间数字货币和正在探讨的法定数字货币，对不同数字货币进行定价就是一个重要问题，因此，需要一种价值相对稳定的数字货币（即稳定币）。以比特币为定价基础的稳定币虽然能发挥交易媒介的功能，但其自身价格的大幅波动导致它作为稳定币的现实基础，因此产生了以现行法定货币为基础的数字代币，其代表就是天平币 Libra，本章对此也进行了探讨，同时介绍了数字货币在跨境支付应用中的可能性。

本 章 思 考 题

1. 试分析为什么法定数字货币在非洲国家受到重视？
2. 试分析各国货币当局开展对法定数字货币进行研究的原因。
3. 如果天平币 Libra 成为全球货币，各主权国家将面临哪些现实问题？
4. 试探讨未来数字货币主导的国际金融体系。

第三部分 数字货币的监管及发展趋势

作为互联网环境下的创新产物，基于区块链等技术的可追溯性、低成本等方面的优势，法定数字货币会对国际金融体系和国内金融体系产生影响，但也对国家主权、科技发展等方面提出了挑战。为了防范法定数字货币引发的洗钱、网络诈骗等非法行为，各国开展了对数字货币的监管实践，以维护金融秩序和经济秩序。展望未来，法定数字货币和非法定数字货币可能会同时存在，但其应用范围会有所不同，数字货币应有广阔的发展前景。

本部分包括以下内容：

第12章　数字货币的影响

数字货币包含法定和非法定两种。其中,起源于民间的非法定数字货币由于其使用范围有限,在货币当局的严格监管环境下,其影响有限,因此,本章只分析法定数字货币的影响。为进一步理解数字货币的影响,有必要讨论数字货币的技术实现、应用场景及其影响,这是本章的研究内容。

12.1　数字货币的技术体系及其实现框架

数字货币的技术来源于区块链技术。区块链的技术架构一般包括5个层级:数据层、网络层、共识层、激励层和应用层(戴方芳 等,2018),其支撑的技术及相应功能如图12-1所示。

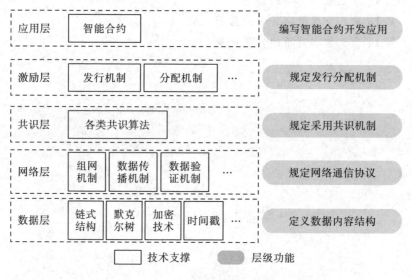

图12-1　区块链技术支撑及功能

在图12-1中,数据层定义数据内容结构;网络层规定网络通信协议;共识层规定采用的共识算法;激励层规定加密货币的发行和分配机制,若不需要加密货币进行经济激励,则不设置激励层;应用层方便开发者编写智能合约和开发应用(翔宇 等,2021)。

基于区块链技术的数字货币出现以来,如何从技术上实现数字货币是理论界研究的问题，文献对此进行了分析。数字货币具有众多特征。例如，《数字人民币白皮书》将数字人民币的特征归纳为七个方面：兼具账户和价值特征、不计付利息、低成本、支付即结算、可控匿名、安全性、可编程性，这些涉及了除跨境支付以外国际数字货币的主要特征。要实现这些特征，可依托交易技术、安全技术、可信保障技术这三个方面的 11 项技术构建数字货币的核心技术体系(王永红，2016)，如图 12-2 所示。

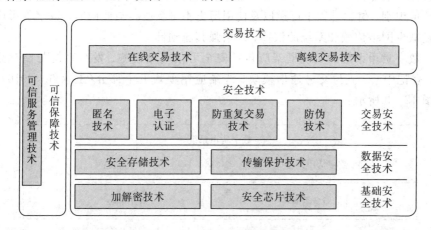

图 12-2　数字货币的核心技术

在图 12-2 中，数字货币依托的三方面技术各有其含义及功能。

(1) 数字货币交易技术主要包括在线交易技术与离线交易技术两个方面。在线交易技术通过在线设备交互技术、在线数据传输技术与在线交易处理等实现数字货币的在线交易业务；离线交易技术通过脱机设备交互技术、脱机数据传输技术与脱机交易处理等实现数字货币的离线交易业务。运用这种技术可实现数字货币的在线交易与离线交易功能。

(2) 数字货币安全技术主要包括基础安全技术、数据安全技术、交易安全技术三个层次，其作用是保障数字货币的可流通性、可存储性、可控匿名性、不可伪造性、不可重复交易性与不可抵赖性。基础安全技术包括加解密技术与安全芯片技术；数据安全技术包括数据安全传输技术与安全存储技术；交易安全技术包括匿名技术、身份认证技术、防重复交易技术与防伪技术。匿名技术通过盲签名(包括盲参数签名、弱盲签名、强盲签名等)、零知识证明等方式实现数字货币的可控匿名性。

(3) 数字货币可信保障技术主要指可信服务管理技术，基于可信服务管理平台(TSM)保障数字货币安全模块与应用数据的安全可信，为数字货币参与方提供安全芯片(SE)与应用生命周期管理功能。从作用上来看，可信保障技术能够为数字货币发行、流通、交易提供安全、可信的应用环境。

在以上技术基础上，数字货币的应用需要建立数字货币的技术实现框架，并综合考虑其安全性、可控匿名性、不可重复性以及系统依赖性。数字货币的安全性是其应用的基本要求,这就应采取足够安全可控的密码算法以及密钥分发保存机制。为了区别于电子货币并被持币人愿意持有,同时兼顾反洗钱、反恐怖融资等要求,数字货币的技术实现应具有可控匿名性。"可控匿名性"要求在使用环节(转移数字货币所有权)能够登记持币人变动数字货币的信息,同时能够保持追踪持币人身份的线索信息。数字货币的不可重复性要求数字货币必须可识别、付款过程不可逆以及使用历史不可篡改。与此同时,数字货币应尽量减少网络依赖和系统的依赖,以增强其流动性。

数字货币系统的实现框架应包括安全可信基础设施、发行系统与储存系统、登记中心、支付交易通信模块、终端应用模块五个部分(王永红,2016),如图 12 - 3 所示。

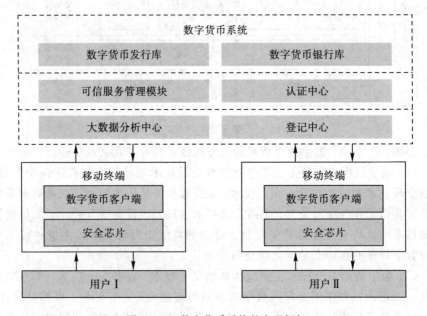

图 12 - 3 数字货币系统的实现框架

在图 12 - 3 中,数字货币系统包括数字货币发行库、数字货币银行库、可信服务管理模块、认证中心、大数据分析中心和登记中心等,它们与终端应用模块相连接。其中,发行库主要指存放央行数字货币发行基金的数据库,并与银行库共同构成数字货币发行系统与储存系统;可信服务管理模块主要包括在线交易通信、离线交易通信等;登记中心主要记录数字货币与用户身份的对应关系,记录数字货币交易流水,完成央行数字货币产生、流通、清点核对及消亡过程的登记。终端应用模块主要包括移动终端、客户端、安全模块等。

数字货币通过以上技术和框架,就可以实现实际应用。

12.2　数字货币可控匿名性的技术实现

如前所述，数字货币具有可流通性、可存储性、可离线交易性、可控匿名性等众多特征。其中，可控匿名性尤为重要，因为匿名性赋予数字货币保护用户隐私的正向功能，同时匿名性不应使数字货币沦为少数人进行金融犯罪的工具（潘宁 等，2020）。基于其重要性，数字货币的匿名性技术得到了实现。

从技术角度来看，数字货币的匿名性与其类型有紧密关系。数字货币的类型较多。如果按照应用技术区分，数字货币主要包括基于 E-Cash 系统的数字货币与基于区块链技术的数字货币两类，而在基于区块链技术的数字货币中，又可根据发行主体的不同，将其分为法定数字货币与非法定数字货币。与此同时，如果根据记录权利的归属，可以将区块链分为公有链、联盟链与私有链（见表 12-1），其区别主要体现为对记录的维护方式的不同：在公有链中，所有节点共同参与记录维护；在联盟链中，由预先指定的节点参与记录维护；而在私有链中，只由单一节点参与记录维护。

表 12-1　三种区块链的比较

区块链	公有链	联盟链	私有链
组织结构	去中心化结构	多中心化结构	中心化结构
参与程度	所有节点参与	预先指定节点参与	单一节点参与
承载能力	10~20 笔/秒	大于 1000 笔/秒	大于 1000 笔/秒

基于数字货币的不同类型，以下分别简要说明基于 E-Cash 系统和基于区块链技术的数字货币可控匿名性的技术实现。

（1）基于 E-Cash 系统的数字货币可控匿名性的技术实现。

E-Cash 是一种以数据形式流通的货币，它最早由 Chaum 提出，后来经过 Juels、Foteini 等人不断发展完善。在基于 E-Cash 系统的数字货币中，匿名性主要通过盲签名、信任标识与可扩展签名等技术实现（见表 12-2）。

表 12-2　基于 E-Cash 系统的数字货币匿名技术

方案	Chaum 的方案	Juels 的方案	Foteini 的方案
主要技术	盲签名	信任标识	可扩展签名
匿名性	较强	第三方追踪	较强

在 Chuam 的设计中，E-Cash 系统能够通过盲签名技术实现强匿名性。一方面，在货币发行时，签名要经过盲化处理，能够确保银行无法获得用户的相

关信息;另一方面,在银行从商家收取货币时,商家只能看到银行签名而非用户签名。基于这两方面的优势,交易各方的隐私能够得到很好保护,但它也存在运行效率低、金融监管难等问题。为此,Juels 在 Chaum 方案的基础上,引入了基于"信任标识"技术的第三方追踪机制(Juels,1999),借此用户可以向可信第三方申请"信任标识"并储存,在需要时能够通过第三方追查货币流通过程中持有者的相关信息。而 Foteini 等人通过引入可扩展签名技术,构建可传递的数字货币交易系统,它不仅解决了数字货币不可传递的问题,且实现了匿名性。

总体来看,在盲签名、信任标识与可扩展签名等技术的支撑下,基于 E-Cash 系统的数字货币具有较强的匿名性,但由于这类系统存在不可拆分、不可聚合等问题,不利于进行大量交易。

(2) 基于公有链的去中心化数字货币匿名性技术实现。

去中心化的非法定数字货币是指以个人信用担保发行的数字货币,主要包括比特币、达世币、门罗币等,它们建立在公有链的基础之上(李建军 等,2017)。在去中心化非法定数字货币中,匿名性主要通过假名(运用其他符号替代用户账户进行交易)、混币(网络中新加入主节点,并将混币技术 Coinjoin 作为协议内容的一部分)、环签名(一种不依赖于中心节点的数字货币匿名方案)、零知识证明技术(被视作是打破数字货币混合方案局限性的重要尝试)等实现(表 12-3)。

表 12-3 基于公有链的去中心化数字货币匿名技术

数字货币类型	比特币	达世币	门罗币	零钞
主要技术	假名	混币	环签名	零知识证明
匿名性	易受攻击	第三方可追踪	强	很强

(3) 基于联盟链与私有链的去中心化数字货币匿名性技术实现。

中心化非法定数字货币是指 JP Morgan、IBM、Facebook 等以企业信用背书发行的数字货币(赵成国 等,2020),主要包括摩根币、天秤币等,它们建立在联盟链与私有链的基础之上,其匿名性,匿名性主要通过 Quorum、CoCo 框架等技术实现(李建军 等,2017)(见表 12-4)。

表 12-4 基于联盟链与私有链的去中心化数字货币匿名技术

企业	JP Morgan	IBM	Facebook
数字货币	摩根币	无特定货币	天平币
主要技术	Quorum	CoCo 框架	Move
匿名性	可追踪	很强	有待观察

与去中心化非法定数字货币相比，基于联盟链与私有链的中心化非法定数字货币在保证匿名性的同时，提升了系统运行效率。

（4）基于区块链技术的数字货币的可控匿名技术实现。

与以上的数字货币匿名技术不同，法定数字货币采用基于区块链技术以实现匿名性，表 12 - 5 比较了世界各国法定数字货币的主要技术、用途类型及其匿名性。

表 12 - 5 世界各国法定数字货币特点比较

国家	加拿大	瑞典	新加坡	乌拉圭	委内瑞拉
数字货币	CAD-coin	E-Krona	SGD-L	e-Peso	Petro
主要技术	区块链	区块链	区块链	区块链	区块链
用途类型	批发型	零售型	批发型	零售型	零售型
匿名性	可追踪	可追踪	可追踪	可追踪	可追踪

由以上分析可以看到，为实现数字货币的可控匿名性要求，可通过不同技术加以实现，而数字货币具有包括可控匿名性的众多特征，由此可见数字货币开发的技术复杂性。

12.3 基于区块链技术的数字货币的应用场景

自 2008 年诞生至今，区块链技术得到了广泛应用。根据著名的 Gartner 公司在 2019 年的判断，区块链在未来一个时期内将进入与各行各业广泛融合发展的阶段，本书第 6.6 节只是从宏观角度介绍了区块链的应用，但未涉及其在行业和微观上的应用。为明确区块链技术在数字货币发展中的基础性作用，本节将进一步分析区块链和数字货币的应用场景。

一、区块链技术在非金融领域的应用场景

为明确一种创新技术的应用价值，就需要研究其应用场景。罗伯特·斯考伯等在 2014 年的《即将到来的场景时代》一书中就指出，场景时代即将来临；2021 年，区块链技术白皮书也指出区块链技术已经从技术研究的视角转向场景应用的优化，由此引起了学者的广泛研究。

区块链技术的应用场景十分广泛，涉及农业科技、汽车、能源、商业、政务、体育等众多领域。在农业领域，陆丽娜等（2022）构建了基于区块链的农业科学数据管理场景模型，显示了区块链技术的重要作用。

在汽车领域，区块链技术的去中心化、透明和信任，为解决当前汽车产业

用户隐私泄露、维修保养服务散乱差、不透明、不规范等难题带来了契机。区块链在汽车领域的应用关键在于汽车身份和用户信用体系的构建与融合,通过构建汽车身份,完整记录汽车在制造和使用过程中的关键信息,促进传统汽车产业链规范化,为整车企业建立可靠的质量控制体系和优化的库存动态管理,为用户提供更好的维修、保养和二手车交易服务;将汽车身份与个人信用体系在区块链系统中关联打通,可改造原有汽车共享的业务流程(朱光钰 等,2021)。

在能源领域,区块链的应用场景包括能源市场交易(例如,2018 年,荷兰利用区块链推动分布式能源就近消纳的试点项目)、系统运行管理、能源计量认证等。翔宇等(2021)详细分析了能源交易中公有链、联盟链和私有链的应用场景。公有链适用于有大量主体参与且不需要进入许可的场景,如在能源交易方面,分布式能源交易就可以使用公有链,在需要出售或购买能源时加入公有链,否则就退出公有链,从而能够提高能源交易效率。联盟链适用于少量机构参与且需要保证运行效率的场景,如园区、代理商和微电网等大机构之间的能源交易就可以使用联盟链,既能满足低时延交易、提高相互信任度的需要,也能够通过网络自治实现交易的透明性和公平性。私有链适用于企业内部的组织与数据共享,同时保证数据不可篡改,能源交易中心内部组织数据管理与审计时可以使用私有链。例如:在国家电网有限公司内建立私有链,可实现跨省、跨区域的数据共享,可以在保证数据不可篡改的前提下,提高电力数据的利用率,增加数据价值。

作为区块链技术的构成部分,智能合约也有广泛的应用场景。基于区块链的智能合约技术具有去中心化、自治化、信息共享等特点,能够有效构建可编程金融和可编程社会,广泛应用于数字支付、金融资产处置、多重签名合约、云计算、物联网、共享经济等多个领域(贺海武 等,2018)。

在商业领域,基于区块链技术特点的商业模式的独特价值是基于数据、信息等虚拟元素的价值创造,其商业模式创新关键要素是信任;商业模式创新主要应用场景包括企业层面、产业链层面与全社会层面的应用场景,张浩和朱佩枫(2020)的研究为探寻区块链时代商业模式创新切入点提供了一个初步分析框架。

在体育领域,区块链技术在公共体育服务中的应用作用包括能有效促进多元供给机制形成,建立虚拟货币形式的激励机制,突破信息"孤岛"、促进资源共享,加强公共体育服务标准化、绩效评估建设科学化以及推动国民体质监测高效实施(蔡磊,2021)。

在政务领域,政务链的应用场景包括公共服务、开放式治理、社会信用体系建设等,其关键问题是如何在发挥数字技术促进国家治理效能提升的同时有效应对各种风险挑战，依法加强区块链技术应用的监管，实现依法治理（钱再见，2021）。

在出版领域，区块链技术不可篡改、可溯源、去中心化等特性能够保证图书著作权、销售路径等相关信息透明、安全、可信，为图书出版业的管理提供了新思路。例如，挖掘读者数据、帮助出版机构快速绘制用户数据画像，以提高读者与出版机构的黏接程度（姚顺，张彬，2022）。

由以上分析可以看到，区块链技术具有广泛的应用场景。由于金融是经济发展的原始驱动力动和持续驱动力，区块链技术在金融领域中的应用更为重要。

二、区块链技术在金融领域中的应用场景

对于正处于新一轮数字化变革的金融行业，区块链将在接下来的五到十年内实现与金融的全面融合发展，并将有望对行业变革产生重大影响（马昂 等，2017）。现有研究认为区块链在金融领域中的应用场景包括区块链＋数字货币（即基于区块链的数字货币）、区块链＋银行（主要体现在支付方面）、区块链＋保险（如将投保人的事故信息等涉及投保利益的事项上传至区块链，并将投保条款内容以代码形式整合成智能合约，实现自动理赔）、区块链＋证券（如企业通过区块链技术发行证券，不仅省去了传统中介机构的介入，而且实现了点对点直接交易及即时清算，大大降低了证券发行成本，提高了证券发行效率）（曾晓梅，2022）。

1. 区块链技术在三大细分领域的应用

一般来说，金融领域包括商业银行、证券业和保险业三大细分领域。对于这些细分领域 区块链的核心价值是提供了数字经济时代下一种全新、普适的信用机制和价值交换手段，可以广泛应用于证券、金融和经济等各个领域。

根据上海证券交易所课题组（2021）对区块链在资本市场的应用分析，对于商业银行来说，区块链可应用于银行价值链的各个环节。在货币发行方面，基于区块链的数字货币，成为难以忽视的一类数字资产，而各国央行也在积极研究推出中央银行数字货币（CB DC）（姚前，2020）。在贷款方面，区块链的典型应用场景是供应链融资，区块链可以将核心企业及上下游业务联结为供应链，支持面向抵押资产的存证和信息披露，完善风控、保理、采购融资和库存融资等，为深层融资提供机会。在汇款方面，区块链将对跨境支付结算、跨境贸易带来重要影响。在风控方面，借助分布式存储、防篡改、可追溯、非对称加密和零知识证明等特性，区块链为建立广大范围的数字身份能够提供解决方法，有效提高了征信的公信力。

对于证券行业来说，区块链在证券领域业务流程优化、协同效率提升、可信体系建设、数据共享推进等方面的应用优势不断显现（陈树斌，2017；马昂等，2017；朱立 等，2019）。在交易前，证券公司可应用区块链技术，使参与方将产品发行、募集、申购、评级、监管全数据进行上链管理和共享，以解决传统模式资产信息不透明、信用风险与流动性风险难以控制的问题。在交易执行和交易后，证券公司可应用区块链对现阶段借助中介完成的清算、结算、交割、存管、托管等一系列处理流程进行精简，减少中间环节；同时通过智能合约等进行程序化认证和执行，替代人为操作，降低操作风险。

在保险行业，区块链技术可以促进保险公司数据之间的整合共享，当所有的理赔信息都被存储在分布式账本中时，同一事件重复理赔的可能性就被极大地降低。当保险事件发生并满足赔付条件时，智能合约可以自动执行代码指令，将基于合同的规则以一种透明且可靠的方式自动执行，实现自动理赔。

2. 区块链技术在资本市场中的应用

作为证券细分领域的重要构成部分，资本市场在融资方面具有重要作用，作为数字货币底层技术的区块链在资本市场中的应用范围也不断扩大。在美国，纳斯达克证券交易所非常重视区块链技术（Lennon and Folkinshteyn，2017），其先后推出多个基于区块链技术的交易平台，并将区块链作为对外技术服务的重要板块。其中，纳斯达克在 2015 年推出的基于区块链技术的私募股权交易平台 Linq，是首个对资产交易进行全数字化管理的区块链应用。纽交所在 2015 年投资了数字货币交易所 Coinbase，并推出了全球首个由证券交易所发布的比特币指数 NYXBT。2018 年，洲际交易所与区块链创业企业合作推出实时加密数字货币市场数据追踪服务 Cryptocurrency Data Feed，并于同年推出全球性的数字资产交易平台 Bakkt。在欧洲，德交所联合德国央行基于超级账本项目开发了区块链原型产品，实现了电子证券、数字货币交割和债券回购等功能。2015 年，伦交所、伦敦清算所、法国兴业银行、芝加哥商品交易所、瑞银集团以及欧洲清算中心联合成立跨行业组织，探索将区块链技术应用于交易后流程。2018 年，伦交所投资了区块链公司 Nivaura，与其合作开发用于发行证券类代币的去中心化平台。在澳大利亚，2016 年澳交所与 DAH 合作开发一个基于区块链技术的系统，用于替代澳交所现行的清算系统 CHESS，从而提高证券结算的效率、降低系统运营成本和投资者交易成本。在新加坡，新加坡交易所在 2016 年参与了由新加坡金融管理局和新加坡银行业协会共同发起，由交易所、金融机构、学界和科技企业合作开展的金融科技项目 Ubin（MASS，2016），它是新加坡央行数字化货币应用的重要试点，旨在探索利用分布式记账技术变革证券和支付的清结算处理基础设施。

总体来看，区块链技术在资本市场中的应用广泛（见表 12－6）。

表 12 - 6　区块链在资本市场的主要应用模式

	业务环节	主要局限	区块链的作用
交易前	公司研究分析；风险管理；存证	信息可获取性、传递效率及有效性	可追溯、穿透至底层资产，自动验证归属，信息可信、不可篡改、可追溯，条件触发自动处置
交易中	订单执行及撮合；监测	运营时间限制、处理结算	全天候、实时处理；跨机构、跨行业、跨境
交易后	清算交收；支付；数字货币	对手方风险、机会成本、融资成本	消除一对一风险，降成本，高效、实时、无缝处理资产转移和变动
	托管；资产管理	操作成本高；需要人工处理及确认	交易流不可篡改，无须第三方保管账目；自动执行合规，减少操作成本

由上表可以看出，从区块链的应用范围看，覆盖了从场内到场外、从境内到全球、从具体实现手段到金融基础设施、从传统证券到数字资产的不同层级和领域。在证券交易产业链上，区块链应用已经涵盖了证券交易前、交易执行、交易后三大环节。对于交易前业务，区块链主要用于上市和拟上市公司分析和风险管理。对于交易中业务，区块链可以使得证券业务突破分业边界，促进形成跨行业、板块、机构的一体化交易基础设施，支持服务范围扩展至跨地域、跨境、跨时区，并使传统证券的服务时间延展至 7×24 小时 $\times 365$ 天，实现服务的全天候不间断。对于交易后业务，区块链可促进市场机构间的互联互通，简化中间处理节点和流程，有效提高处理效率并降低成本。

三、基于区块链技术的数字货币在支付领域中的应用

如前所述，数字货币包括私人数字货币和法定数字货币。由于私人数字货币缺乏国家信用支持，其应用场景受到限制，因此，在此只涉及法定数字货币的应用场景。

依据前述分析，数字货币（如数字人民币）具有众多特征，如低成本、支付即结算、可控匿名、可编程性等，这些涉及了除跨境支付以外的数字货币的主要特征。其中，可编程性是数字货币最突出的特征，数字货币的编程权限由国家公权力及其授权机构掌握，这种独占性权力是数字货币区别于私人数字货币的根本所在（马扬 等，2022）。可编程性能够使货币流通与数字交易程序深度融合，数字货币根据预先设定好的触发条件自动交易，可创新微观交易模式、优化宏观政策效果。正是由于数字货币具有这些众多特征，从而使其具有广泛的应用场景。

　　基于金融在经济活动中的重要作用，数字货币对于央行经济政策的实施、企业的可持续发展以及人们的日常消费都有重要影响，尤其是在支付方面。基于区块链技术的法定数定数字货币在支付中能够发挥重要作用，一个主要原因是法定数字货币能更好地解决维持记录、便携性、可识别性等问题，成为更优越的支付工具(董昀，2016)。它借助于加密、区块链等技术，在流通过程中及时、全面地记录了交易信息，杜绝了伪造、篡改交易数据的可能性，可减少交易双方的信息不对称，也可减少支付等交易中的逆向选择和道德风险(戴金平等，2016)。它具备近场支付、远程支付和离线支付等功能，监管机构可依法或依消费者请求追踪溯源(姚前 等，2017)，能避免纸钞、硬币的磨损等缺陷，节约货币的发行流通成本，减少洗钱、假币等违法犯罪行为(景欣，2021)。由表 12-7 可知，在支付方面，相比于其他支付工具，数字货币具有更大优势。

表 12-7 DC/EP 支付与其他支付的比较

比较内容	DC/EP	微信、支付宝	现　金
支付性质	直接支付	第三方支付	直接支付
支付效力	完全法偿性	部分客户不支持	完全法偿性
支付功能	离线、在线、近场、远程、扫码等	小额、在线、扫码等	现场
结算模式	央行结算	商业银行结算	央行结算
支付额度	依照实名程度支付	系统内部分级	大额现金交易管理
手续费	无手续费	提现手续费	超过一定额度付手续费
安全性	高于现金、微信和支付宝	不发生泄密或盗窃等风险时高于现金	伪造、变造、盗窃、丢失
破产保护	央行流动性支持	支付机构的破产风险	央行流动性支持
风险识别	大数据识别	大数据识别	现行货币管理手段
隐私保护	可控匿名性	一定程度的匿名性	完全匿名

　　支付系统属于系统重要性金融基础设施，是参与者之间转移资金的工具、程序和规则(Carstens，2020)。法定数字货币支付的场景化，不仅有利于在宏观上提高央行的数据收集、分析和监测能力，加强监管，并实现宏观调控的经济发展目标，而且在微观上能够广泛用于消费者的 C 端、企业的 B 端和政府转移支付的 G 端和跨境支付场景。其中，在 C 端场景，数字货币满足消费者的资金流转需求，实现日常支付便捷化；在 B 端，法定数字货币能够解决企业银

行账户限额、财务规则约束等难题；在 G 端，数字货币能够成为政府转移支付的新型工具，有助于更好地实施财政政策。与此同时，在跨境支付中，DC/EP 将提升跨境支付结算的速度和安全性，提升人民币跨境支付系统（CIPS）的运转效率，解决 SWIFT、CHIPS 等系统的耗时长及价格昂贵等弊端。

数字货币也在财政领域中具有广泛的应用场景。数字货币已被应用于税款缴纳、社保缴纳和消费券发放等财政场景。伴随着数字货币的流通，新的财政应用场景将不断涌现。数字美元等方案依赖政府举债来扩大财政支出，那么数字货币的应用场景也将扩展至政府债务管理。货币的流通性特点决定了数字货币不会局限于封闭场景，其应用范围沿着"初始场景—制度反馈—场景扩充"的逻辑不断扩张（马扬 等，2022）。

由以上分析可见，数字货币及其底层技术的区块链具有广泛的应用场景。正是由于其应用广泛，从而对于世界经济的发展和社会的进步都产生了广泛影响。

12.4　数字货币对国际货币体系的影响

国际货币体系由货币本位、汇率制度与国际收支调整机制三部分组成。其中，货币本位与汇率制度一起，为特定的国际货币体系提供了实现物价稳定的货币锚。例如，在金币本位制、金汇兑本位制以及布雷顿森林体系下，规定全部或部分货币的含金量并承诺实施充分的或有限制的黄金与货币之间的自由兑换，黄金在上述体系下均扮演了货币锚的角色。在牙买加体系下，国际储备货币美元与黄金彻底脱钩，美联储货币政策信誉取代黄金成为该体系的货币锚。近年来，在疫情爆发和复杂的国际政治经济环境下，美联储实施的"以邻为壑"的量化宽松政策从根本上动摇了美联储货币政策的信誉，削弱了当前国际货币体系下货币锚的稳定性，世界各国货币占全球外汇储备的比重和 GDP 呈现失衡状态。2018 年，美国的 GDP 占世界 GDP 的比重大概是 24%，美元在全球外汇储备占比为 61% 以上。与此相反，世界上其他 160 多个国家及地区的 GDP 只占全球的约 50%，但它们的货币占全球外汇储备的比重不到 6%。这种失衡状态制约了世界经济的发展，因此对当前国际货币体系进行改革已经十分必要，而伴随国际货币体系改革的未来国际货币体系演进也必然会以货币锚的重构为基础逐渐展开。

货币锚的确定对世界具有重要影响。研究表明，货币锚的崩溃会引发全球剧烈的经济动荡与严重的政治危机，而在寻锚之后有 10～20 年的经济繁荣周期。根据目前学术界基于国际货币体系演进的分析，全球货币体系大约每四十年经历一次寻锚小周期，每八十年经历一次寻锚大周期。如果从二战结束后金本位制的崩溃算起，目前已经到了第三次货币换锚期。国际货币体系的演变如图 12-4 所示。

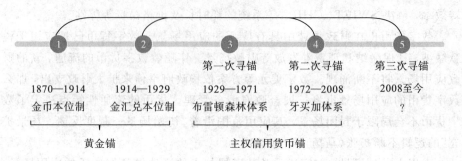

图 12-4　国际货币体系的演变

中国人民银行行长周小川认为，作为国际储备货币，其币值应有一个稳定的基准和明确的发行规则以保证供给的有序；其供给总量可及时、灵活地根据需求的变化进行增减调节，且这种调节必须超脱于任何一国的经济状况和经济利益。为此，创造一种与主权国家脱钩并能保持币值长期稳定的国际储备货币（超主权储备货币），从而避免主权信用货币作为储备货币的内在缺陷，为调节全球货币的流动性提供可能，是国际货币体系改革的理想目标。虽然国际货币基金组织于 1969 年创设了具有超主权储备货币特征的特别提款权（SDR），但由于分配机制和使用范围上的限制，SDR 的作用至今没有得到充分发挥。

从全球视角来看，寻找理想的货币锚应有相应基准。一个理想的货币锚其根本作用在于降低世界贸易和国际投资中的交易费用，因而，传统金融理论认为，对于标准货币锚的选择一般取决于两个重要因素：一是货币锚自身的稳定性，这里的稳定不仅仅要求对外稳定汇率，而且要求对内满足稳定通胀的预期；二是在国际贸易中可作为主要的计价、储备和结算货币。

从实践上来看，作为金属货币的黄金凭借其自身的属性容易达到这一要求，作为目前信用货币代表的美元也符合这些条件。具体来看，在金本位时期，伴随着国内外贸易的发展，一个国家的国际收支可通过物价的涨落和现金（即黄金）的输出/输入自动恢复平衡（这一自动调节规律称为物价-现金流动机制。该机制是 1752 年由英国哲学家大卫·休谟提出的，所以又称休谟机制）。在布雷顿森林体系下，美元与黄金挂钩，美元的价值能保持稳定，且美国通过"马歇尔计划"和"道奇计划"向欧洲和东亚输入大量美元，成功使美元成为全球主要的计价、结算和储备货币；在牙买加体系下，美国凭借"广场协议"和"卢浮宫协议"解决了美元对外汇率的稳定问题，而石油美元、SWIFT 和 CHIPS 系统的建立又进一步维持了美元作为世界货币的地位，使美元成为货币锚。

　　然而，单一国家的信用货币充当全球货币并不能从根本上克服"广义的特里芬两难"，即该国向外部输出国际清偿力必然导致其经常账户收支的恶化和海外净债务的上升，这最终会导致全球对国际清偿力的需求与币值稳定之间的冲突。要从根本上克服此冲突，就必须切断国际储备货币发行与单一国家经常账户之间的联系，这意味着必须创建一种超主权储备货币来取代当前美元的储备货币地位。基于区块链技术自身的优势，数字货币有望成为未来的货币锚。

　　展望未来，数字货币可能在下面几个方面起到重要作用。

一、实现货币价值的稳定

　　货币价值的稳定离不开货币政策，而后者的独立性很难不被外界因素干扰，即使是保罗·沃克尔这样强势的美联储主席，在任期间以强硬姿态对抗高通胀问题，也受到了不少诘难：卡特总统曾公开批评沃克尔的政策"僵化"，里根总统暗示不会让沃克尔连任，有议员逼迫他辞职，新闻刊物嘲笑谴责他，甚至有一群农民开着拖拉机到美联储门前抗议……而数字货币为未来的货币政策提供了一种新的可能：数字货币设计中的"code is law"（代码即法律）的思想可以应用在货币政策上，体现为一国央行可以创造法定数字货币，为防止政治的干预和货币政策的滥用，将"通胀目标制度"写入数字货币的发行机制中，这样既避免了信用货币的贬值，也能维持经济正常增长的需要。进一步来看，由于数字货币的发行并未与任何国家的国际收支逆差挂钩，这意味着全球范围内对流动性需求的增长不会加剧全球国际收支失衡。

二、促进国际投资

　　国际投资要求交易成本低，操作便利，风险易控，数字货币在这几个方面均能有效发挥作用。首先，数字货币增加了金融服务的覆盖面和便利性。数字货币无须通过金融中介机构就能远程进行现金交易，还能和互联网、物联网等各类现代技术对接，配合日新月异的移动技术，显著提升金融服务的覆盖面和便利性。在目前网络环境下，欠发达国家和偏远地区手机用户规模的持续快速增长，为基于数字货币的移动金融业务发展提供了日益庞大的应用市场，这对于改善欠发达国家和偏远地区基础金融服务的薄弱现状、提高其经济发展水平都有重要的现实意义。其次，数字货币有助于降低金融服务的交易成本和时间成本。国际投融资者在做出决策时，不仅要考虑货币或资产带来的收益，还要权衡其交易费用和持有成本。数字货币不依赖于实体网点和人工服务，能够依赖较少的物力和人力投入而获得较大的服务容纳量。数字货币的交易成本低廉、交易迅速的特点有利于提升国际投资效率。最后，数字货币依靠区块链技术，有助于防范金融风险。近年来，网络安全方面的风险形势愈加严峻，各类木马病毒等恶意程序、黑客攻击、伪基站诈骗等案件频发，从而增加了经济风险，而数字货币有利于解决这些方面的问题。数字货币的实质就是分散化的虚拟清算和资产登记，即"分布式记账"，虽然其匿名性会增加风险，但其可追溯性的特点有助于寻找风险源，从而提高风险防范的效率，以维护互联网金融、网络经济的安全运行以及经济活动的健康发展。

三、促进全球贸易

数字货币是纸币支付和电子支付的一体化发展趋势下的产物，兼具纸质货币的点对点价值转移以及电子支付的超时空流通等优势，因此其具备优质国际货币符号的潜质。一方面，作为底层技术之一的区块链技术，有别于大数据、云计算等生产技术，它作为一种协同型技术，其发展和应用能够在信任未知或信任薄弱的场景中通过技术背书形成共识，节约国际交易中信用达成的成本。另一方面，基于数字货币的跨境支付体系可以实现点对点的价值转移，其基于资金流和信息流的天然合一的特性有利于打破当前国际清算体系的信息阻塞，能有效提高一国货币在境外的渗透程度。

四、去中心化，实现公平交易

在当今国际货币体系中占主导地位的是以美元为主的发达国家的货币，这些发达国家的货币政策主要根据本国利益和宏观经济状况来调节，且会作用于其他国家的宏观经济，甚至会对其他国家的经济产生负面作用，这就导致了货币政策的制定国与货币政策的承受国之间的不一致性，并可能由此导致国家之间的利益冲突。与此不同，数字货币通过网络中心公开交易信息，不设定特定的发行机构，所有使用数字货币的国家根据自身需要自由交易，从技术层面解决了货币发行国与其他国家之间的以上问题。

12.5 数字货币对国家金融体系的影响

12.5.1 数字货币对央行的影响

从单一国家的视角来看，信用货币不仅是国家主权的一部分，还能够使国家获取"铸币税"。法定数字货币的产生和应用也是国家主权的象征，并能够提高国家在国际金融体系和国际市场中的地位和作用。进一步来看，数字货币的影响会进一步体现在其对中央银行、商业银行、企业以及个人等方面，本节将对此进行分析。

中央银行是国家的货币当局，是货币政策的制定者、实施者及货币运行的管理者。因此，数字货币会对中央银行产生影响，具体表现在如下几方面：

（1）央行数字货币利率可能成为一种新的货币政策工具。

如果央行数字货币不仅是一种支付工具，还是一种计息资产，那么它将创造一种新的价格型货币政策工具，这可体现在批发端和零售端。在批发端，当央行数字货币利率高于准备金利率时，它将取代准备金利率而成为货币市场利率的下限，从而适应货币市场的供求平衡；在零售端，央行数字货币利率将成为银行存款利率的下限。这具有两层意义：第一，有助于提升央行数字货币利率对中长期信贷利率的传导作用。如果央行数字货币利率成为银行存款利率的下限，则中央银行可以通过调整央行数字货币利率来调控银行存款利率，进而调控银行贷款利率。第二，有助于打破零利率下限。在传统金融体系中，零售端的央行货币是现金，而现金的利率为零。因此，当零售金融资产利率下降至零时，金融资产会向现金转换，从而使负利率失效。若发行零售端的央行数字货币，并同时废止大额现金的使用，则可对央行数字货币计负利率，或者可酌情对央行数字货币收取钱包保管费，实质上等同于实施负利率政策，由此打破零利率下限的约束，从而释放货币政策空间。

（2）央行数字货币有助于提升央行货币地位，增强货币政策的有效性。

近年来，许多发达国家和新兴市场国家的央行货币在总体货币总量中的比重有所下降（Prasad，2018）。自 2003 年以来，我国央行货币与 M_2 的比率下降了 5%，印度下降了 7%，欧元区则下降了 3%，这在一定程度上表明央行货币在社会经济中的重要性正在降低。其部分原因可能是传统央行货币的支付功能不能完全适应现代经济的需求。无论是一些支付机构提出的"无现金社会"口号，还是近年来私人数字货币快速发展的现实，都体现出央行货币的地位正在受到挑战。而央行货币的数字化有助于优化央行货币的支付功能，提高央行货币的地位和货币政策的有效性。

（3）发挥央行数字货币的数字化特性，有助于解决信息阻塞问题。

现有的货币政策在传导过程中由于存在信息阻塞和脱离监管的问题，使得货币政策的实施效果不尽如人意。针对当前货币政策的渗漏问题，推出法定数字货币后，货币当局不仅可以记录每一笔交易，还可以实时追踪资金流向，优化现有的监测控制体系，从而有效地遏制因政府部门监管不力而出现的地下经济活动。同时，人民币外溢的规模也能被有效地监控，从而减少利用人民币进行资本抽逃的行为。从信息传递方面看，央行缺乏微信、支付宝等支付平台的交易数据，从而限制了货币政策作用的发挥。如果使用数字货币，则流向银行体系和股票市场的货币虽不能完全控制，但是借助于区块链技术的信息优势可以被精确地测算出来，从而使央行能够调节货币的供给速度，将现有的货币供给增长率降到适当水平。之后，央行通过公开市场业务等措施吸收沉淀于银行体系以及流通领域过剩的流动性资产，从而使流动性过剩问题得到缓解，货币政策效率得以改善。

（4）货币供给有潜在扩大的可能。

法定数字货币的推出可能扩大货币供给，这可能有三方面原因。第一，由于发行成本低,央行铸币税收入会提升,数字货币的供给可能会扩大。第二,准备金的数量虽然受通货替代作用的影响,短期内会有所上升,但是从长期来看会受到准备金支付需求减少、货币流动性提升的影响而减少,并可能导致准备金率的下降和货币创造规模的扩大。第三,法定数字货币的使用会导致金融资产之间的转换速度加快,现金存款比、准备金率以及定期活期存款比都将受到影响而变小,进而导致货币乘数变大。

在现行金融体系下,货币供应量可用通过 M_0、M_1 和 M_2 表示。如果央行数字货币定位于流通中现金(即 M_0)的数字化,最终应用于小额、高频的零售场景而非批发场景,它将是替代 M_0 的最好的金融工具。辅以合理的运行机制,数字货币的发行与流通不会对 M_1 和 M_2 的货币乘数与派生存款产生过多影响,且遵循所有法定货币(有关反洗钱等)的法律规范。

12.5.2　数字货币对商业银行的影响

商业银行是央行实行货币政策的重要支柱,数字货币的应用也将对商业银行产生影响,这主要体现在以下几个方面:

(1) 数字货币有助于商业银行降低运营成本。

在现行金融体系中,存贷是商业银行的主要业务,但其现金业务手续非常繁杂。为了保障资金的安全,现金的清点检查、大小面额兑换和收支等都会耗费工作人员大量的精力。在银行现金的上缴环节,需要工作人员利用专业机器进行捆扎和封装,现金在商业银行、人民银行的发行库、中心库以及各营业网点之间的转运还需要调运和维护车辆、人员培训等,由此导致的人工成本很大。与此类似,在现金收付环节,基于目前货币的物理属性,为保障储户的资产安全,银行也需要花费大量的人力成本。

然而,如果应用央行数字货币,那么就能大幅减少银行在这方面的运营成本。由于央行数字货币只出现在商业银行的数字钱包之中,是加密符号,因而不存在传统意义上的现金保管、运输以及清点等环节,这将有助于减少商业银行的日常经营负担。央行数字货币的顺利发行和应用,将会有助于商业银行的现金业务更多地向电子化、数字化转变,商业银行的现金管理成本将会大幅度减少。

(2) 数字货币能大幅提升商业银行的运营效率。

法定数字货币起源于当今信息技术的蓬勃发展,其流通交易过程结合了区块链技术和大数据技术,这有利于商业银行提高业务办理效率,并更翔实地记录海量交易信息。具体来说,商业银行运营效率的提高体现在三个方面:第一,简化存贷等业务流程。由于现金具有物理实体,商业银行需要投入大量的人力、物力以确保客户的财产安全,为此需要进行安保系统的设置和升级,并在业务流程中强调高频率的对账和核查，从而会对商业银行的运营效率产生不良影响。而基于区块链技术的法定数字货币本身就具有可追踪性等特点，资金交易由中央银行统一处理，业务流程不需要过度、高频率地去关注财产安全问题，从而能够简化商业银行的业务流程，提升业务效率。第二，提高管理效率。利用大数据技术，商业银行可以分析自身运行情况，在管理系统中自动生成各类报表，使银行管理者更清晰地定位银行业务发展方向和业务优化重点，这将大大提升商业银行业务处理的效率和质量。第三，提高跨境支付效率。法定数字货币的运用将极大地简化跨境支付流程，提高运行效率。在现行金融体系下，境外企业或个人如需跨境交易，就必须持有我国的银行账户，其交易流程烦琐，跨境支付的壁垒高，并且由于存在一定的交易时间差，因此会对交易方造成损失。法定数字货币流通后，经济主体在进行跨境交易时只需拥有我国法定数字货币的使用权限即可，无须开通我国银行账户即可实现在线交易，这大大简化了跨境支付的业务流程，能有效鼓励境外投资和跨境商业往来，促进国际经济的发展。

（3）数字货币有利于防止商业银行金融脱媒。

当前，开展央行数字货币的研究与实践工作的国家越来越多，有些国家甚至声称正式发行央行数字货币。究其原因，这些国家一方面是为了维护本国与地区的货币主权，提高货币支付的使用率；另一方面是为了防止金融脱媒现象的加剧，尤其是防止商业银行的金融脱媒。

所谓金融脱媒，是指在金融管制的情况下，市场参与主体绕开金融机构（主要是商业银行）进行资金交易的一种资金流动状态。资金供给方通过绕开商业银行体系，将资金直接输送给资金需求方，完成资金的体外循环，这不仅压缩了商业银行的业务发展空间，而且对货币当局的监管提出了挑战。在英美等发达国家，发挥直接融资功能的资本市场发达，对经济发展的促进作用大于商业银行。与此不同，作为大陆法系下的其他国家，以商业银行为代表的间接融资市场更为发达，商业银行的金融中介作用更大。因此，如果金融脱媒现象越来越严重，势必对商业银行造成直接冲击，甚至会给金融体系带来不利影响。

（4）数字货币提升商业银行的金融风险防范水平。

商业银行在反洗钱（Anti-Money Laundering，AML）工作中起基础性的作用，然而目前反洗钱业务对人工操作的依赖程度较高，系统性的处理能力较弱。由于商业银行卡等账户体系的实际控制人难以认定，犯罪分子会选择通过购买他人身份的银行账户作为洗钱的工具，通过网上银行、手机银行、第三方支付等工具进行跨行、跨省反复转账汇款的方式洗钱，商业银行只能对在本行内部的交易信息进行审查，无法获取跨行的交易流水信息，难以审查资金最终流向的金融机构以及交易对手，这给反洗钱的交易监测和调查带来障碍。

然而，央行数字货币一旦推出，商业银行就可以依托中央银行的运行框架与数据处理能力强化反洗钱工作，防范金融风险。具体来说，其作用体现在以下两方面：第一，商业银行可以利用数字货币的登记中心、认证中心和大数据中心以获取相关数据，这降低了反洗钱的工作难度。第二，数字货币的认证中心可以将交易对象的数字钱包变动的信息存储到系统中，对权属信息进行及时更新，大数据中心和认证中心的结合可以极大地增强货币当局对货币流通的管理能力。一旦发现某一账户的央行数字货币数额变动超出了储户的正常使用范围，那么中央银行与商业银行就可以采取相应措施，从而有效提升对潜在洗钱活动的风险防范与管控能力。

12.5.3　数字货币对其他经济主体的影响

基于区块链技术的数字货币不仅对中央银行、商业银行会产生影响，也会对其他经济主体如证券机构、保险公司、工商企业以及个人产生影响。数字货币具有即时性、低成本等特点，从而有利于提高经济主体的管理效率，而且，它具有可追踪性的特点，从而有利于金融机构防范"洗钱""诈骗"等非法行为。例如，在证券业存在多种洗钱行为，如利用证券交易账户掩盖非法收入来源，或者通过股市的坐庄行为进行"洗钱"，这些都会对我国的证券业发展造成极为不利的影响。而利用数字货币的可追踪特性能够对证券业的异常情况进行及时预警，实施精确监管，有力打击利用证券行业违法犯罪的行为。

数字货币不仅对诸如证券机构等组织产生影响，更重要的是对个人金融活动也会产生影响。具体而言，其影响体现在如下几个方面：

（1）数字货币可"串联"不同的电子支付方式，从而提高人们的支付效率。

目前，包括微信支付、支付宝支付等方式给人们提供了支付便利。但与此同时，基于互联网金融的网络区域性特点，不同的电子支付方式都有各自的支付范围，并且试图通过各种商业手段扩大其应用范围。事实上，在不同支付方式争夺市场份额的过程中，消费者常常处于被动地位，并不是消费者主动选择了哪些电子支付方式，而是电子支付企业凭借自身的商业影响力为消费者做了选择，甚至是强迫消费者做出选择，这增加了消费者对不同支付方式的选择成本，不利于电子支付的健康发展。

数字货币的应用能够解决不同支付方式竞争带来的不利影响。数字货币在现金支付、第三方支付和银行卡支付中都可直接发挥作用，消费者无须再因为支付方式的不同而被迫选择。科技的发达应该让消费者享受它带来的便捷，而不是面对更多的技术壁垒。法定数字货币作为市场交易中的法定中介，具有公共产品的特点，在降低甚至消除不同支付方式竞争产生的不利影响方面可能发挥更大的作用。

（2）数字货币有利于降低日常交易成本，并满足偏远地区用户的支付需求。

第三方支付工具的提现需要支付一定数额的交易费用，例如，银行账户在一定限额内的转账不需支付手续费，但跨行取款仍需要支付费用。与此不同，数字货币作为现金的替代或补充，可以进行点对点支付，从而节省交易成本。使用数字货币进行支付时，无论数字货币存储在商业银行的数字钱包中，还是存储在第三方账户中，并不需要支付手续费就可进行转账、支付等操作，为不同移动支付平台的交易提供了便利。

数字货币交易的低成本特点特别适合在偏远贫困地区和跨境支付等场景中的应用。数字货币除了可以使用智能手机，利用数字货币钱包软件进行支付外，也可使用芯片卡等硬钱包进行支付。不仅如此，数字货币能够在无网络情况下使用，使在偏远贫困地区的用户在无法支付网络费用或者没有网络信号时，仍可使用数字货币进行支付，从而为满足这些地区人们的支付需求提供了契机。

偏远贫困地区的金融基础设施并不完备，当地的人们并未充分享受到当前便捷的银行卡支付和第三方支付，因为这两种移动支付方式之间具有内在联系性，使没有绑定银行卡账户的第三方支付难以发挥作用。在偏远贫困地区使用数字货币支付与开立银行账户并无直接关系，即可满足日常支付需求，这样在开立账户、转账等方面将会节约成本。与此同时，数字货币也可应用于偏远地区的第三方支付。目前，第三方支付在偏远贫困地区推广困难，除了当地的商户与消费者对第三方支付的需求并不强烈之外，配套的网络等基础设施不完备是关键原因。而数字货币在偏远贫困地区的使用除了不以开立银行账户为前提外，也可不以使用智能设备为必要条件，在无网络的情况下仍可使用，从而为第三方支付业务创造了发展机遇。

（3）数字货币能够方便公众控制自己的财产。

在现有金融体系中，无论是将货币存入银行账户还是经由第三方支付平台进行支付，用户对自己的财产并未拥有完全的控制权。在这两种情况下，用户虽然拥有自己账户的密码，而银行或第三方支付平台也能够控制该账户。最简单的例子就是商业银行可以利用用户的存款货币发放贷款，第三方支付平台也有类似的操作，这隐藏着信用风险。如果商业银行或者第三方支付平台破产，用户可能面临不能完整取回自己财产的风险。而数字货币基于区块链技术，它具有可追溯性特点，从而方便数字货币的拥有者很好地控制自己的财产。

（4）数字货币使交易信息更加安全。

在目前网络环境下，个人信息遭遇泄露的事件不断发生。一些不法分子利用用户的个人信息进行诈骗、盗窃、敲诈等违法犯罪行为，严重威胁用户的人身和财产安全。因此，防范交易环节的个人身份、地理位置、财产等信息的泄露对于保护个人财产安全、稳定社会秩序有重要现实意义。

数字货币能够方便公众管理自己的信息，能够自主决定个人信息的使用。发行数字货币后，用户的财产信息和其他个人信息都将是数字形式，只有在用户授权的前提下，其他主体才能使用用户的个人信息，这就有效地降低了个人信息在不同的平台上被泄露的风险。虽然数字货币的发行需要充分的个人信息进行分析以更好地发挥调控作用，但是中央银行在使用个人信息的时候也只体现为统计学意义上的使用，能够有效保证个人的信息安全。

12.6　数字人民币对现有货币体系的影响

数字货币在世界范围内的不断发展，促进了我国进行数字人民币的研究与试点工作，但数字人民币对国民经济的发展可能有哪些影响呢？这是需要分析的问题。本节将对数字人民币对现有法定货币供求、货币政策的影响进行分析。

12.6.1　数字人民币对现行人民币供求的影响

从影响机制上看，数字人民币会对现行人民币的供求结构、传导机制和效率等产生影响。

经济学理论表明，供求平稳能够保证商品价格的稳定，并体现其真正价值。数字人民币推行后，在相当一段时间内可能存在现行法定人民币与法定数字人民币并存的局面，并由此导致数字人民币对现行法定人民币供求结构的影响。下面分别从数字人民币对现行人民币的供给与需求两方面分析其影响。

一、数字人民币对现行人民币需求的影响

著名经济学家凯恩斯的宏观经济理论表明，货币需求有三大动机：交易动机、预防性动机以及投机动机。如果分别用 D_1、D_2 和 D_3 分别表示货币的交易动机需求、预防性动机需求和投机动机需求，则货币的需求总量 $D=D_1+D_2+D_3$。

从交易动机来看，与现行人民币的高交易费用相比，数字人民币的交易免手续，且交易不受时空的限制，交易成本近乎为零，因此，人们愿意持有数字人民币，使其满足交易需要的需求量增加。与此同时，在实际场景应用中，移动支付的快速发展对于高效、快捷的数字人民币的需求量会显著大于现行人民币，导致在移动支付以及转账领域出现数字货币对现行人民币的挤出效应。综合而言，现行人民币中满足交易性需求的货币将会被数字人民币所取代。

　　从预防性动机来看，数字人民币属于法定货币，其发行使得非现金资产转换为方便使用货币(现金和数字人民币)的效率大幅度提升，其费用将实现大幅度下降。而数字人民币几乎不具有转换成本的性质会导致它对传统货币的现金发生较大规模的替代效应，人们对现金的预防性需求减少，而对数字人民币的预防需求增加。

　　从货币的投机性需求来看，数字人民币与现行人民币的收益率是其需求量大小的关键影响因素。凯恩斯的投机性货币需求理论表明，投机性货币需求与短期债券市场利率成反比。从投机者角度来看，用数字人民币或现行人民币进行投机的比例取决于数字货币的收益率的相对大小。相对而言，数字人民币的低成本、即时交易的特点可能吸引更多的投机者，从而在投机性货币的需求方面，数字人民币可能要比现行人民币更受欢迎。

　　综合以上货币的交易动机、预防动机和投机动机的分析可以发现，数字人民币可能会对现行人民币产生挤兑效应。随着移动支付的快速发展，这种效应将呈现增长态势，数字人民币的需求将会增加。

二、数字人民币对现行人民币供给的影响

　　在我国，传统实物货币供给量 M 由基础货币 B 以及货币乘数 m 两部分决定，即 $M=mB$。因此，分析数字货币对传统货币供给量的影响事实上是对基础货币和货币乘数的影响。

　　首先，数字人民币对央行基础货币的影响。一方面，数字人民币依旧属于 M_0 范畴，可以将原始 M_0 和数字货币分别用 M_{0a} 和 M_{0b} 表示，那么 $M_0 = M_{0a} + M_{0b}$，数字人民币就会对原始现金进行替代。另一方面，若商业银行的存款准备金仅用于申购央行发行的数字货币，那么在这些数字货币没有进入私人银行账户时，会在商业银行的账户上停留，把这部分用 M_c 来表示，就会有 $\Delta B = \Delta M_{0a} - \Delta M_c$，也就是基础货币减少了在账户上停留的部分。但如果全部进入了私人账户，那么存款准备金减少、数字货币增加，此时，数字人民币的发行使得基础货币的数量基本不变。

　　其次，数字人民币对货币乘数的影响。货币乘数理论表明，货币乘数的计算公式为

$$k = \frac{r_c + 1}{r_c + r_d + r_e}$$

其中，k 表示货币乘数；r_d、r_e、r_c 分别表示法定准备金率、超额准备金率和现金在存款中的比率。由上面的分析可知，数字人民币的普及使得现金将逐渐被替代，这就会导致公众对现金需求变少，因为金融资产间的转换速度加快了，此时 r_c 减小。一般认为，法定存款准备金率 r_d 受政府的调节，其属于外生变量，通常在短期内不会发生巨大的改变。在超额准备金方面，数字人民币发行之

后，整个市场上的货币流通速度加快，货币资源配置能力增强，同时商业银行的应付流动性风险能力得到了一定程度的提高，这可能会导致商业银行超额准备金出现一定数量的减少，此时 r_e 减小。总体而言，据此可推测出数字人民币的发行将导致货币乘数增大。

综上所述，数字人民币的推出将导致基础货币结构改变和货币乘数增大，这将导致参与货币创造的货币增多，而这些货币并不流出货币体系，货币供应量也将随之增加。

12.6.2　数字人民币对货币政策的影响

货币政策涉及货币政策工具及其传导机制，因此，数字货币对货币政策的影响可以从货币政策工具的有效性和传导机制的有效性两方面体现出来。

一、数字人民币对货币政策工具有效性的影响

金融理论认为，货币政策工具包括法定存款准备金、再贴现和公开市场操作。因此，数字货币对货币政策工具有效性的影响也体现在这三个方面。

（1）法定存款准备金工具的有效性。中央银行对商业银行实行法定存款准备金政策的根本目的是要求商业银行保持充足的清偿能力以应付不时之需。同时，中央银行通过调整法定准备金率来控制整个银行体系的信贷规模。如果市场信贷供给不足，中央银行就尝试调低法定准备金率以增加货币供给量；如果市场信贷供给过剩，中央银行就尝试调高法定准备金率以减少货币供给量。基于这种理解，数字人民币发行对法定存款准备金政策的影响主要体现在以下两个方面：一方面，数字人民币发行对商业银行活期存款可能存在一定的挤出效应，而被挤出的活期存款又通过数字人民币账户间接增加了商业银行在央行的准备金数量，提升了基础货币规模，强化了我国央行对信贷规模的调控能力；另一方面，利用区块链技术的可追溯性特点，数字人民币发行有利于增强我国央行对市场货币供求的监测能力和货币去向的追踪能力，促使央行对法定存款准备金率的调节力度更为精准，以此保证货币政策服务实体经济发展需要的实时性和有效性。

（2）再贴现政策的有效性。再贴现政策是指中央银行通过调整对商业银行的再贴现利率来达到调控货币供应量的一种政策手段。当市场货币供给过剩时，中央银行就会提高对商业银行的再贴现利率，减少商业银行向中央银行的借款，由此来压缩商业银行的信贷供给规模，减少市场货币供给量；当市场货币供给不足时，中央银行就会降低对商业银行的再贴现利率，增加商业银行向中央银行的借款，以扩充商业银行的信贷供给规模，增加市场货币供给量。基于交易的即时性和低成本特点，数字人民币发行能够使资本转化更为便利，提升货币流通数量和速度，并通过出售债券以及同业拆借等形式，提高商业银行

获得多渠道应急资金的补给能力。因此，数字货币的推出削弱了商业银行对我国央行再贴现政策的依赖程度，弱化了央行实施再贴现政策的有效性。

（3）公开市场操作的有效性。公开市场业务是指中央银行在公开市场上买卖以政府债券为主的二级市场债券，达到调控货币供应量目标的一种政策手段。当市场货币供给过剩时，中央银行就通过出售债券来回笼货币，以此来减少市场上的货币供给总量；当市场货币供给不足时，中央银行就通过买进债券来释放货币，以此来增加市场上的货币供给总量。而数字人民币发行在一定程度上缩短了我国公开市场业务的操作时间，即社会公众采用个人拥有的数字人民币账户可以直接买卖债券，节省了不必要的时间成本和其他成本，同时提升了我国央行对公开市场业务操作反馈的及时性，增强了公开市场业务操作对货币供给的实时能力，提高了公开市场业务操作的透明度和灵活性。诚然，数字人民币发行也会给我国公开市场业务操作带来一定的挑战。由于数字人民币是对现金通货 M_0 的替代，相应地导致了我国央行因发行通货换取的利息性资产收益出现了较大幅度的减少，直接造成了央行的资产负债规模缩减，限制了央行大规模的货币吞吐操作能力，使公开市场业务操作空间受到了不同程度的约束，在一定程度上削弱了我国公开市场业务操作的调控能力。

二、数字人民币对货币政策传导机制有效性的影响

货币政策的实施需要通过利率、消费等中间变量传递到国民经济发展的各个环节，其有效性体现在传导机制的效率和时滞等方面。

1. 数字人民币会提升货币传导机制的效率

货币政策传导机制的实质就是中央银行通过采用货币政策工具影响相关的经济变量来实现预期的货币政策目标。从货币政策的传导路径看，包括利率、消费支出、信贷、资产流动性等传导途径。基于区块链技术的数字人民币势必会对这些传导途径产生重要影响。

（1）在利率传导途径方面，数字人民币是传统货币和区块链大数据等技术相结合的产物，其具有可追踪性、交易低成本等优势，这有利于央行实时追踪货币流向，提升央行货币政策的传导效率，增强央行货币政策对市场利率的反应和调整的时效性。与此同时，数字人民币也能够提升货币的流动性，使传统货币层次引发的利率结构简化，增强利率传导的时效性和操作性。同时，数字人民币将在货币乘数效应放大的作用下，提高市场利率弹性，促使我国利率传导途径更加通畅有效。

（2）在消费支出传导途径方面，数字人民币的发行采用双层运营的货币流通体系能够有效增加商业银行与消费者之间的资金往来规模，提升消费者资金使用的便捷性和有效性。同时，商业银行为了吸引更多的消费者，可能会采取与相关商家或企业联合等策略，通过给予消费者一定的补贴或优惠，以增加数字人民币的使用数量。这意味着在消费者持有通货数量不变的条件下通过数字人民币进行消费，从而提高其消费水平，并最终带动我国总产出和总收入的增加。

(3) 在信贷传导途径方面，数字人民币的发行采用双层运营的货币流通体系，这就意味着商业银行拥有央行数字人民币账户的子账户通道，这无形中为商业银行与央行往来业务之间、商业银行自身内部往来业务之间以及各商业银行相互往来业务之间打开了一个最为便捷的收付渠道，从而增加了商业银行获得贷款的路径，增加了商业银行的信贷配给能力。同时，数字人民币的发行实现了定向调控，由于商业银行存在"惜贷"行为，中央银行释放的很大一部分低成本流动性并没有按照预期用于支持目标企业的生产经营，从而导致资金错配。然而由于我国金融监管部门监管框架更新不及时、监管范围有限，且金融监管部门与商业银行之间存在信息不对称等问题，资金错配无法很好地解决。而数字人民币可以在很大程度上弥补我国金融监管部门的短板，通过设定相应的贷款条件，央行能够实现对商业银行放贷主体进行限制：倘若商业银行放贷主体超出央行限定范围（如流向资本市场或急需"去产能"的企业），法定数字货币将自动失效。通过此机制不仅可以提高货币精准投放的效率、提高金融机构服务实体经济的能力，也降低了金融监管部门的工作难度。

(4) 在资产流动性传导途径方面，数字人民币是对现金通货 M_0 的替代。如前所述，虽然数字货币的推出没有改变 M_0 的数量，但却改变了 M_0 的内在结构，使 M_0 从现有的现金状态转化为现金和电子数字人民币的并存状态。M_0 内部结构的变化，不仅加快了货币体系的流通速度，而且还增强了社会公众持有金融资产的流动性，降低了预防性货币需求的沉淀成本，让更多的金融资本红利得到有效释放，激发了金融市场新动能，进一步提升了我国金融资源的配置能力。

2. 数字人民币会缓解货币政策传导的时滞问题

数字人民币的推行及技术设计应用到了许多创新性的技术，包括大数据、区块链、前瞻性条件触发机制、分布式账本等，对货币政策的传导起到了疏通和润滑的作用，在一定程度上缓解了货币政策的时滞问题。

货币政策时滞包括内部时滞和外部时滞两方面。在内部时滞方面，数字人民币普及之后，流通中的现金数量会在一定程度上缩减，相应地，数字货币会增加。由于数字人民币是可控且匿名的，央行就能精准地监测数字货币投放后的流向，比如是否真实流向了实体部门，从而掌握大量的实时数字货币流通数据，使央行能够实时准确地了解货币供给和需求的情况，并据此进行大数据分析，构建实时高频的观测指标，对宏观经济金融状况进行及时预判，从而强化我国货币政策在制定和实施上的灵活度，有利于央行更好地把握实际经济情况、进行宏观审慎评估，及时采取合适的政策，进而减少内部时滞。在外部时滞方面，实施货币政策的最终目的是促进国民经济发展。依靠数字人民币自身的及时性、交易低成本等特点，货币政策能够快速通过金融体系传导到生产、消费等领域，提升了金融资源的配置能力，并促进国民经济的健康发展。

综上所述，从货币政策的有效性来看，数字人民币的发行强化了法定存款准备金政策的效果，并通过利率、消费支出、信贷以及资产流动性的传导途径提高货币政策的产生传导效率，同时缓解货币政策传导中的时滞问题。

12.7　数字人民币对国民经济和区域经济的影响

在经济全球化背景下，数字人民币不仅对法定货币的供求结构、货币政策有影响，而且对国民经济和区域经济的发展也有积极推动作用。

一、数字人民币对国民经济的影响

宏观经济理论表明，在国民经济核算体系中，投资、消费和进出口这"三驾马车"是 GDP 增长的源泉，是经济成长与增长的驱动力，而政府、企业和个人是国民经济中的三大经济主体。数字人民币会通过政府、企业和个人的投资、消费等活动影响国民经济的发展。

（1）从政府角度看，数字人民币的推出不仅有利于降低实物人民币的印制、运输和管理成本，而且基于其大数据技术的支持，能够提高政府投资的准确性、有效性和时效性，提高宏观调整的有效性，促进国民经济的健康发展。

（2）从企业角度看，数字人民币的推出有利于刺激投资和进出口，推动供应链金融的发展。首先，数字人民币将有力地促进金融创新，变革金融机构服务方式。以其可编程性、不可篡改性、匿名性等优势以及与大数据、人工智能等金融科技的深度融合，数字人民币会重构目前的金融服务方式，使数字支付、数字信贷、数字理财等金融新业态更加成熟和普及。依托数字人民币，数字化的供应链金融有利于挖掘产业链的数据价值，建立企业"数据链"，逐步加强产业上下游的深度融合，构建基于上下游的产融结合生态体系，并推动供应链的"数字基础设施"的建设和发展，进而赋能信用穿透，增强供应链上下游小微企业的商业信用和融资能力，刺激企业投资。其次，如前所述，数字人民币的跨境支付有利于刺激企业的进出口业务，从而促进国民经济的发展。

（3）从个人角度看，数字人民币的推出不仅有利于促进个人的金融活动（见本章 12.3 节），而且会刺激个人消费和个人投资。首先，电子支付方式必须通过第三方支付机构及银行账户体系才能完成，其存在一定的风险且费用相对较高。数字人民币的出现，使消费者有可能不通过第三方支付（或金融机构）也能直接进行点对点的电子转账支付，减少了中间环节、风险和费用，并刺激个人消费。其次，随着网络借贷、网络众筹、智能投顾等去中介化投资理财方式的兴起，消费者利用自己掌控的央行数字货币，结合智能投顾等金融科技的辅助进行自主投资理财。

由此可见，数字人民币的推出，会影响政府、企业和个人的消费、投资以及贸易等经济活动，并进一步促进国民经济的发展。

二、数字人民币对区域经济发展的积极影响

在经济全球化背景下，区域经济一体化成为促进国民经济发展的重要路径。2013 年 9 月和 10 月，中国国家主席习近平在出访中亚和东南亚国家期间，先后提出共建"丝绸之路经济带"和"21 世纪海上丝绸之路"的重大倡议，这是顺应世界多极化、经济全球化、文化多样化、社会信息化潮流的倡议，旨在促进经济要素有序自由流动、资源高效配置和市场深度融合，推动沿线各国实现经济政策协调和区域经济的发展。经过沿线国家的共同努力，"一带一路"的沿线国家的经济得到了快速发展，取得了良好成绩。2022 年 1 月，我国参与的《区域全面经济伙伴关系协定》(Regional Comprehensive Economic Partnership，RCEP)正式生效，这是亚太地区规模最大、世界上涵盖人口最多(覆盖世界近一半人口和近三分之一贸易量)、成员构成最多元、发展最具活力的自由贸易区。

随着我国经济实力和综合国力的增强，在跨境支付结算体系不断完善、经常性贸易和资本流动持续提升的大环境下，数字人民币的发行不仅会加快人民币国家化进程，而且会对国际区域经济产生推动作用(见表 12-8)。

表 12-8 数字人民币对国际区域的可能影响

区域	影　响
"一带一路" "RCEP"	通过大宗商品数字人民币结算，发挥买方优势和规模效应，形成大宗商品现货贸易数字货币的应用生态圈，从而提高人民币的国际话语权、定价权，并逐步扩大数字人民币的结算规模
	通过跨时空开户、支付和结算，降低人民币的交易成本，提高交易效率，从而推动跨境投融资渠道便利化和区域经济发展
	通过缩短跨境支付时间，保持人民币币值的相对稳定，从而降低汇率风险，提高国际支付结算的效率和安全性

在数字人民币的发展过程中，我国以"一带一路"建设及发展 RCEP 自由贸易区为契机，创造人民币在海外的应用场景，建立基于跨境数字人民币支付系统的全新商业平台，在输出中国制造和科技产能的基础上构建区域内的结算方式，缩减贸易投资成本并提高清算结算效率，促进区域内企业通过人民币计

价实现贸易结算和资源共享，增强数字人民币在跨境贸易结算中的使用比例，这对推动区域经济发展有重要的现实意义。

本 章 小 结

在目前信用货币主导的国际经济环境中，从以黄金为代表的金属货币到以法定实物纸币为代表的信用货币，再到目前的数字货币，人类价值交换手段的改变都与世界经济格局密切相关。当今，美国拥有美元作为世界货币的优势，享有着世界范围内的铸币税，并形成对国际金融和经济体系的控制，阻碍了世界经济的正常发展，而基于区块链技术的数字货币技术的实现，新出现了数字货币在经济活动中的应用场景，这有利于改善这一局面，重新构建国际金融体系和国内金融体系，并对金融秩序和经济发展产生重要影响。因此，在日益复杂的国际环境下，区块链技术的发展促进了各国对法定数字货币的研究和开发，其潜在影响也就成为重要议题，本章分析了法定数字货币的技术实现、应用场景及其对国际金融体系、国内金融体系、国民经济和区域经济发展的影响。分析表明，法定数字货币在未来国际经济发展中具有广泛深远的影响，我们要提前规划以更好地应对这些变化，这无论对于国家、企业还是个人都将是未来的重要任务。

本 章 思 考 题

1. 数字货币的核心技术有哪些？
2. 简要说明数字货币可控匿名性的重要性。
3. 成为货币锚的必要条件有哪些？
4. 当前的国际货币体系有哪些弊端？数字货币有哪些作用？
5. 为什么说数字货币可以打破零利率下限？
6. 试分析利用数字货币提高商业银行反洗钱能力的措施。
7. 谈谈数字货币对人们日常生活的影响。

第 13 章　全球数字货币的监管

在经济活动中，货币不仅是国家主权的象征，而且在国内外市场中发挥价值尺度、流动手段、支付手段等职能，呈现出巨大的影响力。基于区块链等技术的创建成果，数字货币自然引起货币当局的关注。由上一章的分析表明，数字货币可能在未来对全球金融体系和国家金融体系产生深远影响。因此，对数字货币的监管不仅是货币当局面临的任务，而且也是各国政府共同面临的现实问题。本章将对此进行分析。

13.1　数字货币的监管

13.1.1　数字货币的问题及风险

以比特币为代表的非法定数字货币的出现和法定数字货币的实践对传统金融体系带来了巨大挑战。目前，数字货币的应用市场规模仍较小，涉及的市场参与者也比较有限，但是随着区块链技术的发展和市场渗透率的逐步提高，其影响范围将不断增大，这是各国监管部门面临的现实问题。

为了更好地进行监管，我们就有必要考察数字货币导致的风险。从其应用程序上看，数字货币的发行和交易是两个重要环节，且在这两个环节上存在洗钱、赌博等非法行为以及信用风险、市场风险等（见表 13 - 1、表 13 - 2）。

表 13 - 1　数字货币发行面临的问题与风险

项　目		货　币　类　型	
		官方（或法定）数字货币	非官方（或非法定）数字货币
问题	独立性	有法律地位和保障，但存在被抵制、流动性不足等问题	不具法律地位，不被承认，且政府无法评估货币流向和实际价值
	流动性	容易发生如洗钱、跨境资产转移等非法交易	
	周期性	一次性出现	市场无序出现，呈现劣币驱逐良币负面效应

续表

项　目		货　币　类　型	
		官方(或法定)数字货币	非官方(或非法定)数字货币
风险	发行人	低成本、高效率发行易导致滥发	存在道德风险和法律风险
	技术层面	面临着如服务器瘫痪、网络攻击等安全风险	
	流动性	替代实物货币,并对传统金融体系造成冲击	不受任何约束和监管,存在流动过剩风险

表 13 - 2　数字货币交易面临的问题与风险

项　目		货　币　类　型	
		官方(或法定)数字货币	非官方(或非法定)数字货币
问题	交易主体	抵制	政府无法追踪交易主体,无法征税,并无法进行有效监管
	技术层面	交易平台面临技术缺陷等问题	
	法律层面	数字货币的易用性、即时性、不可逆性易带来新型犯罪	
风险	市场	市场风险和操作风险	
	法律	法律监管体系不完善造成的法律风险	非法交易风险
	流动性	挑战主权货币的风险	币值不稳定风险

由表 13 - 1 和表 13 - 2 可以看出,无论是法定数字货币,还是非法定数字货币,都面临实际问题和风险。事实上,这些问题和风险已经在实践中体现出来,以下用两类案例进行说明。

案例类型 I:合同不受法律保护。

参考案例 1:(2020)粤 0784 民初 627 号。

案由:不当得利纠纷。

审判意见:本案中,原告以被告收取其款项属不当得利为由向本院提起诉讼,要求被告返还其收取的款项,故本案以不当得利纠纷立案。经审查,实质上双方形成的是委托合同关系,本案应属委托合同纠纷。本案中的虚拟数字货币是一种网络虚拟货币,根据中国人民银行等部门发布的通知、公告,虚拟货币不是货币当局发行,不具有法偿性和强制性等货币属性,并不是真正意义上的货币,不具有与货币等同的法律地位,不能且不应作为货币在市场上流通使用,公民投资和交易虚拟货币不受法律保护,故原告投资虚拟货币所造成的后果应由其自行承担。

参考案例 2：(2019)吉 24 民终 1325 号。

案由：委托合同纠纷。

审判意见：根据 2017 年 9 月 4 日中国人民银行等七部委联合发布的《关于防范代币发行融资风险的公告》，包括 ETH(以太币)等虚拟货币，本质上是一种未经批准非法公开融资的行为，不能且不应作为货币在市场上流通使用，自公告之日起任何组织或个人不得非法从事代币发行融资活动，不得为代币或虚拟货币提供定价、信息中介等服务。故一审判决认为原告委托被告投资和交易 ETH(以太币)的行为在我国不受法律保护，其行为造成的后果应当由原告自行承担，于法有据，并无不当。

参考案例 3：(2019)湘 0407 民初 358 号。

案由：不当得利纠纷。

审判意见：非法债务不受法律保护。2017 年 9 月 4 日，中国人民银行等部门发布《关于防范代币发行融资风险的公告》，公告载明：代币发行融资是指融资主体通过代币的违规发售、流通，向投资者筹集比特币、以太币等所谓"虚拟货币"，本质上是一种未经批准非法公开融资的行为，涉嫌非法发售代币票券、非法发行证券以及非法集资、金融诈骗、传销等违法犯罪活动，代币发行融资中使用的代币或"虚拟货币"不由货币当局发行，不具有法偿性和强制性等货币属性，不具有与货币等同的法律地位，不能也不应作为货币在市场上流通使用，任何组织和个人不得非法从事代币发行融资活动，任何所谓的代币融资交易平台不得从事法定货币与代币、"虚拟货币"相互之间的兑换业务，不得买卖或作为中央对手方买卖代币或"虚拟货币"。麒麟彩币是一种类似比特币的网络虚拟货币，不具有与货币同等的法律地位，不能且不应作为货币在市场上流通使用，公民投资和交易麒麟彩币这种不合法的行为虽系个人自由，但是不受法律保护。本案中，原告将投资款交给被告购买麒麟彩币，与被告构成委托合同关系。

综上所述，原告委托被告购买麒麟彩币的行为在我国不受法律保护，其行为造成的后果应当由原告自行承担。故原告要求被告返还不当得利款本金及利息、并承担催款差旅费及本案诉讼费的诉讼请求，本院不予支持。

案例类型Ⅱ：使用数字货币的支付行为无效。

参考案例：(2020)豫 15 民终 5171 号。

案由：房屋买卖合同纠纷。

审判意见：《中华人民共和国合同法》第五十二条规定，有下列情形之一的，合同无效：（一）一方以欺诈、胁迫的手段订立合同，损害国家利益；（二）恶意串通，损害国家、集体或者第三人利益；（三）以合法形式掩盖非法目的；（四）违反法律、行政法规的强制性规定。第五十六条规定，无效的合同或者被撤销的合同自始没有法律约束力。合同部分无效，不影响其他部分效力的，其他部分仍然有效。根据本案查明事实，2019 年 7 月 7 日，上诉人与被上诉人签订《房屋买卖协议书》，约定被上诉人将其所有的一套住房出售给上诉人。由于该合同是上诉人和被上诉人真实意思表示，不违反法律、法规的强制性规定，因此应当认定该合同为有效合同。虽然在合同履行过程中，上诉人是以转给被上诉人"蚂蚁通证"作为《房屋买卖协议书》的支付方式，而且该"蚂蚁通证"是向不特定对象发行的电子凭证，且该电子凭证未经批准，因此一审认定该凭证不具有法偿性和强制性等货币属性，违反了中国人民银行、中央网信办、工业和信息化部、工商总局、银监会、证监会、保监会《关于防范代币发行融资风险的公告》的规定，故该支付方式应当认定为无效行为。虽然该支付方式无效，但是并不影响案《房屋买卖协议书》的效力，因此认定该协议书无效没有充分的事实和法律依据。虽然案涉协议有效，但由于上诉人以"蚂蚁通证"作为支付房款的支付行为无效，因此应当认定上诉人未按照协议约定支付购房款，涉案协议书并未履行完毕，因此上诉人要求确认房屋归其所有并要求被上诉人交付房屋的诉讼请求没有充分的事实依据，本院不予支持。

由此可见，数字货币虽然有其优势，但其发行和交易环节也面临实际问题和风险。因此，对数字货币的监管也就成为业界的重要议题。

13.1.2　各国对数字货币的监管

由前面分析可以发现，法定数字货币不仅对金融体系和经济发展有重要影响，而且也面临不同的现实问题和风险。为维护金融秩序的稳定和经济发展，许多国家开展了对数字货币的监管实践。由于法定数字货币还处于研究和尝试阶段，对数字货币的监管主要体现为对非法定数字货币的监管。

一、主要国家的监管实践

非法定数字货币监管已成为全球性课题。根据代币网统计，在全球 257 个国家或地区中，132 个国家对数字货币发行、交易、流通没有限制，其余国家将数字货币纳入本国监管体系，制定相应监管政策。虽然各国根据国情和金融市场的发展情况，对数字货币的监管态度有所差异，但监管内容和监管框架有一定的相似之处，主要包括数字货币的定位、发行、交易、税收等方面（见表 13-3）。其中，美国、英国、中国、日本等国家的监管政策具有一定的代表性。

表 13 - 3　各国监管现状

国家	定　位	发行	交　易	税收
美国	非法定数字货币	允许	反洗钱、反恐怖融资	有
英国	非法定数字货币	允许	反洗钱、反恐怖融资	有
德国	合法支付手段	允许	纳入国家监管体系	有
中国	虚拟商品	禁止	首次币发行(ICO)、反洗钱	无
俄罗斯	虚拟商品	逐步允许	非法融资、反洗钱	无
新加坡	非法定数字货币	允许	反洗钱	有
日本	合法的支付手段	允许	反洗钱	有
韩国	非法定数字货币	允许	反洗钱	有
澳大利亚	合法，视为财产	允许	反洗钱	有
瑞士	合法的支付手段	允许	反洗钱	有
加拿大	合法的支付手段	允许	反洗钱	有
印度	非法定数字货币	禁止	反洗钱	无
萨尔瓦多	法定货币	允许	反洗钱	有

1. 美国的监管实践

美国对数字货币的监管实行联邦和州两个层次的监管模式，采取鼓励发展与监管并举的策略。从联邦层面来看，监管机构从金融创新角度规制数字货币及其衍生品，例如，金融犯罪执法网络(FinCEN)将比特币定义为"可转化的虚拟货币"，规定比特币的"传递业务"要接受《银行安全法》监管。在美国构建的灵活的监管体系中，美国证券交易委员会(SEC)在数字货币监管过程中发挥核心作用。SEC 称私人数字货币是一种证券产品，比特币的"挖矿"合同属于"投资合同"，且要求 ICO 公司必须在证券交易所注册，发布了"数字资产"投资者合同框架，把数字货币定性为证券。从州层面来看，各州制定自己的数字货币监管规则，其政策独立，且具有多样性的特点。例如，纽约州率先推出牌照制度对数字货币从业者实行监管。

近年来，为加强对数字货币的监管，美国不断出台了新的法案。2019 年 2月，美国参众两院提交了"区块链促进"法案，明确区块链的产业政策，提出对数字货币加强监管。Libra 白皮书发布后，参众两院举办两轮听证会，从 Libra 的运作机制、治理结构、属性等方面对其带来的监管问题进行严厉"问询"。截至 2019 年底，美国国会一共提出了 21 个与区块链和加密数字货币有关的法案，其中，参议院提出的《加密币 2020 法案》将加密币分为三大类——加密商品、加密货币和加密证券，并由期货交易委员会、金融执法网络和证券交易委员会分别予以监管。2020 年以来,在新冠肺炎疫情的冲击下,美国收紧对数字货币的监管,美联储、美国货币监理署(OCC)和联邦存款保险公司(FDIC)考虑成立"跨部门冲刺小组",以创建统一的数字货币监管框架。

2. 英国的监管实践

英国对数字货币持开放态度,英国财政部、英格兰银行和金融行为管理局(FCA)成立数字货币工作组,管控数字货币风险。

2015 年,英国财政部发布《数字货币政府号召信息反馈》报告,指出英国政府采取"反洗钱法"监管数字货币,同时联合数字货币标准协会及数字货币行业共同制定一个监管框架。同年,FCA 提出"监管沙盒"(Regulatory Sandbox)(即一个安全空间,在这个空间内,金融科技企业可以测试其创新的金融产品、服务、商业模式和营销方式,而不用在相关活动碰到问题时立即受到监管规则的约束)模式,数字货币交易平台可申请进入"监管沙盒",申请通过后的数字货币交易所在英国是合法存在的。英国对 ICO 活动的监管态度不像其他国家那样敏感,其未出台具体的监管方案,只发布 ICO 风险提示,提醒投资者注意 ICO 活动风险,ICO 也不在 FCA 监管之列。

2018 年,英国央行表示对数字货币交易所采取与证券交易所相当的管理标准,严厉打击数字货币的金融犯罪。正如英国央行行长安德鲁·贝利在达沃斯论坛演讲中所指出的,数字货币的监管关键在于打击金融犯罪。英国税务及海关总署(HMRC)将数字货币视为一种资产,数字货币交易需缴纳资本利得税,从事"挖矿"工作也需要按英国相关法规纳税。

2019 年,FCA 发布《加密货币资产指引》文件,拟定数字货币市场的监管框架,并指出交易性代币暂时不受监管。由于比特币等加密数字货币的波动性过大,2021 年,FCA 禁止向零售型消费者出售加密数字货币资产的衍生品,以保护消费者利益。

3. 中国的监管实践

基于中国金融体系尚需完善、风险管理水平与西方存在差距等现实国情,中国对数字货币实施日益严格的监管措施,这与英国同时强调开放与监管的思路不同。从监管历史来看,早在 2011 年国家就对各类交易所的风险进行防范,后期政策不断调整,进行严格监管。2013 年,比特币价格飙升,中国人民银行等五部委联合发布《关于防范比特币风险的通知》,定位比特币为不具法偿性的虚拟商品,不是真正意义上的货币,不应作为货币在市场上流通。2017 年,比特币价格再次暴涨,ICO 活动风靡全球,央行联合其他部门发布《关于防范代币发行融资风险的公告》,明确指出代币发行是非法融资行为,禁止 ICO,由 ICO 延伸出来的 STO、IFO、IEO、IMO 等均被认定为非法金融活动,并对数字货币交易平台进行集中整治,关闭国内所有数字货币交易平台。2018 年,银监会发布《关于防范以"虚拟货币""区块链"名义进行非法集资的风险提示》，提醒广大人民群众警惕虚拟货币的炒作，明文禁止金融机构不得开展数字货币相关业务。自 2021 年 6 月以来，为配合"双碳"目标的实现，中国政府开始全面关停比特币等虚拟货币的挖矿，并要求银行与支付机构全面排查识别虚拟货币交易所及场外交易商的资金账户，及时切断交易资金支付链路。相对而言，中国香港地区对数字货币监管较为审慎，数字货币的法律地位较为明确，监管框架相对完善。中国香港证监会先后发布《有关首次代币发行的声明》《有关针对虚拟资产组合的投资管理公司及交易平台运营者的监管框架的声明》等文件，明确了监管内容和监管范围。

4. 日本的监管实践

与美国和英国的监管思路类似，日本采取积极的监管政策支持数字货币发展，从而使其成为拥有全球第二大数字资产交易市场、是全球第一个将数字货币交易合法化并推出交易牌照的国家。

2016 年，日本内阁签署《资金结算法》修正案，将数字货币纳入法律体系，规定比特币等数字货币可以用于支付。日本金融服务局（FSA）全方位监管数字货币交易所，制定了数字货币交易商监管条例，明确数字货币交易商的运营规则。FSA 为全球各大数字货币交易商、区块链技术商办理营运牌照。2019 年，FSA 不断完善数字货币监管机制和法律体系，颁布《新币发售规则及其指导意见》，加强数字货币的规范监管，使数字货币业务透明化和合规化。鉴于数字货币的跨境交易支付的特征，日本监管机构通过经验分享、举办加密资产圆桌论坛等方式加强与海外监管机构的合作，实施协同监管，在数字货币国际监管和协作治理中发挥主导作用。此外，日本国税厅（FAQ）正在讨论数字货币的税收问题，拟颁布《虚拟货币的收益及其他所得》，实施对数字货币的税收监管。

5. 新加坡的监管实践

与英国类似，新加坡对数字货币的态度较为包容，新加坡金融管理局（MSA）实施"沙盒监管"，旨在为金融科技企业创造良好的制度环境。

2017 年，MSA 发布《数字货币通证指南》，将数字货币划分为证券类、应用类和支付类。MSA 在推进沙盒监管的过程中不排斥 ICO 项目，从而使其成为全球（尤其是亚洲）各国区块链企业规避本国政策、赴海外代币发行的聚集地，成为全球第三大 ICO 融资市场。在监管方面，MSA 从风控和合规两方面入手，对数字货币交易所和场外交易等平台进行监管，主要包括洗钱及恐怖融资、平台合规运营、网络和技术风险等内容，并按照《支付服务法案》实行"牌照制度"。新加坡当局也很注重数字货币的税收监管，新加坡税务局（IRAS）发布的《数字货币所得税课税指南》规定，使用比特币等数字货币买卖商品或服务的企业缴纳 7% 的商品增值税，数字货币交易所获得利润需缴纳 17% 的所得税。

二、数字货币的监管方向

通过对上述主要国家数字货币监管的比较分析可以发现，各国在数字货币的法律地位、行政管理、市场准入和税收征管等方面存在明显差异。各国监管立场和法律政策的差异性显示出对数字货币这种新生货币形态的认知比较困难。随着数字货币的快速发展，各国的监管政策也要与时俱进，可能的监管方向主要体现在以下几个方面：

（1）转变监管理念。数字货币是新兴科技与传统金融深度结合的产物，是金融领域的重大创新，它的出现在一定程度上突破了传统的金融监管理论框架。监管过程中套用或照搬传统的监管方式和理念，不仅会因监管的滞后性和高成本性而抑制新兴技术的创新及应用，还会造成监管混乱或失灵。

在金融科技带来的数据化、技术化或智能化浪潮中，传统的被动式监管或响应式监管需要向主动性、包容性、适应性监管方向转变。现行的监管受传统监管理念影响，过度依赖法律法规，忽视技术本身的功效，而数字货币融合了区块链技术、加密技术、可信云计算、大数据技术、智能合约等新兴技术，利用这些新兴技术实现智能化监管是促进数字货币发展的必然选择。在数字货币的监管过程中，需要转变监管理念，实现"有为的政府"和"有效的技术"的充分融合，鼓励新技术的创新及应用，发挥政策引导的调节效应。在具体操作上，监管机构可以通过嵌入区块链、大数据等技术平台对数字货币进行实时监控，实现高质量和常态化监管。

（2）统一监管标准。目前各国将数字货币界定为商品、证券、支付工具及数字资产等，分别从资产交易、支付、税收、ICO、反洗钱、反恐怖融资、消费者保护、金融稳定等方面对其进行监管。各国监管的标准不同，监管侧重点迥异，这种各自为政的监管模式在一定程度上分散了数字货币的全球性风险。

当前数字货币的交易监管、税收监管、ICO 监管及支付监管缺乏统一的监管标准。基于数字货币的高度跨国流动性特点，数字货币从严格监管的国家或地区趋向于流动到监管松弛的国家或地区。因此，为防范数字货币产生的全球风险，制定统一的监管标准不失为一个良好的选择。

（3）完善监管法规。数字货币的急速发展给全球带来的影响远超立法者和监管者的设想，未来或许会形成数字货币区或数字货币跨境支付网络，在这种情况下，政府监管支付网络、控制私人财产跨境流动的有效性会削弱，法律制度不完备将成为新常态。为此，各国监管部门需不断完善监管法规，提高监管效率。

（4）优化监管方式。传统的货币监管以央行为核心，建立了复杂的制度体系来维护国家权威，严禁私人货币信用的运行。传统的监管制度建立在中心化、中介化的基础之上，而数字货币以去中心化为核心，改变了中心化的信用创造方式，通过技术背书，建立"信任网络"进行信用创造。传统的审慎监管、功能监管、行为监管、流动性监管等监管方式已不适应数字货币的长远发展。因此，应预判数字货币的发展态势，把握金融监管、金融创新和金融风险之间的关系，并据此利用区块链、大数据等技术优化监管方式提升监管效率。

（5）加强监管协作。由于地域的限制，各国对数字货币的监管存在天然的监管空隙，这会在全球范围内造成不利的影响。具体来说，全球范围内流动的数字货币会面对不同国家或地区的监管制度，从而造成监管方式的多样性、监管内容的复杂性，甚至出现监管冲突，导致国家或经济主体的利益受损。与此同时，重复征税和国际避税也是各国监管机构面临的现实问题。为避免监管重复、监管空白、监管冲突，降低监管成本，提升监管的透明度和效率，开展国家间的合作与对话，明确数字货币跨境交易的监管范围，建立数字货币监管部门的合作关系和合作机制，构建全球治理体系，共同维护金融消费者的合法权益，是未来全球数字货币监管的发展方向。

由以上分析可以看到，世界主要经济体的中央银行或监管部门持续开展数字货币的监管实践，且各国基于不同的制度和经济环境，其监管实践呈现不同的特点。然而，由于不同国家在政策、市场和技术等方面的差异性，对数字货币的态度和监管思路难以达成共识。面对将金融创新和技术高度融合的数字货币，为提高监管效率，国家应不断地完善监管，并将国家监管上升到全球治理的高度，通过加强国际合作，共建数字货币的全球性治理体系。

13. 2　数字货币的全球治理机制和治理路径

自从比特币出现以后，非法定数字货币得到了快速发展，并引发了各国实施监管政策。由于比特币等数字货币是技术创新的成果，已经突破了国家的界线，因此，对数字货币的监管不是单一国家的问题，而是世界性问题。鉴于此，在上一节主要从国家视角分析其监管实践的基础上，本节将从全球的视角梳理数字货币的治理机制，并对数字货币的全球治理进行探讨。

13. 2. 1　数字货币的全球治理机制

各国对数字货币的态度各异，导致全球的数字货币市场乱象丛生，监管政策和效果参差不齐。数字货币无国界性使其在跨国流动中带来全球性问题和整体性风险，任何一个国家都难以管控。面对全球性监管难题，数字货币从国家监管转向全球治理是大势所趋。G20 作为全球经济治理的重要平台，其最早关注数字货币的全球治理问题。国际货币基金组织(IMF)，以及各种政府间国际组织、非官方国际组织等也充分认识到了数字货币全球治理的迫切性和复杂性，提出相应的治理方案。对数字货币的全球治理提上日程，治理机制正在形成。

一、G20 峰会机制

2018 年 3 月，布宜诺斯艾利斯二十国集团(G20)财长和央行行长会议首次关注数字货币的全球治理问题。会议公报指出，加密数字资产可能会对全球金融体系产生影响，呼吁金融稳定委员会(FSB)和国际标准制定机构(SSBS)继续监控数字资产及其风险，必要时需评估多边的应对措施。虽然数字货币发展还处于起步阶段，不同国家对数字货币态度各异，G20 并未形成数字货币治理的一致行动，但考虑到数字货币的快速发展和数据缺口，G20 提倡预警性监控。其后的历届 G20 峰会越来越关注数字货币的全球治理问题，并设置专门的议题进行讨论。近年来的 G20 峰会如表 13 - 4 所示。

表 13 - 4　近年来的 G20 峰会

时间	轮值国	内　　容
2018 年	阿根廷	将数字货币定义为资产；指出数字货币在特定情况下影响金融稳定性；各国承诺执行反洗钱金融行为特别工作组(FATT)的加密资产风险并及时评估；要求 FSB 与 FATT 和 SSBS 协商，对数字货币治理实施行动
2019 年	日本	防止虚拟货币用于洗钱，共享各国监管机构名单，加强国际合作，支持对加密数字货币的监管；FATT 公布了反洗钱和反恐怖融资监管指引，明确要求虚拟资产服务供应商必须与政府分享资产转移情况；制定支撑平台的协议和标准，满足 FATT 在信息收集方面的要求；对 Libra 监管达成共识，未解决风险之前不允许发行
2020 年	沙特阿拉伯	督促各国对数字货币的监管和审查仍要继续；强调要对稳定币发行之前的风险进行评估并适当地进行解决；重申对 FATT 的支持，需复核 FATT 的标准原则；关注法定数字货币，G20 共同探讨法定数字货币的标准和原则，共同推进国际货币体系发展

作为 G20 峰会主导下的核心机构的金融稳定委员会(FSB)，被誉为"全球央行"，负责监管全球金融体系，数字货币兴起后，FSB 极为关注其发展动态。2019 年，FSB 与市场基础设施委员会(CPMI)合作开发了一个监管框架并确定了衡量指标，分析数字货币可能影响全球金融稳定的风险点及其传播渠道。FSB 主席 Randal Quarles 曾表示，全球金融监管机构有可能因数字货币行业

的快速创新而落伍,他呼吁全球金融监管机构紧跟数字货币发展的步伐,尽快制定数字货币的全球监管规则。Libra 白皮书发布后,FSB 聚焦以 Libra 为代表的全球稳定币(GSC)对全球金融稳定的影响,并于 2020 年 7 月向 G20 财长和央行行长会议提交了一份咨询报告,指出全球稳定币可能会给监管带来一系列挑战,主要涉及金融稳定、消费者和投资者保护、数据隐私和保护、财务诚信、减少逃税、公平竞争和反垄断政策、市场诚信、网络和运营风险等方面的问题,同时提出应对全球稳定币挑战的十项监管原则。FSB 还从国家和国际层面提出要促进对全球稳定币的治理:在国家层面,FSB 强调各国政府需要在"相同业务、相同风险、相同规则"的原则下应用监管工具,建立符合 FSB 指导的监管框架;在国际层面,FSB 正在制定全球稳定币的国际标准,预计近年将完成相关标准制定。

二、国际货币基金组织(IMF)

作为国际金融体系中的重要组织,IMF 将数字货币治理列入当前的首要任务之一。2019 年 9 月,IMF 发布的专题报告《数字货币的崛起》(The Rise of Digital Money)就对新兴数字货币进行详尽讨论,呼吁国际合作和信息共享,加强对数字货币的集体监管;2020 年 10 月发布的报告《跨境支付数字货币:对宏观金融的影响》,讨论了数字货币的四种可能应用场景及其对宏观经济和监管政策的影响,报告还认为促进大型科技平台之间的竞争,有助于减轻稳定币等私人数字货币因缺乏竞争和治理不确定而带来的风险。数字货币等创新产品对传统金融企业已产生了明显的影响,正在"撼动"银行体系,甚至动摇整个金融体系。据 IMF 报道,在非洲一些地方,没有任何国家信用背书的比特币取代了当地的法币。金融行业的这种变化使得 IMF 对数字货币的态度由"均衡监管"走向"强化监管"。数字货币已形成大规模且成熟的地下市场,而各国现有的监管政策只强调合规性,对此,IMF 呼吁各国政府通过监管科技手段强化链上、链下和交易所的监管,同时妥善处理数字代币、稳定币和法币的竞争关系。IMF 指出,在数字时代,私人数字货币和法定数字货币可以相辅相成、互利共生,通过扩展这种双重的货币体系逻辑,对私人数字货币加以规范的引导和治理,促进货币形式的多样性和创新性。

三、政府间国际组织

数字货币的兴起,不仅引起 IMF 的关注,而且诸如反洗钱金融行动特别工作组(FATF)、巴塞尔银行委员会(BCBS)、支付与市场基础设施委员会(CPMI)等政府间国际组织也从不同视角关注全球数字货币的治理问题。

FATF 早在 2015 年就制定了数字货币指导方针,呼吁所有国家采取协调行动,防止虚拟货币被用于洗钱和恐怖融资,《反洗钱金融行动特别工作组建议 40 条》(以下简称《建议》)是其为全球反洗钱工作设定的基本工作框架。

2018 年，为适应数字货币的快速发展，FATF 对《建议》作出更改，其中，第 16 项专门针对数字货币规定了使用范围，包括法定和虚拟数字资产交换、虚拟资产之间的交换与转让、发行或承销虚拟资产有关的活动等，修改后的《建议》肯定了数字货币作为货币、商品和资产的合法地位。其后，FATF 又发布了《基于风险的角度：监管数字资产和数字资产服务商的章程指南》，明确要求数字货币交易所涉及资金转移时，交易双方的相关信息与执法部门共享，且只有在执法部门要求的情况下，才允许披露用户隐私的相关信息。为降低数字货币成为金融犯罪工具的风险，FATF 发布了针对数字货币的"旅行规则"（Travel Rule），要求所有数字货币交易所都要履行"KFC"（了解你的客户）义务。"旅行规则"已经在美国、欧洲、亚洲部分地区得到了转化性使用，虽然各国对"旅行规则"的接受程度不同，但 FATF 为数字货币的全球治理提出了监管框架。

作为国际银行业风险管理的重要机构，巴塞尔银行监管委员会（BCBS，简称巴塞尔委员会）通过对从事加密资产活动的银行制定高水平的监管标准、跟踪加密资产的动态、合理量化银行对加密资产的直接和间接风险、对银行加密资产进行审慎处理等一系列政策，规范银行机构参与数字货币交易的行为，以增强全球银行业稳定性。BCBS 设计了一个虚拟资产审慎监管框架，并提出需遵循的一致性、技术中立等原则。

其他政府间组织也关注了数字货币的全球治理问题。支付与市场基础设施委员会（CPMI）围绕分布式账本技术在支付、清结算领域的应用情况，搭建了一个治理框架，促进各国支付、清算、结算体系的安全高效运行；CPMI 与国际证监会组织（IOSCO）设立联合工作组，将稳定币监管作为重点，发布了《全球稳定币协议报告》。这些组织提出的措施对加强数字货币全球治理效率有积极的作用。

四、非官方国际组织

世界经济论坛（WEF）、世界数字货币论坛（WDCF）、博鳌亚洲论坛（BFA）等非官方国际组织也致力于全球数字货币的治理。针对当前数字货币监管的分散状态，世界经济论坛创建了首个全球性组织"数字货币治理联盟"，旨在规范数字货币的发展空间，打造有信誉且可信赖的数字货币。不仅如此，该组织计划设计一个全球数字货币治理框架，并制定可操作、透明和包容的政策，促进各国协同建立一个包容性、集成性的全球数字货币系统。

作为全球第一个以专题领域命名的国际组织，世界数字货币论坛聚焦数字货币和区块链治理，对数字货币引发的全球经济、政治、金融、文化等问题展开深入讨论。为应对"数字货币战争"给国家和地区带来的挑战和威胁，世界数字货币论坛提出了全球性（或地区性）的倡议和宣言，引导对数字货币的全球治理。

作为一个增进亚洲各国及亚洲与全球之间交流与合作的平台，博鳌亚洲论坛关注数字货币如何改变未来的支付体系、给金融体系带来何种影响以及如何治理数字货币等问题。2021 年，博鳌亚洲论坛年会专门设置"数字货币与跨境支付"分论坛，分析跨境使用数字货币可能带来货币替代的压力、削弱政府管理货币政策的能力等问题，并研讨治理方案。

综上所述，G20、国际货币基金组织等国际机构已经着手讨论和研究数字货币的全球治理问题。虽然目前尚未形成统一的治理机制，但相应的治理原则、规则和规范正在酝酿之中。随着金融科技的快速发展，数字货币的全球治理将是未来国家之间的经济竞争与合作、国际货币体系重构的重要议题，实现"高效、统一、包容、透明、可信任"的治理目标，将是各国长期的任务。

13.2.2　数字货币的全球治理路径

数字货币的全球治理还处于探索阶段，如何在缺少科层制组织结构和中心权威协调的条件下维系技术演化和组织结构的共识，成为数字货币全球治理的重要内容。本节将以加强全球合作模式、构建全球区块链、建立风险评价体系三个维度为载体，从市场协调、科技治理、风险监管三个方面为切入点，探索数字货币的全球治理路径。

一、加强全球合作

数字货币是基于区块链等技术的虚拟货币，其交易速度快、应用范围广的特点要求在全球治理过程中，必须加强国际合作。

1. 以数据驱动为核心

数字货币不仅依赖区块链和互联网技术，更依赖高质量的数据和强大的计算能力。因此，数字货币的全球治理需要以数据为基础，采用多样化的监管手段，推动治理模式由"了解客户"向"了解数据"转变，构建实时、动态的治理体系。其关键点包括：

（1）获取并辨识数字货币交易、流通等相关数据的真伪。数字货币的交易和流动会产生大量的实时数据，如果监管者能够及时获取数字货币的流动性、交易等数据，并通过大数据等技术分析辨识其真伪，则可以全方位洞察数字货币的动态走向以及潜在风险。

（2）加强数据分享。各国监管部门、行业协会、国际组织之间共享数据是数字货币全球治理的基础，而数据保护或本地化规则会导致数字货币治理过程中的信息低效，产生信息孤岛。因此，打通国家间数字货币的信息孤岛，实现数据共享，有利于提升国际社会协同治理的能力。

（3）构建数据分析和风险预警机制。充分利用人工智能、云计算、量子技术等前沿技术，实现对数字货币流向的追踪，并构建风险预警机制，以预防数字货币运行中的风险。

（4）建立数字货币信息数据库，为数字货币的全球治理提供数据支持。

2. 以二级市场治理为重点

数字货币市场同证券市场一样分为一级市场和二级市场：一级市场是借助新兴技术创造数字货币的市场，二级市场是数字货币的交易市场。由于一级市场的发展程度取决于国家的技术创新水平，因此，一级市场的治理应该由各国自行进行。与一级市场不同，数字货币的二级市场是交易市场，其交易范围会超越国界，因此，数字货币全球治理的核心应是二级市场的治理，加强国家监管机构、国际组织之间的相互协作，实现数据共享则是提高数字货币全球治理水平的关键。

3. 发挥非政府间合作论坛的作用，推动行业自治

数字货币起源于民间，融合了密码学、计算机技术、数学、博弈论等多个学科知识，因此，非政府组织在其发展过程中起着十分重要的作用。组建非政府间合作论坛，充分发挥民间智慧，探讨共同关心的技术和管理问题，推动行业自律，将是实现数字货币全球治理的重要方式。例如，2017 年 11 月，俄罗斯区块链与加密数字协会召集了三十多个国家的行业代表，讨论设立全球统一的 ICO 评级标准，以应对评级方法不透明及评级市场的操纵问题；2018 年 1月，瑞士加密币协会提出起草 ICO 行为准则的建议，为行业自律奠定基础。数字货币涉及发行主体、交易平台、技术极客等多个利益主体，需要将他们联合起来共同行动，以推动行业自治，引导数字货币行业的健康发展。

二、构建全球区块链

虽然各国开展的数字货币实践不同，但数字货币的底层技术是相同的。因此，为进行数字货币的全球治理，就应考虑构建全球区块链的可能性。

（1）核心国家共同构建一个智能合约编程框架。数字货币的全球治理应建立在各国共同参与的基础之上，Libra 稳定币已经对此做出了尝试，虽然遭到了各方监管的掣肘，但其设计和发行机制为全球数字货币的治理提供了参考。从技术层面而言，核心国家可以共同构建一个底层的、关于智能合约的编程语言框架。在这一框架基础上，根据相应规则发行全球数字货币，并建立一个"全球中央银行"进行管理。目前，国际货币基金组织在全球货币治理方面发挥着重要作用，可以在现有基础上实现对数字货币的治理。通过共同的智能合约编程框架，由"全球中央银行"发行全球数字货币并获得类似铸币税的收益，为国际组织实施这种国际数字货币的全球治理提供财政支持。与此同时，各国将一定的资产映射到全球数字货币中，一旦某国违反国际组织的相关规定，智能合约会自动生效，通过减少其数字资产产生威慑作用，以提高监管效率。这种由核心国家构建的智能合约编程框架可以缓解或减少公权与私权的冲突，既有利于全球的风险防控，又有利于各国监管部门的有效沟通。

（2）利用开源治理协调各国集体行动。开源治理来源于开源软件社区治理，即在一个松散的社区网络结构下激励参与者的积极性，进而在程序代码的开发方面实现共识。开源软件与传统软件最大的区别在于其向全球提供巨大的代码数据库，有利于后来者的渐进式创新。不仅如此，开源治理的一个特点是不同参与主体的多元化动机都可能在开源程序的完善中得到激励。更为重要的是，开源治理试图解决的问题与区块链发展所面临的问题非常相似，开源治理的经验可以为破解区块链的发展瓶颈提供参考。各国政府和国际组织在区块链治理的底层激励机制上采取开源治理的激励机制，引导区块链自治系统的运行，从技术层面实现区块链治理，进而达到对全球数字货币治理的目标。

（3）建立合规数字货币中心平台。普林斯顿大学数字货币区理论认为，未来金融市场不再以银行为中心，而是以平台为中心。IMF 在"数字货币兴起"报告中指出，商业银行有可能在未来被数字货币平台"取代"，且"取代"后对金融体系的影响很小。未来金融市场可能以数字货币平台为中心，数字货币平台具备安全性和合法性。数字货币中心平台有四个方面的功能优势：其一，在没有央行支持、没有银行担保的情形下，只要有平台就可以进行交易；其二，数字货币在平台上交易，流动性会得到保障；其三，如果没有平台，数字货币就没有价值；其四，在分布式金融（DeFi）时代，参与者能够使用平台上的智能合约从事金融活动。

正因为数字货币中心平台有以上优势，因此，在数字货币国际治理过程中，应以区块链技术为核心，通过链上、链下、交易所、市场等方面的共同治理，建立合规的数字货币平台，并在这个平台的基础上构建治理网络，从单链转向多链，形成跨国或跨区域的链网，以加强各国监管者之间的协调以及金融企业的合作与数据共享，实现数字货币的全球治理。

三、建立数字货币风险评价体系

数字货币带来的风险已受到主权国家和国际组织的关注，但国际社会没有对风险展开系统性评估，也没有进行前瞻性预测。数字货币的风险具有潜在性、传染性和溢出性，一旦数字货币的风险扩散到其他领域，有可能危及整个金融系统和经济系统。因此，有必要建立数字货币的风险评价体系。在这方面，主权国家和国际组织应综合数字货币的技术特征，通过完善的数据收集系统，借助有效的数据分析和决策，针对数字货币的实际风险作出预估，并借助技术手段建立相应的评价体系。数字货币的风险评价体系应包括交易风险评价体系、系统性风险评价体系、流动性风险评价体系、法律风险评价体系、技术风险评价体系和信用风险评价体系。监管部门通过完整的风险评价体系，对数字货币产生的风险做出事前防范、事中协调和事后妥善处理，以提高数字货币的全球治理水平。

本 章 小 结

数字货币的出现不仅影响国家金融体系和经济体系，也对国际金融体系和经济秩序产生影响。因此，数字货币的监管受到学者、政府以及国际组织的高度关注。本章分析了各国对数字货币的监管实践，梳理了数字货币全球治理机制的演变过程，并探讨了数字货币实现全球治理的可能路径。

虽然数字货币在各国的发展程度和监管程度不同，但在网络环境下，其交易的即时性、低成本等特点使其影响会扩散到不同国家和地区，因此，进行数字货币的全球治理具有必要性。由于数字货币的全球治理不仅涉及国家之间的合作，也涉及政府与非政府组织、正式组织与非正式组织之间的合作；它不仅涉及经济方面的合作，也涉及法律等方面的协调。因此，我们必须认识到，数字货币的全球治理将是一个复杂、长期的过程。

本 章 思 考 题

1. 数字货币会对金融体系和经济体系产生哪些负面影响？
2. 从世界范围来看，各国对数字货币的监管态度有何不同？为什么？
3. 数字货币为什么要进行全球治理？请分析其原因。
4. 试分析构建全球区块链和国际数字货币的可行性。

第 14 章　数字货币的发展前景

数字货币的发展需要一些现实条件的催化以及技术和环境的支持。伴随着国际格局的改变和国内经济的发展，虚拟经济和数字科技也在逐渐更新，这些都可能影响数字货币的产生及其发展趋势。此外，数字货币在发展中也势必会面临一些障碍和挑战。本章将围绕这些内容展开分析，并展望数字人民币的发展前景。

14.1　数字货币未来发展的环境支持

数字货币的发展需要一系列的环境支持。从国际方面来看，技术的不断进步和区域经济一体化的发展使世界经济格局发生变化，而国际贸易规模的快速增长也为数字货币提供了发展空间。从国内方面来看，我国对提高人民币的国际化程度、经济高质量发展以及提升治理水平的要求也需要区块链技术和数字货币的参与。综合来看，在全世界范围内，互联网显著改变了人们的生活方式，为实现精神追求提供了新途径。可以预见数字货币将会在虚拟世界和现实世界中承担更多更重要的角色。

14.1.1　宏观经济环境

宏观环境的改变是数字货币发展的重要基础，无论是国际政治格局的改变，还是国内政治环境的变革，都为货币数字化提供了机遇。

一、多边主义带来的去中心化

国际贸易和国际投资的快速发展促进了国家之间经济和政治关系的融合程度，也促进了国际货币体系的变革，而美元霸权地位的衰退为数字货币的发展提供了契机。

（1）世界格局正在改变。

从 20 世纪到 21 世纪，世界格局发生了多次改变。首先，第一次世界大战后，英、法、美、日等战胜国通过巴黎和会及华盛顿会议建立了帝国主义的和平体系，可称为凡尔赛-华盛顿体系（Versailles-Washington System），它改变了欧洲的政治格局。但随着资本主义世界经济、政治危机的发展，以及帝国主义国家间发展不平衡的加剧，自 30 年代起，该体系被德、日、意法西斯国家的一系列侵略行径所打破。1939 年 9 月，德国进攻波兰，发动了第二次世界大战，凡尔赛-华盛顿体系彻底崩溃。其次，二战后形成了美苏两极的格局，持续到 1991 年底苏联解体，两极格局终结，并不断向着多极化趋势发展。目前，世界正在形成若干个政治经济力量中心，美国、欧盟、日本、俄罗斯、中国等国家在国际社会中都扮演着重要角色。

（2）美元地位受到多次冲击。

自从第二次世界大战结束后，美元一直主导着国际金融体系，但近年来，形势在不断变化。2008 年，美国次贷危机爆发并迅速蔓延全球，使国际金融体系发生剧烈动荡，并对全球主要金融市场的流动性造成了巨大的不良影响。为了应对此次金融危机，缓和财政赤字高居不下的局面，美国采取了量化宽松政策，影响了美元的信用，加大了美元贬值风险，这不仅削弱了美元霸权基础，也降低了美元的国际吸引力。

2020 年以来，新冠肺炎疫情肆虐，再次对美元霸权地位造成冲击。一方面，新冠初期的市场恐慌引发了投资者避险情绪的加剧，市场上持有美元的意愿强烈，借出美元的意愿不足。在此情况下，美联储量化宽松政策将通胀压力和债务压力不断向外输送，动摇了美元信誉和国际定价货币的地位。另一方面，面对日益复杂的经济环境，其他国家也积极求变，探索去中心化的支付方式。例如，英格兰银行行长马克·卡尼提出了"合成霸权货币"、2019 年初欧洲布局的 INSTEX 支付系统显示出改革国际金融体系的必要性。

与此同时，各国经济地位的变化引起了政治之间的对立，并引发美国较为频繁的对外经济制裁，这进一步降低了美元的信用。从 20 世纪一直到 21 世纪，美国多次对其他国家实行经济制裁，从过去的古巴、朝鲜和伊朗，到现在的中国、俄罗斯等。冻结其在美国的资产、为其国际支付制造障碍等措施都是制裁的惯用手段，但这些金融制裁的滥用增强了被制裁国家重构国际金融体系、加速实行去美元化的愿望。被制裁国通过建立自己或区域性国际结算系统来维护自身利益，这进一步削弱了美元的霸权地位。

（3）欧元与人民币的国际地位提升，国际货币竞争格局显现。

目前，在美元、英镑之外，其他货币的国际影响力也在不断提高，而欧元和人民币国际地位的不断提高引起人们的特别关注。

二战之后，欧洲国家长期面临美元霸权造成的负面外溢效应，这刺激了去美元化的动机，并最终导致欧元落地和欧元区的形成。1999 年 1 月 1 日，欧盟国家开始实行单一货币欧元和在实行欧元的国家实施统一货币政策。2002 年 7 月，欧元成为欧元区唯一的合法货币。欧元区共有 19 个成员国，人口超过 3 亿。受欧债危机影响，欧元区自 2008 年以来经济陷入持续衰退，并于 2012 年 10 月 8 日启动了欧洲稳定机制（ESM），向债务缠身的欧元区主权国家提供贷款。虽然如此，但欧元目前仍然是世界上第二大储备货币，在国际贸易和国际结算中占有重要地位。近年来，欧美关系出现巨大波动，美国不断运用经济政策工具和外交手段从经济和政治两方面对欧盟施压，让欧盟认识到必须加强欧元的国际地位才能抵消美国动用美元霸权对欧洲经济造成的损害。欧洲央行也在不断创设新的政策工具，以满足市场对欧元流动性的需求，旨在扩大欧元在国际市场中的影响力。

我国经济的快速增长提高了人民币的国际地位。伴随着我国经济总量持续高速增长和综合国力的提升，人民币在全球外汇储备资产中的占比也稳步提升。2020 年 6 月，人民币在国际支付中的占比位居美元、欧元、英镑和日元之后，但到 2021 年 12 月，人民币在国际支付中的份额占比进一步提升至第四，这也是我国央行 2015 年"汇改"以来，人民币国际支付全球排名首次超越日元。这表明人民币的国际影响力正持续增强，其强势表现与中国经济的高质量发展密不可分。在未来，人民币汇率有望继续保持基本稳定，人民币资产的安全性与避险属性也将进一步强化，国际市场对人民币的信任度与认可度也会进一步增强。

科技进步以及互联网的发展本身是生产力和生产工具进步的表现，并促进社会生产关系发生变化，而生产关系变化刺激了数字货币的产生，以满足生活便捷的客观需要和发展生产力的需要。在多边主义成为人们共识的环境下，去中心化的货币体系不仅为发展中国家的金融改革提供了契机，也为数字货币的发展预留了发展空间。

二、国际贸易的发展客观上需要数字货币

经济全球化是社会生产力发展的客观要求，是科技进步的必然结果，是满足人类美好生活需要的必由之路。2021 年全球贸易总额达到创历史纪录的 28.5 万亿美元，相对于 2020 年增加了 25％，且比 2019 年新冠肺炎疫情暴发前高出 13％。虽然如此，国际贸易仍然没有实现自由贸易，其支付体系尚未实现国际结算的即时性和便利化。例如，作为目前最重要的国际结算系统，SWIFT 的中心化的特点不利于国际贸易和国际投资的发展。因此，加快去中心化，利用数字货币实现更精准灵活的国际结算以及资源的实时分配和监测，是以满足市场需求为目的的未来国际经济发展方向。

三、平台经济的发展需要数字货币的支持

在网络环境下，平台经济是采用互联网信息技术手段搭建虚拟或真实的交易场所，促成双方或多方供需交易并从中获取利润的新型经济模式。近年来，由于互联网技术的高速发展导致全球产业组织发生深刻变革，而平台作为新的组织形式不断应用于商业各个领域，并通过全球采购、分散生产方式进入社会再生产过程。相对于传统经济，平台经济在降低交易成本、深化社会分工、扩大市场规模、培育经济发展新动能等方面能够发挥积极作用。但我们也必须看到，当平台企业对市场份额和数据形成垄断后，就会对正常的市场竞争、消费者福利、创新创业等产生负面影响，而且平台垄断的支付结算方式也会阻碍供应链经济的发展。因此需要破除平台之间的技术壁垒，实现平台间的互联互通，提高经济运行效率。而数字货币尤其是法定数字货币凭借其强大的底层区块链技术优势有望对该问题的解决发挥作用。

以上宏观经济环境的变化表明未来世界格局的发展趋势是多元化，而非中心化。去中心化的数字货币不仅能够顺应这种发展趋势，而且也符合金融科技创新不断发展和社会对便捷性、快速性经济活动的现实需要。

14.1.2　微观经济环境

马斯洛的需求理论表明，人类不仅有物质需求，而且有精神需求。随着生产力水平及生活水平的日益提升，人类在满足物质需求的同时更加重视网络环境下追求物质享受时的精神需求。2020 年我国的脱贫攻坚战取得了胜利，解决了人民群众的温饱问题。随着人民低层次需求的逐渐满足，他们对美好生活的需要日益增长。生活方式的革新与更高层次的精神追求也为数字货币提供了更多的应用场景。

（1）互联网改变了各国人民的生活方式。

互联网的快速发展加速了经济全球化和文化的相互渗透，并对国内外消费文化、交流方式、生活习惯等多个方面产生了巨大影响。从实践来看，依托互联网的交流逐渐在人类生活和工作中发挥重要作用，无论是日常联络、商业会议还是学术成果交流，甚至是国家间的谈判都越来越多地采用线上方式进行，使互联网能突破地域局限、节约交流成本的优势得到了充分发挥。人们的消费模式逐渐地由传统的线下方式转型为线上线下相结合的方式，网上消费已经成为潮流。由此可见，网络、互联网平台逐渐成为人们生活的重要组成部分，用来满足学习和工作、购买商品、娱乐、信息交流等多种需要。这为人们希望研究数字货币、使用数字货币提供了良好的发展环境。

（2）虚拟世界有利于实现人们的高层次需求。

随着互联网技术的不断发展，虚拟世界受到了越来越多人的欢迎，尤其是年轻人群体。在虚拟世界中，人们不仅可以便利地开展社交活动，而且也能够同时保有自我空间，在更自由、更平等的虚拟空间中获得身份认同感，缓解现实世界带来的压力。当人们对跨境、跨种族、跨文化、跨身份阶层的交流及交易需求日益增强时，自然就会延伸出对数字货币的需求。而元宇宙有可能满足人们对虚拟空间的消费需求。

元宇宙这一概念最早出自尼尔·斯蒂芬森 1992 年出版的科幻小说《雪

崩》，指在一个脱离于物理世界却始终在线的平行数字世界中，人们能够在其中以虚拟人物的角色自由生活。2021年以来，元宇宙作为年度热词进入了人们的视野。

2021年6月，Facebook创始人扎克伯格在财务会议上提出要在5年内将公司打造为元宇宙公司，此后，"元宇宙"一词流行起来。2021年10月，Facebook正式更名为Meta。国内对这一新概念的反应也很积极。2021年11月，多家A股公司因炒作元宇宙收到监管机构的问询函；截至2021年11月17日，我国共申请有"元宇宙"的商标4368件，其中4366件是在2021年注册的。2021年12月8日，香港地产大亨郑志刚宣布投资500万美元，在元宇宙内买下一块虚拟土地。2021年，中央纪委国家监察委网站发文《元宇宙如何改写人类社会生活》，提出"理性看待元宇宙带来的新一轮技术革命对社会的影响，不低估5～10年的机会，也不高估1～2年的演进变化"。由此可见，元宇宙在社会上的影响日益扩大。

关于元宇宙的内涵，北京大学陈刚教授和董浩宇博士认为，元宇宙是利用科技手段进行链接与创造的与现实世界映射和交互的虚拟世界，是具备新型社会体系的数字生活空间。由此可知，元宇宙本质上就是对现实世界的虚拟化和数字化，这就需要对内容生产、经济系统、用户体验以及实体世界内容等进行大量改造。与其他新生事物一样，元宇宙的发展是循序渐进的，是在共享的基础设施、标准及协议的支撑下，由众多的工具和平台不断融合、进化而形成的。它基于扩展现实技术提供的沉浸式体验、数字孪生技术生成的现实世界镜像以及区块链技术搭建的经济体系，实现虚拟世界与现实世界在经济系统、社交系统、身份系统等方面的融合，并且允许每个用户进行内容的生产和编辑。

元宇宙具有自身的特征，并被人们广泛接受。作为首个将元宇宙写进招股说明书的公司，Roblox提出了元宇宙的八个关键特征：身份(Identity)、朋友(Friends)、沉浸感(Immersive)、低延迟(Low Friction)、多样性(Variety)、随时随地(Anywhere)、经济系统(Economy)和文明(Civility)。据此推知，元宇宙是一个可以以虚拟身份进行社交或游戏，以获得沉浸式体验的虚拟空间。在这个空间里，有比现实世界更自由和更多元化的选择，也有类似于现实世界的货币交易体系和文明体系，且进入该空间无须受到时间地点的限制，有强烈的自由感。

展望未来，中国社会科学院数量经济与技术经济研究所副研究员左鹏飞认为，元宇宙的3种前景已经较为显著。首先，从市场规模来看，目前已有多个国际知名咨询机构公开表示看好元宇宙的未来市场规模。不仅如此，元宇宙在其发展过程中，还将拉动并壮大其他领域的市场规模。其次，从产业创新来看，元宇宙带来的前景包括了两方面：元宇宙将打破我们所习惯的现实世界物理规则，以全新方式激发产业技术创新；此外，元宇宙将与不同产业深度融合，以新模式、新业态带动相关产业跃迁升级。最后，从应用范围来看，当前元宇宙的应用主要表现在游戏、娱乐等领域，其他领域应用相对较少。基于科学技术快速发展的现实，伴随元宇宙技术和产业成熟度的持续提高，其应用范围将逐步扩大，或将在社会治理、公共服务等领域展现巨大的应用前景。

14.2　数字货币未来发展的理论支持

在互联网时代，数字货币的发展趋势在很大程度上取决于虚拟经济与数字科技的未来发展，因为虚拟经济的发展状态与特点决定了数字货币的发展趋势和功能，而数字科技的发展程度决定了数字货币的表现形式和载体。本节将从这两方面进行分析。

14.2.1　供应链视角下的虚拟经济

在社会再生产过程中，供应链是关键环节，发挥着衔接上游、中游和下游产业的作用。在互联网背景下，随着电子商务的快速发展，虚拟供应链对社会再生产的作用日益显现，并产生对数字货币的需求。本节将主要通过了解虚拟供应链的相关特点，探讨虚拟经济的发展对数字货币的潜在要求，从而进一步理解数字货币可能的发展趋势。

一、虚拟经济和虚拟供应链

虚拟经济是相对于实体经济的概念，是经济虚拟化的产物，是一种新经济形式。关于虚拟经济的定义，大多数学者是从金融角度进行诠释，观点并不统一，但成思危教授对虚拟经济的定义影响力最大。按照其界定，"虚拟经济是指与虚拟资本以金融系统为主要依托的循环运动有关的经济活动"。由此可知，随着经济的发展和科技的进步，虚拟经济将不再只是停留在金融层面，也会涉及更贴近实体经济的生产、分配、交换、消费等社会再生产的各个环节。例如，近年来，虚拟经济的相关研究已经延伸到了虚拟供应链等方面。

虚拟供应链的概念在 1998 年英国桑德兰大学的一个名为"供应点"的研究项目中第一次被提出。该项目的主要目的是设计出依托于电子数据交换技术的网络交易标准运作平台系统，以实现市场客户通过网络交易标准运作平台向由合作伙伴企业所组成的动态虚拟联盟直接在线订货，这种动态虚拟联盟被称作虚拟供应链，其运行框架(传统供应链与虚拟供应链的运行框架)如图 14 - 1 和图 14 - 2 所示。

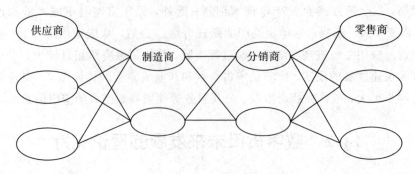

图 14 - 1　传统供应链

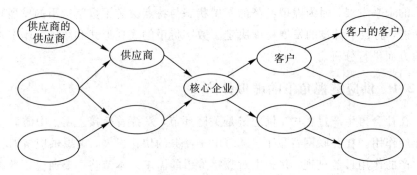

图 14 - 2　虚拟供应链

由于虚拟供应链是一种动态联盟，意味着虚拟供应链由职能不同的多家企业临时组建而成，以共同完成一整套商业行为，待完成既定商业目标后解散。以下以新媒体行业为例，说明虚拟供应链的运作过程（见图 14 - 3、图 14 - 4）。

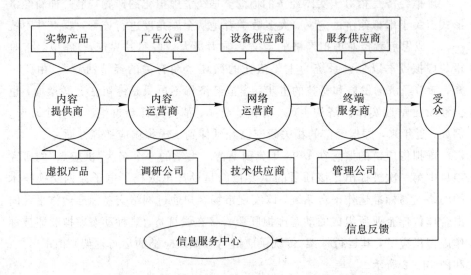

图 14 - 3　新媒体行业虚拟供应链参与者及其关系

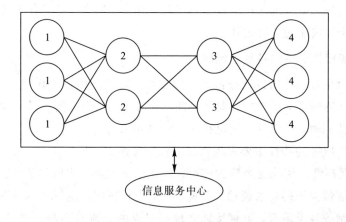

1—表示内容提供商；2—表示内容运营商；3—表示网络运营商；4—表示终端服务商。

图 14-4 新媒体行业虚拟供应链结构图

李姣宇(2012)研究表明，新媒体虚拟供应链运作过程主要有 7 个步骤：

(1)新媒体市场信息收集与分析。在这方面有专门的信息服务中心为行业内相关企业提供丰富的信息。

(2)新媒体虚拟供应链的组织。新媒体行业的运营过程日益复杂化，从设计、生产、包装到投入市场，单个企业很难在短期内独立完成，需要和上下游企业积极合作，形成一条合理的供应链。因此，需要有一家有意向的企业发起虚拟供应链的构建请求并开始寻求合作者。

(3)各节点企业达成合作协议。发起企业通过信息服务中心的信息库对所需的其他节点企业进行目标匹配，其他企业也可以通过信息服务中心获取虚拟供应链的组建信息，促使多方形成合作关系。

(4)虚拟供应链的实施与运作。虚拟供应链形成后，各节点企业按照合同进行各自的生产或销售等工作，共同完成与新媒体产品相关的完整的商业行为。这个过程中也会伴随着监督、管理、激励等组织行为。

(5)虚拟供应链信息反馈与改进。在虚拟供应链运营时，依托网络技术，各节点企业的数据共享程度较高，以便各方及时协调沟通。此外，虚拟供应链的各企业也能及时得到终端企业及受众的反馈，根据市场需求快速改进供应链。

(6)新媒体虚拟供应链的利益分配。其利益分配方式由各个企业事先签订合同时确定，在合作完成时进行实际的分配操作。

(7)虚拟供应链的解散。组成虚拟供应链的各企业之间的合作通常是短暂的，在实现了既定目标、完成了目标利润分配后，虚拟供应链即解散。

由此可知，与传统的社会再生产过程不同，虚拟供应链是任务导向型的虚拟系统，能够快速完成既定任务。

二、虚拟供应链的特性和风险

由以上虚拟供应链的运作流程可以看出，虚拟供应链不仅可以降低成本，减少产品流通时滞，还能加快对市场的反应速度，从而提高产品质量和服务质量。但与此同时，虚拟供应链也存在一些潜在风险。

虚拟供应链的特性主要表现在以下几个方面：

（1）经济性。传统的经济运行模式依赖于组织及其中的信息传递，但对组织的高度依赖会阻碍要素流动。与此不同，虚拟供应链能够破除体制、组织以及信息限制等各类限制，更直接地实现点对点的交流与交易，节省交易成本，提高运作效率。

（2）虚拟性。虚拟供应链的虚拟性主要体现在虚拟联盟上。虚拟联盟不涉及所有权关系和法律关系，是彼此相互依存的联盟关系。维系虚拟联盟的是对行业法规的塑造、对知识产权的控制以及对产品或技术标准的掌握和控制，这些软约束能够协调联盟各方的产品和服务。因此，虚拟联盟是一种以共赢为目的的全新的企业合作模式，它着眼于最大限度地发挥和提升企业核心竞争力，并强调充分利用各企业已有的资源优势，通过组织动态联盟快速响应市场变化，把握市场机遇。在这个过程中，联盟各组织间的结算机制能够突破组织限制并充当保证金角色，提升了各方的信任度。

（3）动态性。虚拟联盟中的成员企业可以迅速组织起来，并能够根据市场变化对联盟进行持续地动态调整。因此，虚拟供应链能够快速应对市场需求频繁、复杂的变化，迅速形成新的供需关系。在供需能够迅速匹配的虚拟供应链中，商品与服务会呈现出定制化特征，保证了产品和服务较高的市场接受度，实现了产品和服务的高流动性。在这种虚拟联盟中，进行的不再是过去的大规模和标准化生产，接到的订单也将呈现量小而精准的趋势，这将有助于减少资源浪费。在该趋势下，与传统的生产方式相比，小额支付结算及投融资需求将会更加旺盛。

虚拟供应链虽然有以上特性，但也面临一些风险。

（1）决策风险。在高度定制化的虚拟供应链中，由于受到多种主观因素、非经济因素的影响，市场需求具有不稳定性，且容易导致产品价格远远偏离其价值。与此同时，由于虚拟供应链由多个组织临时组建而成，相互联系的过程中可能会出现信息不完全、数据丢失、难以协调等情况，这些都会使企业决策产生偏差，导致决策风险，由此带来供需错配、资源配置效率降低的问题。

（2）信用风险。虚拟联盟的动态调整会使合作方频繁发生变化，这容易导致企业之间的信息不对称问题，并进而产生信用风险，给合作方带来负面影响。此外，虚拟联盟中的多个合作者建立在契约基础上，当有合作方发生违约行为时，容易产生连锁反应，给众多合作方带来损失。

（3）技术风险。虚拟供应链的运营和结算都建立在互联网的基础上，技术水平的落后或故障会阻碍虚拟联盟企业间的相互交流，甚至会泄露重要的商业信息。如果联盟的运营网络系统和虚拟结算系统受到攻击或发生技术泄密事件，其负面影响将涉及不同的合作方。因此，虚拟供应链的安全运营需要强大的技术后台及严密的监管体系。

通过以上分析可以看到，虚拟供应链有助于打破时空限制，快速完成既定目标。因此，在互联网背景下，定制化、小批量、快速生产可能是未来的生产方式，这将使虚拟供应链在未来经济中可能起着重要作用。虚拟供应链既有优势，也存在风险，这些都为数字货币的未来应用提供了发展空间。

14.2.2　金融视角下的数字科技

伴随着互联网技术的快速发展和云计算、大数据、人工智能等新兴技术的演进，数据已然成为重要资产。数字科技可以为数字货币发展提供技术支撑，而数字货币的发展也会对数字科技提出新的要求和挑战，因此，数字科技的发展与数字货币具有相互制约、相互促进的双向影响关系。我们要分析数字货币的发展趋势，就要明确研究数字科技的发展趋势。

在分析数字科技发展趋势之前，需要先明确三个重要问题。

首先，数字科技是什么？数字科技是以互联网和实体经济既有知识储备和数据为基础，以不断发展的前沿科技为动力，着力于实体经济与科技的融合，推动实体经济各行各业实现互联网化、数字化和智能化的技术复合体。

其次，数字科技与金融的关系是什么？对于这一问题，可解释为，金融是数字科技很重要的组成部分和应用场景，但并非数字科技唯一的应用场景。在未来经济发展的过程中，数字科技的应用场景会愈来愈多，各行各业会根据各自的不同需求，逐渐实现或深化数字化转型，运用数字科学技术提高产能。

最后，数字科技的核心趋势是什么？如果从时间和空间两个维度来看，在未来，随着人工智能等新兴技术的快速发展，数字科技应能实现随时随地进行数字交互，实现便捷的自动化、智能化处理，且能超越人类本身的判断能力，做出最优决策。

展望未来，数字科技的未来发展趋势会在很大程度上扩大数字货币的应用场景范围。由于数字货币作为一种支付结算工具主要应用于流通领域，因此，可以从金融视角分析数字科技在金融领域的应用趋势。

一、突破空间限制

从地理空间层面来看，数字科技的未来发展有望打通地域限制，实现包括金融对象（如资金）、金融方式（如借贷）、金融机构（如银行）、金融场所（如金融市场）和金融在内的金融要素在空间上的合理合法流动。进一步看，金融要素的流动会体现在宏观、中观和微观领域，即国家之间、国家内部行业之间以及企业和个人之间的金融要素流动。也就是说，无论所在何地，个人和企业都能享受到多元化的金融服务。这对于金融机构制定发展战略、监管机构制定监管政策都有现实意义。

二、突破时间限制

数字科技的发展不仅能打破区域限制，也能打破时间限制，随时实现金融交互，使金融机构能够在投资、融资、结算等方面为客户提供即时、全面的金融服务。从投资角度来看，数字科技的发展能够使投资人在资本市场迅速、便捷、及时地发现投资机会，并实现复利投资和资产转化。从融资角度来看，数字科技的发展能够使银行和其他金融机构实现贷款的快速审核以及精准追踪，这不仅能提高资金使用效率，而且可以及时识别和管理风险。此外，保险公司的运营过程也相当于一个融资过程，数字科技的发展中的丰富数据资源及相关数字分析处理技术将能使保险公司更快更准确地进行风险定价，提供更多元化的保险产品，以随时满足不同类型群体和不同规模群体的需要，有利于实现保险人和投保人的互利共赢。从结算角度来看，数字科技能实现突破时差的自动化结算，也能对随时产生的紧急结算做出响应，提高结算效率。最后，对于小额的投融资及支付结算需求，金融机构也能综合运用数字科技和数字货币，及时满足客户的需求，这与虚拟供应链的发展需要相吻合。

由以上分析可以看到，数字科技和数字货币的发展具有相互制约、相互促进的双向影响关系。数字科技能够突破时空限制，从而为数字货币的广泛应用提供技术支持。

综上所述，虚拟经济的快速发展为数字货币功能的发挥提供了发展空间，而数字科技的发展为数字货币的未来发展提供了强有力的技术支持。基于这两方面的原因，数字货币未来将会有良好的发展前景。

14.3　数字货币的发展趋势

14.3.1　法定数字货币的发展趋势

通过前一节对虚拟经济和数字科技特点及发展趋势的分析可以发现，与实物货币、信用货币等不同形态的货币相同，数字货币的发展应以促进经济发展为最终目的。为达到此目的，在科技水平持续发展和支持下，数字货币的发展趋势将主要体现在流通手段、价值尺度和储藏手段职能的未来需求上。

一、数字货币的流通手段职能（即交易职能）

在社会再生产的过程中，生产、分配、交换和消费四个环节都会产生交易费用，从而增加经济成本，降低利润。货币作为社会再生产过程中的驱动力和润滑剂，在其中起着重要作用。但不可忽视的是，传统信用货币在使用过程中存在时间和空间方面的限制，这会进一步增加交易成本，这是未来经济发展面临的问题。因此，在未来的经济发展过程中，如果数字货币替代了传统信用货币，为了更好地执行货币的流通手段职能，就需要数字货币的生产费用、交易结算费用和机会成本不断降低，最终实现最小化。

首先，货币的生产费用最小化。从正常流程来看，数字货币发行后，才能执行流通手段职能。对于经济人而言，发行数字货币必须以获取利润为目的，这就意味着数字货币的生产成本越低越好，以便获得最大的发行货币的收益，即铸币税。对于政府而言，铸币税是财政收入的重要来源之一。因此，数字货币要想被广泛使用，降低其发行成本是有必要且合理的。

其次，交易结算费用最小化。目前，经济活动中的支付方式呈现出多样化的特点，且由于不同支付方式和支付平台之间存在技术和规则壁垒，导致无法实现便捷支付，甚至无法实现支付的互联互通。展望未来，随着技术的不断成熟和广泛应用，数字货币在交易结算费用上的优越性会日益体现：一方面，数字货币能够破除壁垒，免去支付时可能出现的烦琐环节；另一方面，数字货币支付结算体系本身的运营成本控制在较低范围内，从而可以降低使用者在交易结算时的手续费等相关费用，实现交易结算费用最小化。

最后，机会成本最小化。随着区块链技术应用范围的不断扩大和数字科技的不断成熟，其中的时空界限被打破，随时随地的交易得以实现，中心化的管理方式逐步被去中心化的管理机制所取代，从而通过数字货币的应用实现资产转换成本的最小化以及社会再生产机会成本的最小化。这对于加速生产要素和商品服务的快速流动，提高社会资源配置效率有重要现实意义。

二、数字货币的价值尺度

与目前的信用货币一样，数字货币需要作为计价标准在经济活动中发挥作用，执行价值尺度职能。由于计价标准对于协调不同经济主体之间的利益关系发挥着关键作用，因此，维持使用者对数字货币的信任和币值稳定是货币当局的重要任务。

在数字货币的币值稳定方面，不滥发、不少发是数字货币币值稳定的必要条件。为此，货币当局需要依托数字货币的可追踪性特点，实现公开、透明的货币发行和流通。与此同时，去中心化或弱中心化并不等同于零监管，而是要更高水平、更专业化地监管，这就需要在控制监管成本的基础上，让更多的专业人士参与数字货币的监管活动，这将有利于及时发现问题和纠正问题，对于数字货币币值稳定有着积极的作用。

在数字货币的信用度方面，如果期望数字货币被广泛使用，就必然需要使用者的高度认可，建立并维持其信用。从国内范围来看，任何部门、企业或个人都应认可数字货币的合法性、有效性；从国际范围来看，通过加强国际合作，争取国家之间对数字货币的相互信任，实现弱中心化，提高国际结算效率，促进国际资源的充分流动和优化配置。基于数字货币的可溯源性，各国监管部门都可以进行追踪和审查资金流动情况，维护数字货币的信用度，从而降低金融风险和经济风险。

三、数字货币的储藏职能

与传统信用相同，法定数字货币同样具有价值，也具有储藏功能。从微观上的个人角度来看，数字货币的储藏功能表现为对财富的储藏，保证其安全，并以备不时之需；从宏观上的货币当局角度来看，数字货币的储藏职能表现在提高安全性的同时，在数字货币价值下跌时吸收市场中的多余部分，而在价值上涨时增加供给，以起到平稳市场的作用。因此，数字货币的储藏功能要求其具有安全性高的特点，同时具有稳定市场的作用。

在安全性方面，相对于纸币不容易储存的不足，数字货币虽然具有能够永久保存的优势，但前提条件是其安全性应足够高，有相关科学技术做保障，这就要求互联网系统具有高度稳定性、数字科技等新兴技术发展到新高度。只有数字货币足够安全，才能在被广泛接受和使用的同时保持长期价值的稳定，更好地发挥其储藏职能。

在稳定市场方面，虚拟供应链的应用能够更高效地匹配市场供求，实现市场的价格发现功能，起到稳定市场的作用；而利用数字货币的可追踪性特征，监管者能够通过观测数字货币的流动方向和速度预测并调节市场供需关系，以稳定市场价格和秩序。

　　由此可见，基于数字货币的三大主要职能，降低数字货币的生产费用、交易结算费用和机会成本是实现数字货币流通手段的基本要求，维持使用者对数字货币的信任和币值稳定是充分发挥价值尺度职能的发展方向，具有安全性且能起到稳定市场作用是发挥数字货币储藏功能的未来趋势。

　　需要补充的是，目前国内市场的支付方式较多，这加大了货币当局的金融监管难度。为防范金融风险和经济风险，支付领域的监管力度可能会加强，在未来的金融领域，支付格局可能发生变化，从事支付业务的机构会受到限制。

14.3.2　非法定数字货币的发展趋势

　　数字货币包括法定（或官方）数字货币和非法定（或非官方，或民间）数字货币两大类。关于法定货币的发展趋势，在 14.3.1 中已经进行了探讨，下面对非法定数字货币的发展趋势进行分析。

　　首先，在未来的经济体系中，法定数字货币和非法定数字货币会处于共存状态。如前所述，数字货币起源于民间，作为其底层技术的区块链引起了社会的广泛关注，并由此导致法定数字货币的研究和应用。因此可知，民间智慧在数字货币的发展过程中起到了关键作用，技术爱好者成为新技术进步的引领者。据此可以推断，非法定数字货币不会消失，它会与法定数字货币处于共存状态，呈现技术上的相互协作、共同发展趋势。一方面，民间智慧会持续在科技创新方面展现新成果，促进非法定数字货币的进一步发展；另一方面，国家依靠其强大的技术力量，在吸引民间技术的基础上进一步拓展法定数字货币的研究和应用。民间和政府科研力量共同协作，以充分发挥数字货币对促进经济发展的作用。

　　其次，由于货币在经济发展中具有广泛的影响，因此，为了实现国民经济的正常运行，在国家经济体系中，只能存在一种数字货币能够承担其流通手段、价值尺度、储藏手段等功能。基于这种思路我们可以预见，在未来的经济体系中，虽然同时存在法定数字货币和非法定数字货币，但非法定数字货币会受到严格监管，其应用可能仅仅局限于一定的范围，如游戏娱乐行业。

　　最后，虽然非法定数字货币的应用受到严格监管和限制，但民间智慧会持续在数字技术等方面的研究中发挥作用，这对于科技发展具有重要意义。

14.4　数字货币未来发展面临的挑战

　　数字货币是近年来民间科技创新的产物，作为其底层技术的区块链具有可追溯性、去中心化、匿名性等特点，从而使其在经济领域中能够发挥突破时空限制、节约交易成本等方面的优势。但与此同时，数字货币也面临现有经济环境和技术等方面的挑战。由于非法定数字货币的发展具有自发性、自我管理的特征，因此，此处只分析法定数字货币面临的挑战。

14.4.1　数字货币面临的环境挑战

在经济活动中能够得到广泛应用是推出数字货币的重要目标，然而，数字货币面临国内外两方面的环境挑战。

一、数字货币面临的国内环境挑战

在目前经济体系中，数字货币面临法规和用户认知两方面的挑战。从法规方面来看，作为主权国家，法定数字货币具有主权特征。由于货币的发行、流通、交易等会对众多经济主体产生影响，因此，在国家货币体系中，只能存在一种主权货币。法定数字货币出现后，如何处理现行法定信用货币和法定数字货币就成为一大挑战。具体来说，无论是法定信用货币和法定数字货币共存，还是现有法定信用货币完全转为法定数字货币，都会形成新型的货币体系架构。在这种架构下，如何制定合理的经济金融政策，以保障货币体系的稳定、维护金融市场的秩序，具有挑战性。从法律角度来看，法定数字货币的出现和使用会提高立法与监管部门的业务难度。立法部门制定相关法律时，需要将更多的因素纳入考察范围。而法定数字货币作为一种新兴的货币形态，要想对其相关要素进行全面考量是比较困难的。监管部门在监管金融市场行为时，也需要从更多维度进行监管。随着科技的不断发展，违规违法的手段也会快速更新，如何快速适应新的货币体系和金融市场环境，用恰当的监管方法与监管力度给予及时监管，对监管部门而言也是一种挑战。

从用户对数字货币的认知角度来看，数字货币的广泛应用要基于用户能够熟悉它，且能放心使用，但从目前情况来看并不乐观（见图 14－5）。

2022中国数字人民币用户调研：痛点分析

2022年中国数字人民币问题
Concerns of e-RMB in China, 2022

62.3%	54.0%	52.4%
操作风险	隐私风险	对数字货币缺乏了解

43.7%	32.0%
断电时无法使用	技术不稳定

数据来源：艾媒数据中心（data.iimedia.cn）

样本来源：草莓派数据调查与计算系统（survery.iimedia.cn）
样本量：N=1605，调研时间：2022年2月

图 14－5　用户对数字货币的态度

由图 14-5 可以看出，艾媒咨询 2022 年的中国数字人民币的用户调查显示，62.3% 的用户认为数字人民币有操作风险，54% 的人担心隐私风险，52.4% 的人对数字人民币缺乏了解，43.7% 的人担心停电时无法使用，还有 32% 的人担心技术不稳定。因此，推行数字货币还面临用户习惯等因素的影响。

二、数字货币面临的国际环境挑战

数字货币的推行需要非中心化（如去中心化或弱中心化）的国际金融环境作为支持，但目前营造这种环境比较困难，其原因如下：

（1）美元仍然是国际主导货币，非中心化需要漫长过程。从世界范围来看，美元的霸权地位依然存在，这会对去中心化产生不利影响。首先，美元在世界各国外汇储备中占有较大的比重，并稳居第一位。虽然 21 世纪以来，各国央行对美元有减持趋势，但其国际影响力仍然很大。其次，美元在国际结算中的份额居于首位，且在全球跨境资金结算中有着举足轻重地位的 SWIFT 系统仍然由以美国为主的西方国家掌管，被 SWIFT 系统排除在外也常常成为美国制裁别国的手段。最后，货币的国际影响力与综合国力息息相关。目前，美国仍然是经济总量第一的国家，其军事、科技等多个方面都居于领先地位，这将有利于维持美元的霸权地位，从而给去中心化带来阻碍。

（2）规模经济的实现问题。要想实现规模经济，就需要尽可能地使用数字货币。这就要求数字货币有足够高的市场接受度和可信度。首先，数字货币的币值稳定是其被广泛接受的首要且必要的条件。如果数字货币的价值波动剧烈，它不仅不适用于日常的交易结算，反而会导致出现大量的投机行为，进一步扰乱市场的正常秩序。其次，货币当局要有足够高的国际地位和强大的信用支持，才能树立其数字货币在国际市场的可信度。然而，在当今的国际形势下，要想满足这些条件，顺利达成相关协议并非易事。

由以上两方面可以看出，数字货币的广泛使用还存在环境方面的障碍。

14.4.2　数字货币面临的技术挑战

数字货币本身就是技术创新的产物。在数字货币的推行过程中，现存的信用货币体系也会发生变化，但支撑数字货币的新技术能否提供足够的安全保障、能否顺利与现存的支付结算体系接轨、能否使数字货币更好地实现货币职能，这些还需要现实的检验。

数字货币引发的技术挑战主要体现为以下两个方面：

（1）技术安全性问题。对于数字货币而言，技术是否能确保其安全是重中之重。在互联网时代，信息技术的飞速发展与更新换代在推动社会经济发展的同时，也会给数字货币的使用带来许多隐患。首先，数字货币的相关技术和系统必须有超强的自我维护功能，能够降低自身出现漏洞的频率，并在出现漏洞时，能够及时发现和弥补漏洞，但实现这种技术的难度较大。其次，即便人们可以实现系统超强的自我维护功能，但随着数字货币应用范围以及市场规模的不断扩大，系统受到黑客恶意攻击的频率和破坏力也会随之变大，从而对安全维护提出更新和更严格的要求，因为一旦技术被破解，将会造成严重后果。最后，大的系统也面临数据泄露问题，这也应当引起高度重视，如何在充分数字化的同时保护数据隐私也是有待攻克的难题。

（2）技术发展水平问题。伴随着科技进步，支撑数字货币流通的各项技术，能否在降低成本、实现供需平稳和借贷资金的合理设计超越传统的支付形式等方面发挥作用，还都有待考察。事实上，这些问题的解决最终依赖于技术发达程度的高低，而技术的发达程度主要体现在以下几个方面：首先是网络的稳定性。依托互联网的数字货币要想实现随时随地支付结算，必然要有稳定性好的网络系统作保障，网络故障、延迟等都会给支付结算带来麻烦。其次是数字货币的生产成本和交易结算成本。如果数字货币的相关技术开发及维护需要耗费大量的成本，就需要持续投入各种资源，但数字货币的生产能否带来更多的铸币税、其流通是否能够为交易双方降低交易成本？这也是需要考虑的技术指标。最后是技术的兼容性和升级速度。如果要扩大数字货币的使用范围，就要求相关技术能够满足各类群体的需要，给所有使用者带来真正的便捷、个性化的服务，且能够随着使用者需求的变化进行及时的技术更新，这也是必须考虑的问题。

总而言之，技术的发达程度很大程度地决定了数字货币的实用程度，技术上能否支撑起数字货币的发展具有很大的挑战性。

从现实角度看，在未来经济社会中，数字货币的发展不仅面临国内金融环境、现有国际金融环境和技术方面的挑战，而且面临着诸如消费习惯、支付环境等多方面的障碍。数字货币的广泛、有效应用还需要经历不断创新、不断适应的漫长过程。

14.5　数字人民币的发展前景

数字货币是互联网背景下的科技创新成果，对一国的金融体系和全球货币体系都有重要影响，我国也在积极开展数字货币的实践活动。在目前的环境下，虽然现金和第三方支付应用广泛，但数字人民币有其自身的特点，显示出自身的优势（见表 14 - 1）。与此同时，在区块链技术等科技创新不断推进的浪潮下,为维护国家主权和促进人民币的国际化进程,提高我国在世界经济中的地位,我国在不同层面正在大力推进,展现出良好的发展前景。

表 14 - 1 数字人民币的比较优势

特 性	类 型		
	现金	数字人民币	第三方支付钱包
分发机构	商业银行	商业银行/其他商业机构	第三方支付机构
债权关系	央行负债	央行负债	第三方机构负债
隐私保护	完全匿名	可控匿名	实名认证
准备金制度	—	100%缴纳准备金	缴纳备付金
流通成本	较高	低	低
技术框架	—	中心化	中心化
离线支付	支持双离线支付	支持双离线支付	仅支持单离线支付
收益性	无	无	钱包零钱无收益,理财有收益
取现手续费	无	无	0.1%
扩展性	无	具备基于应用场景和编程扩展性	无

一、政策大力支持

在数字经济高速发展的背景下,数字货币是未来最关键的金融基础设施之一,从中央到地方都在积极推进。

从国家层面来看,促进数字人民币的政策不断出现。2021 年 3 月 13 日,《中华人民共和国国民经济和社会发展第十四个五年规划和 2035 年远景目标纲要》正式发布,其中便提到要积极参与数据安全、数字货币、数字税等国际规则和数字技术标准制定,稳妥推进数字货币的研发。2022 年 1 月 6 日,国务院办公厅印发《要素市场化配置综合改革试点总体方案》,提出增加有效金融服务供给,支持在零售交易、生活缴费、政务服务等场景试点使用数字人民币。这为数字人民币的推广使用指明了方向。2022 年 3 月的全国两会中,民建中央提交《关于完善数字人民币体系的提案》,提出开发数字人民币跨渠道支付、设计数字人民币金融产品等建议,显示出对数字人民币的高度重视。

在国家政策导向的支持下,包括成都、海南、福州、深圳、雄安、北京、上海、广州在内的多地发布相关政策文件,为数字货币带来发展机遇,并制定相应的发展规划(见表 14 - 2)。

表 14 - 2　各地数字人民币政策及解读

省市	日期	政　策　名	重点内容解读
北京	2022-03-1	《打造"双枢纽"国际消费桥头堡实施方案（2021—2025 年)》	积极拓展数字人民币应用，鼓励跨境电商企业应用新技术创新商业模式，提供优质的国际化消费体验。同时，总结北京冬奥会支付服务环境建设经验，深化数字人民币试点，逐步提升国际旅客支付便利度
	2020-06-30	《北京市区块链创新发展行动计划（2020—2022 年)》	到 2022 年，把北京初步建设成为具有影响力的区块链科技创新高地、应用示范高地、产业发展高地、创新人才高地，率先形成区块链赋能经济社会发展的"北京方案"，建立区块链科技创新与产业发展融合互动的新体系
上海	2022-02-12	《上海市"便捷就医服务"数字化转型 2.0 工作方案》	增设数字人民币支付渠道。依托"一网通办"平台支撑，以"随申办"移动端为服务渠道，以数字人民币为场景拓展应用，丰富就医支付方式，积极响应国家稳妥推进数字货币研发的政策，助力上海建成全国首个覆盖数字货币的医疗支付统一平台
	2021-10-25	《上海市全面推进城市数字化转型"十四五"规划》	以数字化推动金融业效率提升，增强机构服务能级、提升金融服务的便利性和普惠性。开展数字人民币试点，拓展线下和线上支付、交通出行、政务和民生等场景应用
	2021-04-19	《关于加快建设上海国际消费中心城市 持续促进消费扩容提质的若干措施》	全国推进商业数字化转型，开展数字人民币应用试点
浙江	2021-03-15	《浙江省金融业发展"十四五"规划》	将深化移动支付之省建设，包括争取数字人民币应用试点，鼓励和引导浙江省相关企业参与数字人民币生态系统建设和延伸产业的研究开发
	2021-02-18	《中国（浙江)自由贸易试验区深化改革开放实施方案》	争取国家数字货币试点，允许境外个人和企业在浙江自贸试验区内定额兑换、流通使用数字货币，探索将数字货币应用于大宗商品期货交易中

二、企业积极跟进

在数字人民币的研究和试点过程中，企业也积极跟进，开展有关数字人民币的应用和相关业务，目前国内数字人民币行业的上市公司主要有新国都（300130）、拉卡拉（300773）、新大陆（000997）、恒生电子、四方精创等；与此同时，在"技术和场景"领域的企业包括恒生电子（600570）、赢时胜（300377）、高伟达（300465）、海立美达（002537）、金证股份（600446）；在"加解密"领域的企业包括飞天诚信（300386）和卫士通（002268）。这些企业数字人民币相关业务的开展为其发展提供了广阔的发展空间。

首先，数字人民币为企业发展提供广阔投资机会。涉及数字人民币的产业链包含多方厂商，它们拥有较大的投资机会，具体包括与银行相关的系统改造厂商、金融机具企业、聚合支付厂商、加密算法提供商以及应用场景相关企业。例如，作为国内最大的金融智能自助设备供应商和服务商，广电运通（002152）在冬奥场景的建设中参与了机场、海关等冬奥会多个馆外场景下的数字人民币智慧柜员机应用项目等；新国都（300130）成立的数字人民币研究小组围绕着数字人民币在线下商户支付场景的应用和产品积极投入研发资源，公司研发的智能终端设备在未来数字人民币进一步推广之后可以支持受理数字人民币业务。

其次，数字人民币的使用不仅能提高集团公司内部的资金使用效率，而且能够帮助企业进行快速、方便地跨境支付。数字货币使用的便利性和低成本对企业有强大的吸引力，预示着数字人民币有良好的发展前景。

三、用户期待高

除了企业的积极性很高之外，作为另一使用主体的个人对数字人民币也有较高期待。2022 年 iiMedia Research（艾媒咨询）关于中国数字人民币用户调研的数据显示，有 42.0％的受访者会将 11％～30％的纸质货币转换成数字货币；超过七成用户期待使用数字人民币（如图 14－6 所示）。

图 14－6　用户对数字人民币的期望

四、应用场景不断扩大

　　数字人民币试点的持续推进，不仅在宏观层面上有其应用场景（如银行开设数字钱包），而且在微观领域中显现了其未来的使用场景，涉及餐饮服务业、购物消费环节、生活缴费和交通出行以及政务服务等日常生活领域，这可从《数字经济全景白皮书》中的数字人民币篇的分析中看到（见图14－7）。

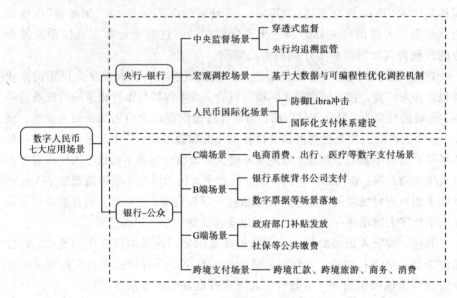

图 14－7　数字人民币的高频使用场景

　　从图14－7中可以看到，数字人民币的七大高频应用场景包括：中央监督场景、宏观调控场景、人民币国际化场景、C端场景、B端场景、G端场景和跨境支付场景。可以预见，未来数字人民币的应用范围将越来越大，这对于提高数字人民币的使用效率、促进人民币国际化进程有积极意义。

　　由此可见，在政策的大力支持、企业的积极跟进、用户期待高以及应用场景大的未来发展环境中，数字人民币将有广阔的发展前景。

本 章 小 结

　　作为一种新生事物，数字货币是科技创新的成果，虽然它自身具有众多优势，有良好的发展前景，但其推广和应用也受到国际环境、技术、文化等多方面因素的制约。因此，本章从政治、经济和文化方面分析了数字货币发展的环境，对影响数字货币发展趋势的虚拟供应链和数字科技两方面因素进行了探讨，并从法律、国际金融环境和技术方面讨论了数字货币的未来发展可能面临的挑战以及数字人民币的发展前景。

本 章 思 考 题

1. 数字货币发展的环境支持有哪些？
2. 虚拟供应链的特点是什么？
3. 数字科技的发展趋势是什么？
4. 如何理解数字科技与数字货币之间的关系？
5. 从货币三大职能角度出发，数字货币的演进趋势是什么？
6. 数字货币的发展面临哪些挑战？

附　　录

附录1　《关于个人通过网络买卖虚拟货币取得收入征收个人所得税问题的批复》

《关于个人通过网络买卖虚拟货币取得收入征收个人所得税问题的批复》

国税函〔2008〕818号

北京市地方税务局：

你局《关于个人通过网络销售虚拟货币取得收入计征个人所得税问题的请示》（京地税个〔2008〕114号）收悉。现批复如下：

一、个人通过网络收购玩家的虚拟货币，加价后向他人出售取得的收入，属于个人所得税应税所得，应按照"财产转让所得"项目计算缴纳个人所得税。

二、个人销售虚拟货币的财产原值为其收购网络虚拟货币所支付的价款和相关税费。

三、对于个人不能提供有关财产原值凭证的，由主管税务机关核定其财产原值。

国家税务总局
二〇〇八年九月二十八日

附录2　《中国人民银行等7部门关于防范代币发行融资风险的公告》

《中国人民银行等7部门关于防范代币发行融资风险的公告》
（2017年9月4日）

中国人民银行、中央网信办、工业和信息化部、工商总局、银监会、证监会、保监会，关于防范代币发行融资风险的公告。

近期，国内通过发行代币形式包括首次代币发行（ICO）进行融资的活动大量涌现，投机炒作盛行，涉嫌从事非法金融活动，严重扰乱了经济金融秩序。为贯彻落实全国金融工作会议精神，保护投资者合法权益，防范化解金融风险。

依据《中华人民共和国人民银行法》《中华人民共和国商业银行法》《中华人民共和国证券法》《中华人民共和国网络安全法》《中华人民共和国电信条例》《非法金融机构和非法金融业务活动取缔办法》等法律法规，现将有关事项公告如下：

一、准确认识代币发行融资的本质属性

代币发行融资是指融资主体通过代币的违规发售、流通，向投资者筹集比特币、以太币等所谓"虚拟货币"，本质上是一种未经批准非法公开融资的行为，涉嫌非法发售代币票券、非法发行证券以及非法集资、金融诈骗、传销等违法犯罪活动。

有关部门将密切监测有关动态，加强与司法部门和地方政府的工作协同，按照现行工作机制，严格执法，坚决治理市场乱象。发现涉嫌犯罪问题，将移送司法机关。

代币发行融资中使用的代币或"虚拟货币"不由货币当局发行，不具有法偿性与强制性等货币属性，不具有与货币等同的法律地位，不能也不应作为货币在市场上流通使用。

二、任何组织和个人不得非法从事代币发行融资活动

本公告发布之日起，各类代币发行融资活动应当立即停止。已完成代币发行融资的组织和个人应当做出清退等安排，合理保护投资者权益，妥善处置风险。有关部门将依法严肃查处拒不停止的代币发行融资活动以及已完成的代币发行融资项目中的违法违规行为。

三、加强代币融资交易平台的管理

本公告发布之日起，任何所谓的代币融资交易平台不得从事法定货币与代币、"虚拟货币"相互之间的兑换业务，不得买卖或作为中央对手方买卖代币或"虚拟货币"，不得为代币或"虚拟货币"提供定价、信息中介等服务。

对于存在违法违规问题的代币融资交易平台，金融管理部门将提请电信主管部门依法关闭其网站平台及移动APP，提请网信部门对移动APP在应用商店做下架处置，并提请工商管理部门依法吊销其营业执照。

四、各金融机构和非银行支付机构不得开展与代币发行融资交易相关的业务

各金融机构和非银行支付机构不得直接或间接为代币发行融资和"虚拟货币"提供账户开立、登记、交易、清算、结算等产品或服务，不得承保与代币和"虚拟货币"相关的保险业务或将代币和"虚拟货币"纳入保险责任范围。金融机构和非银行支付机构发现代币发行融资交易违法违规线索的，应当及时向有关部门报告。

五、社会公众应当高度警惕代币发行融资与交易的风险隐患

代币发行融资与交易存在多重风险，包括虚假资产风险、经营失败风险、投资炒作风险等，投资者须自行承担投资风险，希望广大投资者谨防上当受骗。

对各类使用"币"的名称开展的非法金融活动，社会公众应当强化风险防范意识和识别能力，及时举报相关违法违规行为。

六、充分发挥行业组织的自律作用

各类金融行业组织应当做好政策解读，督促会员单位自觉抵制与代币发行融资交易及"虚拟货币"相关的非法金融活动，远离市场乱象，加强投资者教育，共同维护正常的金融秩序。

附录3　《中国互联网金融协会、中国银行业协会、中国支付清算协会关于防范虚拟货币炒作风险的公告》

《中国互联网金融、中国银行业协会、中国支付清算协会关于防范虚拟货币炒作风险的公告》

近期，虚拟货币价格暴涨暴跌，虚拟货币交易炒作活动有所反弹，严重侵害人民群众财产安全，扰乱经济金融正常秩序。为进一步贯彻落实中国人民银行等部门发布的《关于防范比特币风险的通知》《关于防范代币发行融资风险的公告》等要求，防范虚拟货币交易炒作风险，中国互联网金融协会、中国银行业协会、中国支付清算协会联合就有关事项公告如下：

一、正确认识虚拟货币及相关业务活动的本质属性

虚拟货币是一种特定的虚拟商品，不由货币当局发行，不具有法偿性与强制性等货币属性，不是真正的货币，不应且不能作为货币在市场上流通使用。

开展法定货币与虚拟货币兑换及虚拟货币之间的兑换业务、作为中央对手方买卖虚拟货币、为虚拟货币交易提供信息中介和定价服务、代币发行融资以及虚拟货币衍生品交易等相关交易活动，违反有关法律法规，并涉嫌非法集资、非法发行证券、非法发售代币票券等犯罪活动。

二、有关机构不得开展与虚拟货币相关的业务

金融机构、支付机构等会员单位要切实增强社会责任，不得用虚拟货币为产品和服务定价，不得承保与虚拟货币相关的保险业务或将虚拟货币纳入保险责任范围，不得直接或间接为客户提供其他与虚拟货币相关的服务，包括但不限于：为客户提供虚拟货币登记、交易、清算、结算等服务；接受虚拟货币或将虚拟货币作为支付结算工具；开展虚拟货币与人民币及外币的兑换服务；开展虚拟货币的储存、托管、抵押等业务；发行与虚拟货币相关的金融产品；将虚拟货币作为信托、基金等投资的投资标的等。

金融机构、支付机构等会员单位应切实加强虚拟货币交易资金监测，依托行业自律机制，强化风险信息共享，提高行业风险联防联控水平；发现违法违规线索的，要及时按程序采取限制、暂停或终止相关交易、服务等措施，并向有关部门报告；同时积极运用多渠道、多元化的触达手段，加强客户宣传和警示教育，主动做好涉虚拟货币风险提示。

互联网平台企业会员单位不得为虚拟货币相关业务活动提供网络经营场所、商业展示、营销宣传、付费导流等服务，发现相关问题线索应及时向有关部门报告，并为相关调查、侦查工作提供技术支持和协助。

三、消费者要提高风险防范意识，谨防财产和权益损失

虚拟货币无真实价值支撑，价格极易被操纵，相关投机交易活动存在虚假资产风险、经营失败风险、投资炒作风险等多重风险。从我国现有司法实践来看，虚拟货币交易合同不受法律保护，投资交易造成的后果和引发的损失由相关方自行承担。

广大消费者要增强风险意识，树立正确的投资理念，不参与虚拟货币交易炒作活动，谨防个人财产及权益受损。要珍惜个人银行账户，不用于虚拟货币账户充值和提现、购买和销售相关交易充值码以及划转相关交易资金等活动，防止违法使用和个人信息泄露。

四、加强对会员单位的自律管理

各会员单位要严格落实国家有关监管要求，恪守行业自律承诺，坚决不开展、不参与任何与虚拟货币相关的业务活动。三家协会将加强对会员单位的自律监督，发现违反有关监管规定和行业自律管理要求的，将依照相关自律规范对其采取业内通报、暂停会员权利、取消会员资格等处分措施，并向金融管理部门报告，涉嫌违法犯罪的，将有关线索移送公安机关。

中国互联网金融协会
中国银行业协会
中国支付清算协会
2021 年 5 月 18 日

附录4　《关于进一步防范和处置虚拟货币交易炒作风险的通知》

《关于进一步防范和处置虚拟货币交易炒作风险的通知》

各省、自治区、直辖市人民政府，新疆生产建设兵团：

近期，虚拟货币交易炒作活动抬头，扰乱经济金融秩序，滋生赌博、非法集资、诈骗、传销、洗钱等违法犯罪活动，严重危害人民群众财产安全。为进一步防范和处置虚拟货币交易炒作风险，切实维护国家安全和社会稳定，依据《中华人民共和国中国人民银行法》《中华人民共和国商业银行法》《中华人民共和国证券法》《中华人民共和国网络安全法》《中华人民共和国电信条例》《防范和处置非法集资条例》《期货交易管理条例》《国务院关于清理整顿各类地方交易场所切实防范金融风险的决定》《国务院办公厅关于清理整顿各类交易场所的实施意见》等规定，现就有关事项通知如下：

一、明确虚拟货币和相关业务活动本质属性

（一）虚拟货币不具有与法定货币等同的法律地位。比特币、以太币、泰达币等虚拟货币具有非货币当局发行、使用加密技术及分布式账户或类似技术、以数字化形式存在等主要特点，不具有法偿性，不应且不能作为货币在市场上流通使用。

（二）虚拟货币相关业务活动属于非法金融活动。开展法定货币与虚拟货币兑换业务、虚拟货币之间的兑换业务、作为中央对手方买卖虚拟货币、为虚拟货币交易提供信息中介和定价服务、代币发行融资以及虚拟货币衍生品交易等虚拟货币相关业务活动涉嫌非法发售代币票券、擅自公开发行证券、非法经营期货业务、非法集资等非法金融活动，一律严格禁止，坚决依法取缔。对于开展相关非法金融活动构成犯罪的，依法追究刑事责任。

（三）境外虚拟货币交易所通过互联网向我国境内居民提供服务同样属于非法金融活动。对于相关境外虚拟货币交易所的境内工作人员，以及明知或应知其从事虚拟货币相关业务，仍为其提供营销宣传、支付结算、技术支持等服务的法人、非法人组织和自然人，依法追究有关责任。

（四）参与虚拟货币投资交易活动存在法律风险。任何法人、非法人组织和自然人投资虚拟货币及相关衍生品，违背公序良俗的，相关民事法律行为无效，由此引发的损失由其自行承担；涉嫌破坏金融秩序、危害金融安全的，由相关部门依法查处。

二、建立健全应对虚拟货币交易炒作风险的工作机制

（五）部门协同联动。人民银行会同中央网信办、最高人民法院、最高人民检察院、工业和信息化部、公安部、市场监管总局、银保监会、证监会、外汇局等部门建立工作协调机制，协同解决工作中的重大问题，督促指导各地区按统一部署开展工作。

（六）强化属地落实。各省级人民政府对本行政区域内防范和处置虚拟货币交易炒作相关风险负总责，由地方金融监管部门牵头，国务院金融管理部门分支机构以及网信、电信主管、公安、市场监管等部门参加，建立常态化工作机制，统筹调动资源，积极预防、妥善处理虚拟货币交易炒作有关问题，维护经济金融秩序和社会和谐稳定。

三、加强虚拟货币交易炒作风险监测预警

（七）全方位监测预警。各省级人民政府充分发挥地方监测预警机制作用，线上监测和线下排查相结合，提高识别发现虚拟货币交易炒作活动的精度和效率。人民银行、中央网信办等部门持续完善加密资产监测技术手段，实现虚拟货币"挖矿"、交易、兑换的全链条跟踪和全时信息备份。金融管理部门指导金融机构和非银行支付机构加强对涉虚拟货币交易资金的监测工作。

（八）建立信息共享和快速反应机制。在各省级人民政府领导下，地方金融监管部门会同国务院金融管理部门分支机构、网信部门、公安机关等加强线上监控、线下摸排、资金监测的有效衔接，建立虚拟货币交易炒作信息共享和交叉验证机制，以及预警信息传递、核查、处置快速反应机制。

四、构建多维度、多层次的风险防范和处置体系

（九）金融机构和非银行支付机构不得为虚拟货币相关业务活动提供服务。金融机构和非银行支付机构不得为虚拟货币相关业务活动提供账户开立、资金划转和清算结算等服务，不得将虚拟货币纳入抵质押品范围，不得开展与虚拟货币相关的保险业务或将虚拟货币纳入保险责任范围，发现违法违规问题线索应及时向有关部门报告。

（十）加强对虚拟货币相关的互联网信息内容和接入管理。互联网企业不得为虚拟货币相关业务活动提供网络经营场所、商业展示、营销宣传、付费导流等服务，发现违法违规问题线索应及时向有关部门报告，并为相关调查、侦查工作提供技术支持和协助。网信和电信主管部门根据金融管理部门移送的问题线索及时依法关闭开展虚拟货币相关业务活动的网站、移动应用程序、小程序等互联网应用。

（十一）加强对虚拟货币相关的市场主体登记和广告管理。市场监管部门

加强市场主体登记管理，企业、个体工商户注册名称和经营范围中不得含有"虚拟货币""虚拟资产""加密货币""加密资产"等字样或内容。市场监管部门会同金融管理部门依法加强对涉虚拟货币相关广告的监管，及时查处相关违法广告。

（十二）严厉打击虚拟货币相关非法金融活动。发现虚拟货币相关非法金融活动问题线索后，地方金融监管部门会同国务院金融管理部门分支机构等相关部门依法及时调查认定、妥善处置，并严肃追究有关法人、非法人组织和自然人的法律责任，涉及犯罪的，移送司法机关依法查处。

（十三）严厉打击涉虚拟货币犯罪活动。公安部部署全国公安机关继续深入开展"打击洗钱犯罪专项行动""打击跨境赌博专项行动""断卡行动"，依法严厉打击虚拟货币相关业务活动中的非法经营、金融诈骗等犯罪活动，利用虚拟货币实施的洗钱、赌博等犯罪活动和以虚拟货币为噱头的非法集资、传销等犯罪活动。

（十四）加强行业自律管理。中国互联网金融协会、中国支付清算协会、中国银行业协会加强会员管理和政策宣传，倡导和督促会员单位抵制虚拟货币相关非法金融活动，对违反监管政策和行业自律规则的会员单位，依照有关自律管理规定予以惩戒。依托各类行业基础设施开展虚拟货币交易炒作风险监测，及时向有关部门移送问题线索。

五、强化组织实施

（十五）加强组织领导和统筹协调。各部门、各地区要高度重视应对虚拟货币交易炒作风险工作，加强组织领导，明确工作责任，形成中央统筹、属地实施、条块结合、共同负责的长效工作机制，保持高压态势，动态监测风险，采取有力措施，防范化解风险，依法保护人民群众财产安全，全力维护经济金融秩序和社会稳定。

（十六）加强政策解读和宣传教育。各部门、各地区及行业协会要充分运用各类媒体等传播渠道，通过法律政策解读、典型案例剖析、投资风险教育等方式，向社会公众宣传虚拟货币炒作等相关业务活动的违法性、危害性及其表现形式等，增强社会公众风险防范意识。

中国人民银行　中央网信办　最高人民法院

最高人民检察院　工业和信息化部　公安部

市场监管总局　银保监会

证监会　外汇局

2021 年 9 月 15 日

附录5 《国家发展改革委等部门关于整治虚拟货币"挖矿"活动的通知》

《国家发展改革委等部门关于整治虚拟货币"挖矿"活动的通知》
发改运行〔2021〕1283号

各省、自治区、直辖市人民政府，新疆生产建设兵团：

为有效防范处置虚拟货币"挖矿"活动盲目无序发展带来的风险隐患，深入推进节能减排，助力如期实现碳达峰、碳中和目标，现就整治虚拟货币"挖矿"活动有关事项通知如下：

一、充分认识整治虚拟货币"挖矿"活动的重要意义

虚拟货币"挖矿"活动指通过专用"矿机"计算生产虚拟货币的过程，能源消耗和碳排放量大，对国民经济贡献度低，对产业发展、科技进步等带动作用有限，加之虚拟货币生产、交易环节衍生的风险越发突出，其盲目无序发展对推动经济社会高质量发展和节能减排带来不利影响。整治虚拟货币"挖矿"活动对促进我国产业结构优化、推动节能减排、如期实现碳达峰、碳中和目标具有重要意义。各地区、各部门和有关企业要高度重视，充分认识整治虚拟货币"挖矿"活动的必要性和重要性，切实把整治虚拟货币"挖矿"活动作为促进经济社会高质量发展的一项重要任务，进一步增强责任感和紧迫感，抓住关键环节，采取有效措施，全面整治虚拟货币"挖矿"活动，确保取得实际成效。

二、总体要求

（一）指导思想。以习近平新时代中国特色社会主义思想为指导，全面贯彻党的十九大和十九届二中、三中、四中、五中全会精神，深入贯彻习近平生态文明思想，坚定不移贯彻新发展理念，按照"严密监测、严防风险、严禁增量、妥处存量"的总体思路，充分发挥各地区、各部门合力，加强虚拟货币"挖矿"活动上下游全产业链监管，严禁新增虚拟货币"挖矿"项目，加快存量项目有序退出，促进产业结构优化和助力碳达峰、碳中和目标如期实现。

（二）基本原则。

坚持分级负责。建立中央统筹、省负总责、市县落实的工作机制。中央统筹全国虚拟货币"挖矿"活动整治整体推进工作；省级政府对本区域范围的整治工作负总责，并压实市县政府落实责任，按照中央统一安排明确具体实施方案；市县政府按照中央部署和省级政府实施方案要求，细化落实举措，保证落实到位。

坚持分类处理。区分虚拟货币"挖矿"增量和存量项目。严禁投资建设增量项目，禁止以任何名义发展虚拟货币"挖矿"项目；加快有序退出存量项目，在保证平稳过渡的前提下，结合各地实际情况科学确定退出时间表和实施路径。

坚持依法依规。运用法治思维和法治方式全面推进虚拟货币"挖矿"活动整治工作，严格执行有关法律法规和规章制度，严肃查处整治各地违规虚拟货币"挖矿"活动。

坚持积极稳妥。在整治虚拟货币"挖矿"活动推进过程中，要积极作为、稳妥推进，既实现加快退出，又妥善化解矛盾纠纷，确保社会稳定。

三、全面梳理排查虚拟货币"挖矿"项目

（三）梳理排查存量项目。全面摸排本地已投产运行的虚拟货币"挖矿"项目，建立项目清单，对在运的虚拟货币"挖矿"项目逐一梳理所属企业、规模、算力、耗电量等基础数据，每周实时动态更新。对大数据产业园、高技术园区内是否存在虚拟货币"挖矿"活动进行全面排查，精准区分数据中心与虚拟货币"矿场"，保证本地虚拟货币"挖矿"排查工作不留空白。

（四）梳理排查在建新增项目。在虚拟货币"挖矿"项目前期工作各个环节中加大排查力度，对正在建设或准备建设的虚拟货币"挖矿"项目建立清单，逐一梳理所属企业、规模、算力、耗电量、计划投产时间等基础信息。在节能审查、用电报装申请等环节加大甄别力度，保证梳理排查数据真实全面。

（五）加强异常用电监测分析。进一步开展并网发电数据、异常用电数据分析，运用技术手段监测监控，加强数据中心用电大户现场检查。加大对除来水、调度等系统原因以外的并网电厂降负荷数据监控力度，防止公用并网电厂拉专线直供虚拟货币"挖矿"企业。对发现的非法供电行为，及时向有关监管部门报告。

四、严禁新增项目投资建设

（六）强化新增虚拟货币"挖矿"项目能耗双控约束。将严禁新增虚拟货币"挖矿"项目纳入能耗双控考核体系，严格落实地方政府能耗管控责任，对发现并查实新增虚拟货币"挖矿"项目的地区，在能耗双控考核中，按新增项目能耗量加倍计算能源消费量。

（七）将虚拟货币"挖矿"活动列为淘汰类产业。将"虚拟货币'挖矿'活动"增补列入《产业结构调整指导目录（2019年本）》"淘汰类"。在增补列入前，将虚拟货币"挖矿"项目视同淘汰类产业处理，按照《国务院关于发布实施的决定》（国发〔2005〕40号）有关规定禁止投资。

（八）严禁以数据中心名义开展虚拟货币"挖矿"活动。强化虚拟货币"挖矿"活动监管调查，明确区分"挖矿"与区块链、大数据、云计算等产业界限，引导相关企业发展资源消耗低、附加价值高的高技术产业，严禁利用数据中心开展虚拟货币"挖矿"活动，禁止以发展数字经济、战略性新兴产业等名义宣传、扩大虚拟货币"挖矿"项目。

（九）加强数据中心类企业信用监管。对数据中心类企业开展信用监管，实施信用承诺制，组织签署信用承诺书，自主承诺不参与虚拟货币"挖矿"活动。依托各级信用信息共享平台将企业承诺内容以及承诺履行情况纳入信用记录，作为事中事后监管依据。对不履行承诺的企业依法实施限制。

（十）严格限制虚拟货币"挖矿"企业用电报装和用能。禁止新增虚拟货币"挖矿"项目报装接电，严格用电报装业务审核，不得以任何名义向虚拟货币"挖矿"企业供电，在办申请的报装项目一律停止办理。严格落实电力业务许可制度，严禁以网前供电、拉专线等方式对新建虚拟货币"挖矿"项目的企业供电。加强用电报装业务监管，通过"双随机、一公开"等方式开展抽查核实。

（十一）严禁对新建虚拟货币"挖矿"项目提供财税金融支持。严禁地方政府、金融机构和非银行支付机构等以财税、金融等任何形式支持新建虚拟货币"挖矿"项目。对政府主导的产业园区，不允许引入新的虚拟货币"挖矿"项目。

五、加快存量项目有序退出

（十二）依法查处违法违规供电行为。加大行政执法工作力度，坚决杜绝发电企业特别是小水电企业向虚拟货币"挖矿"项目网前供电、专线直供电等行为。严禁虚拟货币"挖矿"企业以任何形式发展自备电厂供电。畅通12398能源监管投诉举报热线等各类渠道，严肃查处违法违规供电行为，并依法依规给予行政处罚。对已查实非法用电的虚拟货币"挖矿"企业依法采取停限电措施。

（十三）实行差别电价。将虚拟货币"挖矿"项目纳入差别电价政策实施范围，执行"淘汰类"企业电价，加价标准为每千瓦时0.30元，地方可根据实际情况进一步提高加价标准。及时更新虚拟货币"挖矿"项目名单，加强监督检查，确保差别电价政策严格执行到位，对虚拟货币"挖矿"企业及时足额收取加价电费。

（十四）不允许虚拟货币"挖矿"项目参与电力市场。加强电力市场秩序监管力度，对参与电力市场的企业用户加强甄别，不允许虚拟货币"挖矿"项目以任何名义参与电力市场，不允许虚拟货币"挖矿"项目以任何方式享受电力市场让利。已进入电力市场的虚拟货币"挖矿"项目需限期退出。

（十五）停止对虚拟货币"挖矿"项目的一切财税支持。对地方政府已经给予税费、房租、水电费等优惠政策的存量项目，要限期予以停止和取消。对虚拟货币"挖矿"项目及其所在园区，不允许地方政府给予财政补贴和税收优惠政策。

（十六）停止对虚拟货币"挖矿"项目提供金融服务。禁止各金融机构、非银行支付机构直接或间接为虚拟货币"挖矿"企业和项目提供金融服务和各种形式的授信支持，并采取措施收回已发放的贷款。严厉打击各类以虚拟货币"挖矿"名义开展的非法集资和非法发行证券活动。

（十七）按照《产业结构调整指导目录》规定限期淘汰。按照《产业结构调整指导目录》有关规定，采取有力措施对存量虚拟货币"挖矿"项目即行有序整改淘汰。对不按期淘汰的企业，要依据国家有关法律法规责令其停产或予以关闭。对违反规定者，依法追究相关责任。

六、保障措施

（十八）明确责任分工。发展改革部门会同金融、能源、工信、网信、财政、税务、市场监管等部门统筹推进对"挖矿"活动的整治工作。各地区要建立相应的协调推进机制，细化措施，确保任务落实到位。各地区、各有关部门要加强工作协同和信息共享，按照"中央统筹、省负总责、市县落实"的原则，切实推动虚拟货币"挖矿"活动整治工作。

（十九）形成监管合力。金融管理部门、网信部门加强对相关主体的监测分析和穿透式监管，对虚拟加密资产大数据监测平台等识别出的矿场定位到IP地址、具体企业和物理住所，并加强与相关监管部门的信息共享交流和数据交叉验证，形成全链条治理合力。能源监管机构要加大力度对违规供电项目和存在电力安全隐患项目进行查处，并对违反规定参与电力市场交易的行为进行监管。各地有关部门要建立联合工作机制，对虚拟货币"挖矿"和交易环节进行全链条治理。各地要建立完善举报平台，畅通全社会对虚拟货币"挖矿"项目的监督渠道。

（二十）强化督促落实。各地区要明确时间表、路线图，建立工作台账，强化工作落实，及时跟踪分析涉及本地区的相关政策措施实施进展及成效，确保各项工作措施做实做细、落实到位。国家相关部门要适时组织第三方机构对各地虚拟货币"挖矿"项目清理退出情况开展评估，并建立信息通报机制，及时通报各地工作进展。

国家发展改革委　中央宣传部　中央网信办
工业和信息化部　公安部　财政部　人民银行
税务总局　市场监管总局　银保监会
国家能源局
2021 年 9 月 3 日

参 考 文 献

蔡磊，2021. 区块链技术支持的公共体育服务应用场景[J]. 体育学刊，28
(1)：73-78.

蔡则祥，2008. 网络虚拟货币的本质及其风险管理[J]. 管理世界(2)：
174-175.

查理斯·普罗克特，2015. 曼恩论货币法律问题[M]. 北京：法律出版社：
14-22.

褚俊虹，党建中，陈金贤，等，2002，普适性信任及交易成本递减规律：从
交易货币化看货币的信用本质[J]. 金融研究(3)：32-38.

戴方芳，樊晓贺，崔枭飞，等，2018. 区块链典型应用架构安全风险和 应
对分析[J]. 信息通信技术，12(6)：56-61.

戴金平，黎艳，2016. 货币会消亡吗？兼论数字货币的未来[J]. 南井学报
(哲学社会科学版)(04)：16-24，141-149.

董昀，2016. 支付经济学：起源、发展脉络与前沿动态[J]. 金融评论(04)：
110-123.

范方志，2016. 影子货币及其影响货币政策传导的理论探讨[J]. 中央财经
大学学报(11)：39-46.

范一飞，2016. 中国法定数字货币的理论依据和架构选择[J]. 中国金融
(17)：10-12.

封思贤，杨靖，2020. 法定数字货币运行的国际实践及启示[J]. 改革(5)：
68-79.

傅晓骏，王瑞，2018. 加密资产概念、现状及各国(地区)监管实践[J]. 金
融会计(05)：45-53.

高洪民，李刚，2020. 金融科技、数字货币与全球金融体系重构[J]. 学术
论坛(2)：102-108.

宫晓林，2013. 互联网金融模式对传统银行业的影响[J]. 南方金融(5)：
86-88.

郭笑春，胡毅，2020. 数字货币时代的商业模式讨论：基于双案例的比较
研究[J]. 管理评论，32(1)：324-336.

哈耶克，2007. 货币的非国家化[M]. 姚仲秋，译. 北京：新星出版社：
49-54.

郝毅，2019.法定数字货币发展的国别经验及我国商业银行应对之策[J].国际金融(2)：73-80.

何天炀，2020.比特币价值几何[J].时代金融(4)：77-79.

贺海武，延安，陈泽华，2018.基于区块链的智能合约技术与应用综述[J].计算机研究与发展，55(11)：2452-2466.

黄海洲，2016.全球货币体系第三次寻锚[J].国际经济评论，(04)：4，9-33.

贾丽平，2013.比特币的理论、实践与影响[J].国际金融研究(12)：14-24.

景欣，2021.法定数字货币的支付场景前瞻及对策建议[J].经济体制改革(3)：161-166.

卡尔·马克思，2009.资本论(第一卷)[M].郭大力，王亚南，译.上海：三联书店.

柯达，2019.论我国法定数字货币的法律属性[J].科技与法律(4)：57-65.

李翀，2003.虚拟货币的发展与货币理论和政策的重构[J].世界经济(8)：75-79.

李芳，李卓然，赵赫，等，2019.区块链跨链技术进展研究[J].软件学报，30(6)：1649-1660.

李建军，朱烨辰，2017.数字货币理论与实践研究进展[J].经济学动态(10)：115-127.

李姣宇，2012.虚拟供应链运作机制研究：以新媒体行业为例[J].广播电视大学学报(哲学社会科学版)(04)：3-9，19.

李敏，2020.融资领域区块链数字资产属性争议及监管：美国经验与启示[J].现代法学，42(2)：133-144.

刘勤，钱淑萍，1991.电子货币：未来货币发展的必然趋势[J].当代财经(7)：20-22.

刘少军，2018.法定数字货币的法理与权义分配研究[J].中国政法大学学报(3).

刘向民，2016.央行发行数字货币的法律问题[J].中国金融(17)：17-19.

陆磊，杨骏，2016.流动性、一般均衡与金融稳定的"不可能三角"[J].金融研究(1)：1-13.

陆丽娜，尹丽红，于啸，等.2022.基于区块链的农业科学数据管理场景模型构建研究[J/OL].情报科学，(6).

马克思，恩格斯，1958.马克思恩格斯全集(第四卷)[M].北京：人民出版社.

马扬,杨东,2022. 数字货币研究的全景补齐:财政应用数字货币的分析框架[J/OL]. 国际经济评论. (7).

潘宁,胥苗苗,2020. 区块链与数字货币匿名技术的演化[J]. 生产力研究(12):13-15,154.

祁明,肖林,2014. 虚拟货币:运行机制、交易体系与治理策略[J]. 中国工业经济(4):110-122.

钱再见,2021. "政务上链":应用场景、风险挑战与治理对策[J]. 人民论坛,1月上:49-52.

任锦鸾,蔡霖,2019. 基于区块链的数字资产价值开发模式研究[J]. 现代传播(2):127-131.

戎翰,2006. 盯住一篮子货币与我国的汇率机制[J]. 金融经济(4):18-20.

沙钱,姬明佳,2014. 无主货币:2014 年中国数字货币研究报告[M]. 上海:上海社会科学出版社:18-19.

上海证券交易所课题组,2021. 区块链在我国资本市场领域核心场景应用研究[J]. 证券市场导报(3):1-12.

尚文敬,2009. 网络经济背景下虚拟货币发行,流通与退出机制研究[D]. 北京:北京邮电大学.

邵奇峰,张召,朱燕超,周傲英,2019. 企业级区块链技术综述[J]. 软件学报,30(9):2571-2592.

申尊焕,龙建成,2014. 互联网金融市场的区域性及其结构分析[J]. 西安电子科技大学学报(社会科学版),24(6):40-45.

孙宝文,王智慧,赵胤钘,等,2012. 网络虚假货币研究[M]. 北京:中国民大学出版社:67-71.

谭粤飞,陈新,程宇,等,2020. 区块链技术基础教程[M]. 大连:东北财经大学出版社.

谭粤飞,2020. 区块链技术基础教程[M]. 沈阳:东北财经大学出版社.

唐彦,2008. 虚拟财产应否列入盗窃罪的犯罪对象中. 中国法院网,05-14.

王刚,冯志勇,2013. 关于比特币的风险特征、最新监管动态与政策建议[J]. 金融与经济(9):46-49,80.

王谦,戢增艳,2015. 网络货币的产生与应对策略研究[J]. 经济学家(9):86-95.

王信,任哲,2016. 虚拟货币及其监管应对[J]. 中国金融(17):22-23.

王永红，2016a. 数字货币技术实现框架[J]. 中国金融(17)：15-17.

王永利，2016b. 央行数字货币的意义[J]. 中国金融(8)：19-20.

吴洪，方引青，张莹，等，2013. 疯狂的数字化货币：比特币的性质与启示[J]. 北京邮电大学学报(社会科学版)(3)：46-50.

吴晓灵，2013. 互联网金融应分类监管区别对待[J]. IT 时代周刊(11)：14.

翔宇，陈思捷，严正，等，2021. 区块链在能源领域的价值、应用场景与适用性分析[J]. 电力系统自动化，45(5)：18-28.

谢灵心，孙启明，2011. 网络虚拟货币的本质及其监管[J]. 北京邮电大学学报(社会科学版)(1)：20-25.

谢平，邹传伟，2012. 互联网金融模式研究[J]. 金融研究(12)：11-22.

谢永江，2010. 网络虚拟货币的法律分析与监管建议[J]. 北京邮电大学学报(社会科学版)(1)：29-35.

徐忠，邹传伟，2018. 区块链能做什么、不能做什么？[J]. 金融研究(11)：1-15.

许金叶，许玉琴，2019. 区块链"数字货币"的价值之谜：基于劳动价值论的价值分析[J]. 会计之友(3)：149-153.

杨东，陈哲立，2020. 法定数字货币的定位与性质研究[J]. 社会科学文摘(10)：71-73.

杨凯生，2014. 互联网金融需要良好的监管文化和创新文化[N]. 中国证券报，01-13(A05).

杨旭，2007. 我国网络货币的发展与政策研究[J]. 财经问题研究，(10)：49-54.

姚前，2016. 中国法定数字货币原型构想[J]. 中国金融(17)：13-15.

姚前，汤莹玮，2017. 关于央行法定数字货币的若干思考[J]. 金融研究(07)：78-85.

姚前，2018a. 共识规则下的货币演化逻辑与法定数字货币的人工智能发行[J]. 金融研究(9)：37-55.

姚前，2018b. 数字货币的前世与今生[J]. 中国法律评论(06)：169-176.

姚顺，张彬，2022. 区块链技术赋能图书出版业应用场景研究[J]. 中国出版(2)：51-54.

易宪容，于伟，陈颖颖，等，2020. 区块链的基础理论问题：基于现代经济学的一般性分析[J]. 江海学刊(1)：79-87.

印文，裴平，2016. 电子货币的货币供给创造机制与规模：基于中国电子货币对流通中纸币的替代[J]. 金融研究(12)：3-12.

约翰·F. 乔恩，2002. 货币史：从 800 年说起 [M]. 北京：商务印书馆.

约翰·梅纳德·凯恩斯，1999. 就业、利息和货币通论[M]. 北京：商务印书馆.

岳意定，吴庆田，李明清，等，2010. 网络金融[M]. 南京：东南大学出版社.

曾刚，2012. 积极关注互联网金融的特点及发展：基于货币金融理论视角[J]. 银行家(11)：11-13.

曾晓梅，2022. 区块链金融：应用场景、风险及其监管[J]. 金融科技时代(4)：85-89.

曾子敬，1986. 香港银行的电子货币[J]. 广东金融(2)：36-37.

张春嘉，2008. 虚拟货币概论[M]. 成都：巴蜀书社.

张建文，2018. 如何规制数字金融资产：加密货币与智能契约：俄罗斯联邦《数字金融资产法》草案评述[J]. 上海政法学院学报(法治论丛)，33(05)：14-23.

张杰，2017. 金融分析的制度范式：制度金融学导论[M]. 北京：中国人民大学出版社.

张浩，朱佩枫，2020. 基于区块链的商业模式创新：价值主张与应用场景[J]. 科技进步与对策，37(2)：19-25.

张礼卿，吴桐，2019. 区块链在金融领域的应用：理论依据、现实困境与破解策略[J]. 改革(12)：65-75.

张亮，李楚翘，2019. 区块链经济研究进展[J]. 经济学动态(4)：112-124.

张庆麟，2003. 论货币的法律概念及其法律属性[J]. 经济法论丛(2).

张威，2019. 法定数字货币试水[J]. 财经(29)：54.

张伟，董伟，张丰麒，等，2019. 中央银行数字货币对支付、货币政策和金融稳定的影响[J]. 上海金融(1)：59-63，77.

张正鑫，赵岳，2016. 央行探索法定数字货币的国际经验[J]. 中国金融(17)：28-30.

长铗，韩锋，2016. 区块链：从数字货币到信用社会[M]. 北京：中信出版社.

赵成国，江文歆，庄雷，2020. 区块链数字货币信用创造机制研究：基于货币价值属性视角[J]. 财会月刊(9)：156-160.

郑阳，杜荣，2018. 区块链技术在数字知识资产管理中的应用[J]. 出版科学(3).

周虹，2017. 电子支付与网络银行 [M]. 3 版. 北京：中国人民大学出版社.

周宇, 2013. 互联网金融：一场划时代的金融变革[J]. 探索与争鸣(9)：67-68.

周子衡, 2017. 账户[M]. 北京：社会科学文献出版社.

朱光钰, 赵福全, 郝瀚, 等, 2021. 区块链及其在汽车领域的应用[J]. 汽车工程, 43(9)：1278-1284.

庄雷, 郭宗薇, 郭嘉仁, 等, 2019. 数字货币的发行模式与风险控制研究[J]. 武汉金融(3)：57-63.

ABADI J, BRUNNERMEIER M, 2018. Blockchin economics [W]. CEPR Discussion Paper, No. DP13420.

ADRIAN M T, GRIFFOLI M T, 2019. The rise of digital money. International Monetary Fund, July.

BOARD F S, 2018. Crypto-asset markets：Potential channels for future financial stability implications. Basel：Financial Stability Board：10.

BORLAND J, YANG X, 1992. Specialization and a New Approach to Economic Organization and Growth[J]. The American Economic Review, 82 (2)：386-391.

CATALINI C, GANS J S, 2020. Some simple economics of the blockchain[J]. Communications of the ACM, 63(7)：80-90.

CARSTENS A, 2020. Shaping the Future of Payments [R]. Bank for International Settlements：17-20.

CPMI, 2018. Central Bank Digital Currencies, March ：7-8.

DANEZIS G, MEIKLEJOHN S, 2015. Centrally banked cryptocurrencies. arXiv preprint arXiv：1505. 06895.

DAVIDSON S, D E, FILIPPI P, Potts J, 2016. Economics of blockchain. Available at SSRN 2744751.

DUARTE J, SIEGEL S, YONUNG L, 2014, Trust and credit：the role of appearance in Peer-to-Peer lending[J]. The Reviewof Financial Studies, 27 (2)：2455-2484.

Europe Central Bank, 2012. Virtual Currency Schemes[M]. ISBN：978-92-899-0862-7 (online).

FAIRFIELD J, 2005. Virtual property [J]. Boston University Law Review, 85：1047.

FATF, 2014. Virtual currencies：key definitions and potential AML/CFT risks[R]. FATF Report, June.

FATF, 2019. Guidance for a Risk-Based Approach to Virtual Assets and

Virtual Asset Service Providers，June：13.

FRIEDMAN M，1956a. The quantity theory of money：restatements [J]. In：Friedman. m. (Ed.) Studies in the Quantity Theory of Money[M]. Chicago University Press.

FRIEDMAN M，1956b. The quantity theory of money：a restatement [J]. Studies in the quantity theory of money，5：3-31.

FRIEDMAN，M，1956c. The Quantity Theory of Money：A Restatement[J]. In：Friedman，m. (ed) Studies in the Quantity Theory of Money [M]. Chicago University，Press.

FSB，2018. Crypto-asset Markets：Potential Channels for Future Financial Stability Implications，October：3.

FSB，2017a. Financial Stability Implications from FinTech，27 June：49.

FSB，2017b. Financial stability implications from fintech：Supervisory and regulatory issues that merit authorities' attention. Financial Stability Board，June：1-61.

GLASER F，2017. Pervasive decentralisation of digital infrastructures：a framework for blockchain enabled system and use case analysis.

GORDON R J，2000. Does the "new economy" measure up to the great inventions of the past? [J]. Journal of economic perspectives，14(4)：49-74.

HAYES A S，2017. Cryptocurrency value formation：An empirical study leading to a cost of production model for valuing bitcoin[J]. Telematics and informatics，34(7)：1308-1321.

HITES D，1998. The Digital Economy：Promise and Peril in the Age of Networked Intelligence[J]. Journal of Information Ethics，7(1)：88.

JOHNS W，2013. The social network and the Crowd Fund Act：Zuckerberg，Saverin and Venture Capitalists' Dilution of the Crowd[J]. J. of Ent. Tech：587-590.

JORGENSON D W，2001. Information technology and the US economy [J]. American Economic Review，91(1)：1-32.

JORGENSON S，1995a. Computers and growth[J] . Economics of Innovation and New Technology，(3)：295-316.

JORGENSON S，2000b. Raising the speed limit：US economic growth in the information age[J]. Brookings Papers on Economic Activity，31 (1)：125-236.

JUELS A，1999. Trustee tokens：Simple and practical anonymous digital coin tracing//FRANKLIN M, ed. Financial Cryptography. Lecture Notes in Computer Science 1648. Berlin, Germany: Springer: 29-45.

LWAMURA M, KITAMURA Y, MATSUMOTO T, 2014a. Is Bitcoin the Only Cryptocurrency in the Town? Economics of Cryptocurrency and Friedrich A. Hayek. Discussion Paper Series 602, Institute of Economic Research, Hitotsubashi University.

LWAMURA M, KITAMURA Y, MATSUMOTO T, 2014b. Is bitcoin the only cryptocurrency in the town? economics of cryptocurrency and friedrich a. hayek. Economics of Cryptocurrency And Friedrich A. Hayek (February 28).

MARTIN K, JOHN Z, 2016. The Rise of Platform Economy[J]. Issues in Science and Technology, 32(3): 61-69.

MEEHAN M, 2006. Virtual Property: Protecting Bits in Context[J]. Bichmond Journal of Law and Technology, 13: 7-48.

MERTON R A, 1995. Functional perspective of financial Internationale [J]. Financial Management, 24(2): 23-41.

NAKAMOTO S, 2008. A Peer-to-Peer electronic cash system [R]. Consulted.

OLINER S D, SICHEL D E, TRIPLETT J E, 1994. Computers and output growth revisited: how big is the puzzle? [J]. Brookings Papers on Economic Activity, 1994(2): 273-334.

ORRELL, D, CHLUPALY R, 2016. The Evolution of Money [M]. Columbia University Press . Perspectives, 2000, 14(4): 49-74.

REPKINE A, 2008a. ICT penetration and aggregate production efficiency: empirical evidence for a cross section of fifty countries[J]. Journal of Applied Economic Sciences, (3): 65-72.

REPKINE A, 2008b. ICT Penetration and Aggregate Production Efficiency: Empirical Evidence for a Cross-Section of Fifty Countries. Available at SSRN 1112542.

RISIUS M, SPOHRER K, 2017. A blockchain research framework[J]. Business & Information Systems Engineering, 59(6): 385-409.

ROACH S S, 1991. Services under siege: the restructuring imperative [J]. Harvard business review, 69(5): 82-91.

SHIN D H, 2008. Understanding purchasing behaviors in a virtual economy: Consumer behavior involving virtual currency in Web 2. 0

communities[J]. Interacting with computers，20(4-5)：433-446.

Steem，2017. Whitepaper. Steem. io/SteemWhitePaper. pdf.

SVERIGES R，DISTRIBUTED L，2018. The Riksbank e-krona project：Report [R]. Whitepaper，Stockholm.

SZABO N，1996. Smart contracts：building blocks for digital markets [J]. EXTROPY：The Journal of Transhumanist Thought，(16)，18(2)：28.

TAPSCOTT D，1997. The Digital Economy：Promise and Peril in the Age of Networked Intelligence[M]. New York：McGraw-Hill.

VIGNA P，CASEY M J，2015. 加密货币：虚拟货币如何挑战全球经济秩序[M]. 吴建刚，译. 北京：人民邮电出版社.

WEBER B，2014. Can Bitcoin Compete with Money? [J]. Journal of Peer Production(4).

WHITE L H，1984. Democratick Editorials：Essays in Jacksonian Political Economy by William Leggett. Indianapolis：Liberty Fund.

WILSON J P，CAMPBELL L，2016. Financial functional analysis：a conceptual framework for understanding the changing financial system[J]. Journal of Economic Methodology，23(4)：413-431.

YERMACK D，2015. Is Bitcoin a real currency? An economic appraisal. In Handbook of digital currency. Academic Press：31-43.

后 记

信息技术的快速发展促进了金融科技的不断创新，而数字货币的出现不仅引起了各界的普遍关注，也为金融从业人员提供了丰富的研究素材。随着比特币价格的剧烈波动以及数字货币数量的不断增加，大量资本不断进入，其中隐藏着巨大的投资风险和金融风险，引起了监管部门的高度关注。因此，无论是从理论还是实践角度来看，都有必要对非法定数字货币和法定数字货币进行研究和分析。基于这种考虑，自 2015 年起，作者就开始关注这一议题，并在"资产定价与风险管理"课程的教学中与学生们进行了讨论。

对于数字货币的研究专著有不少，但多数集中于区块链的技术领域。与此不同，本书主要从金融视角进行分析。为了保证研究内容的完整性，本书也涉及技术问题，参考了现有文献资料。

本书是集体劳动的成果。在申尊焕的指导下，西安电子科技大学 2020 级研究生孟纬茜和闫晓娜撰写了 5.3 节"数字货币价格的影响因素"，西安电子科技大学 2016 级研究生石超凡编写了 7.9 节"比特币的衍生品——万事达币"，西安电子科技大学经济与管理学院 2016 级研究生刘兵编写了 8.1 节"林登币"，西安电子科技大学 2017 级研究生杨思源编写了第 9 章"瑞波币"，西安电子科技大学 2020 级研究生郑茜编写了 11.3 节"已发行法定数字货币的实践"，西安电子科技大学 2020 级研究生王鑫昕为 11.4 节"计划推出法定数字货币的实践"提供了部分资料，西安电子科技大学 2020 级研究生高婵编写了 11.5 节"正在研究的法定数字货币"，西安电子科技大学 2020 级研究生王珍梦编写了 11.6 节"反对法定数字货币的观点"，西安电子科技大学 2020 级研究生郭涅培编写了 11.7 节"法定数字货币的实践总结与启示"，西安电子科技大学 2020 级研究生王萌为 11.8 节"以法定货币为基础的天平币"的编写提供了资料。第 12~14 章(除 14.5 节)由西安电子科技大学杨蓬勃副教授编写，14.5 节由 2021 级研究生章若楠和余丽君编写。其余部分由申尊焕编写。在本书的编写过程中，樊芮伲、张莉莉、李菊红、郑泽轩同学参与了本书的材料收集、文字校对等工作。在各章完成后，申尊焕对全书进行了统稿。

本书为西安电子科技大学基本科研业务费资助项目(项目编号：QTZX22011)。在编写本书的过程中，作者参阅了大量文献，在此对这些文献的原作者表示诚挚的感谢！本书的出版得到了西安电子科技大学出版社的大力支持，其中离不开西安电子科技大学出版社李惠萍老师的大力支持，李老师不仅对大纲的修改提供了宝贵建议，而且在文字的修正和编排过程中付出了艰辛的努力，并最终促成了本书的出版，在此对李老师的热情帮助和认真、细致的工作表示诚心的感谢！

目前，数字货币的研究尚处于初始阶段，网络资料相对较多，部分内容可能需要进一步观察和验证。与此同时，本书主要从经济视角分析数字货币，涉及区块链技术的相关表述难免有不当之处，希望读者谅解。

数字货币是一个全新的研究课题，由于作者水平有限，不妥之处在所难免，欢迎读者批评指正。

作者

2022 年 7 月